照鉴北洋
历史影像背后的历史

杨红林 著

团结出版社
UNITY PRESS

图书在版编目（CIP）数据

照鉴北洋 / 杨红林著 . -- 北京：团结出版社，2024.7

（历史影像背后的历史）

ISBN 978-7-5234-0571-0

Ⅰ.①照… Ⅱ.①杨… Ⅲ.①北洋军阀史－史料－图集 Ⅳ.① K258.206-64

中国国家版本馆 CIP 数据核字（2023）第 208342 号

出　版：	团结出版社
	（北京市东城区东皇城根南街 84 号　邮编：100006）
电　话：	（010）65228880　65244790（出版社）
	（010）65238766　85113874　65133603（发行部）
	（010）65133603（邮购）
网　址：	http://www.tjpress.com
E-mail：	zb65244790@vip.163.com
	tjcbsfxb@163.com（发行部邮购）
经　销：	全国新华书店
印　装：	天津盛辉印刷有限公司
开　本：	170mm×240mm　16 开
印　张：	22.5
字　数：	402 千字
版　次：	2024 年 7 月　第 1 版
印　次：	2024 年 7 月　第 1 次印刷
书　号：	978-7-5234-0571-0
定　价：	68.00 元

（版权所属，盗版必究）

序

阴晴不定的年代

"这是最好的时代,这是最坏的时代;这是智慧的时代,这是愚昧的时代;这是信仰的时代,这是怀疑的时代;这是光明的季节,这是黑暗的季节;这是希望的春天,这是失望的冬天……"1859年,英国文豪狄更斯在其出版的《双城记》开篇这样写道。狄更斯肯定想不到,时隔半个多世纪后,在遥远的中国,同样会出现这样一个令人感到矛盾困惑的时代——北洋政府时期。

严格意义上说,将中华民国的前半段(1912—1928)称为"北洋军阀统治时期"或者"北洋政府时期",本身就带有贬义色彩,难免有先入为主评判历史的嫌疑。在学术界,则通常称之为"北京政府时期"。然而不得不承认,就其实际情形而言,"北洋时期"这个名词也准确地反映了当时的本来面目。自从1912年袁世凯就任中华民国临时大总统以后,一直到张作霖退出关外(1928年6月),北京的中央政权就掌握在北洋军阀手中。短短17年间,这个政权经历了太多的动荡与变迁:宋教仁遇刺、袁世凯称帝、护国战争、府院之争、张勋复辟、巴黎和会、五四运动、直皖战争、第一次直奉战争、曹锟贿选、第二次直奉战争冯玉祥发动北京政变……甚至可以说,在中国历史上,几乎还没有哪个时代能在如此狭小的时空内如此密集地上演戏剧性场面。

毫无疑问,北洋政府是20世纪初中国社会转型期的必然产物。一方面,由于辛亥革命的不彻底性,造成大量封建传统因子继续在新制度下发酵,于是便出现了军阀割据、政治动荡的局面;另一方面,由于中央政权的虚弱,造成巨大的权力真空,从而为经济文化的发展提供了一定自由度，于是又出现了短暂的民族资本繁荣与文化复兴。正因如此，当试图给这个时期做出一个简单的结论时，后人往往会陷入矛盾与困惑之中。这究竟是一个好时代，还是一个坏时代？或许在经过认真地考察后，许多以往我们从教科书中获得的知识就要被颠覆了。

透过那些发黄而模糊的照片，我们往往会不由自主地生出一种感慨：这个时代不简单，这些人物更不平凡。是啊，无论是孙中山还是宋教仁，袁世凯还是黎元洪，段祺瑞还是吴佩孚，北大教授还是五四青年，军阀土匪还是风尘女子，超级富豪还是落魄文人……他们都是历史的见证者，他们曾经奋斗过、胜利过、失败过，他们哭过、笑过、彷徨过、呐喊过……此时，审视这一张张照片的我们似乎反倒成了局外人，手里拿着所谓的"历史标签"不知所措。这正是：

阴阳相隔一线间，是非功过总难断；
莫道成王胜败寇，从来黑白难分辨。

比起文字，影像无疑更生动、更具有说服力。幸运的是，纵然历尽沧桑，风云激荡，但北洋时期仍为后世留下了相当数量的历史照片，而其中一些与重大历史事件相关的经典影像，更以其纪实性而准确地还原了历史现场。例如，"中华写真队"拍摄的反映民国初年革命进程的照片，以及第一次世界大战期间中国战地记者拍摄的大量新闻照片，在纪实性方面都是晚清时期的照相馆作品无法媲美的。

感谢国家博物馆提供了部分馆藏历史影像资料，感谢团结出版社，没有各方同人的鼎力支持，就没有该书的顺利再版。

杨红林
2021年春于北京

contents

目录

第一章　阴阳乱象……P001
　　一、革命者的困惑 / 002
　　二、一言难尽袁世凯 / 033
　　三、元首走马灯 / 056
　　四、大辫子的诱惑 / 075
　　五、卑微的参战国 / 096

第二章　曙光初现……P119
　　一、第一次向世界说"不" / 120
　　二、"愤怒青年"的裂变 / 138
　　三、"武夫"原来是秀才 / 158
　　四、教授的黄金年代 / 168
　　五、新文化的痛与痒 / 181

第三章　三教九流……P191
　　一、乱世督军 / 192
　　二、"匪"比寻常 / 206
　　三、风尘传奇 / 217
　　四、西洋"客卿" / 233
　　五、我是记者我怕谁 / 248

第四章　旧瓶新酒……P265
　　一、小脚的解放 / 266
　　二、快离婚吧 / 282
　　三、民国的"福布斯" / 298
　　四、摩登时代 / 320
　　五、前朝遗梦 / 336

第一章 阴阳乱象

辛亥革命一声炮响，推翻了清王朝的统治，也结束了中国长达两千余年的封建专制制度，更带来了全新的共和制度。然而从一开始，这场革命似乎就面临各种尴尬的状况。时至今日，仍有许多人在反思：辛亥革命究竟是一场成熟的革命，还是一场偶然的、早产的革命？不管怎么说，摆在革命者面前的问题似乎已完全超出了他们的解决能力。于是便有了"篡夺革命果实"的袁世凯，有了革命党人的纷乱与无奈，有了北洋军阀集团对大半个中国名义上的统治，也有了北洋政权面对一系列危机时的困惑与彷徨。

一、革命者的困惑

中华民国元年（1912年）1月14日凌晨两点钟左右，位于上海法租界金神父路的广慈医院205病房突然传出一阵枪声，将周围的人们从睡梦中惊醒。第二天，一条令人震惊的消息迅速传遍了上海滩——辛亥革命元勋、光复会领袖陶成章被刺身亡！关于这一重磅新闻，当时国内影响颇大的《民立报》（于右任创办）是这样报道的："会稽陶焕卿先生成章，尽瘁革命事业，历有年所。此次浙省光复，功绩在人耳目。最近浙汤督改任交通总长，浙督颇有与公者，而公推让不遑，其谦德尤可钦佩。讵料昨晚二时许，公在广慈医院医室静宿；忽有二人言有要事相访。侍者引入室，公面向内卧。二人呼陶先生，公寤而外视，二人即出手枪，击中公太阳部……"

陶成章的遇刺虽然在当年也算一件大案，但实际上，在整个清末民初，类似的政治暗杀事件几乎是层出不穷，甚至成为那个年代所特有的社会现象。而此类事件的频繁发生，也从一个侧面反映了革命党人在思想与行动上的困惑。

众所周知，随着1911年10月10日武昌起义爆发，统治中国268年的清王朝迅速走向崩溃。短短几个月之后，众叛亲离的清朝皇帝便被迫宣布退位，随即南北议和成功，孙中山就任临时大总统，中国由此进入了共和时代。然而，辛亥革命从发生到成功，都带有相当的偶然性，这也注定了此次开创新纪元的革命不会一帆风顺。

想当初，虽然武昌起义一举获得了成功，但意气风发的革命者却很快发现，自己的阵营里竟连一位上得台面的领导人都没有。于是在仓促之下，他们将清朝军官黎元洪揪来，逼使其出任湖北

章太炎，中国同盟会元老

军政府都督。之后,又幸亏湖北咨议局议长汤化龙等立宪派人士发挥自己的影响力,多方周旋,才使大局初定。可以说,在整个辛亥革命过程中,各地的立宪派都发挥了重要作用。

不管怎样,在各种复杂因素的共同作用下,革命政权总算建立起来了。但是接下来怎么办?这是个问题。面对从西方引进的共和制度,又有多少人能吃透它的核心精神?更可怕的是,这个问题还没解决,革命阵营内部原本就存在的争斗却更加尖锐了。

早在革命胜利之前,在中国同盟会内部以及中国同盟会与其他革命团体之间就纷争不断。特别是围绕国旗样式以及经费等产生的问题,几乎使得革命阵营四分五裂。先是在1895年广州起义前后,孙中山极力主张使用由其战友陆皓东设计的青天白日旗作为将来的国旗。尽管陆皓东本人在此次起义中壮烈牺牲,但黄兴等人却反对采用青天白日旗,认为其形式不美且与日本太阳旗相近,而主张采用"井"字旗,以表达"平均地权"的革命理念。一时之间,双方争执不下,性情刚烈的黄兴甚至以"退出组织"相威胁。好在经过章太炎、刘揆一等人的多方调解,这场风波才勉强平息。不料仅过了两年,一场更严重的经费风波再度上演。

原来在清末,革命者成立了一系列旨在推翻清王朝的团体,其中最著名的当属光复会、兴中会与华兴会。后来为了整合革命力量,孙中山发起成立了中国同盟会,兴中会和华兴会随即合并到中国同盟会,光复会也成为中国同盟会的一个加盟团体。不过由于在革命理念上的差异,导致光复会与中国同盟会之间始终矛盾不断。尽管这只是革命内部矛盾,但也为日后更加激烈的冲突埋下了祸根。尤其是身为光复会领袖的章太炎与陶成章,更是长期与孙中山龃龉不断。其中陶成章作为光复会革命行动的具体负责人,最终竟遭到革命兄弟的黑手。

陶成章(1877—1912),字焕卿,浙江绍兴人。清末著名的革命家,光复会主要领袖,辛亥革命元勋之一。1902年,陶成章赴日本留学,开始投身革命。1904年回国后,他积极联络会党,策划举事。10月,他与蔡元培、龚宝铨等在上海成立光复会,后又在东京建立分部,章太炎、徐锡麟、秋瑾、鲁迅等人随即先后加入该组织。作为一名职业革命家,陶成章经常以麻绳束腰,脚穿芒鞋,奔走于浙江各地。光复会成立后,曾发动过几次影响颇大的起义。1907年,徐锡麟、秋瑾先后因起义失败而就义。在遭到清政府通缉后,陶成章潜赴南洋继续革命宣传活动。就在此时,他与孙中山之间爆发了激烈的矛盾,并在革命阵营内部掀起了轰动一时的"倒孙"风潮。

陶成章等人的合影，1904年摄于日本

在中国同盟会成立后，蔡元培、章太炎、陶成章等相继加入，而光复会也成为其下的一个加盟团体。不过在实际上，两家仍保持自身独立的机构和组织，各有自己的筹款渠道，下层会员仍归本会控制，秘密活动仍由本会部署。1907年6月，刚加入中国同盟会半年时间的陶成章就参与了"倒孙"风潮。而这场风潮之所以发生，可以说都是金钱惹的祸。原来在1907年3月，由于清政府的压力，孙中山遭到日本政府驱逐。临行前，他接受了日本政府送的一万元和商人铃木久五郎馈赠的五千元。在处理这笔经费时，由于孙中山只给中国同盟会机关报《民报》留了两千元，而其余的都用作了起义军费，招致了章太炎等人的不满。因为在当时，《民报》的经费十分困难，章太炎几次电告孙中山，希望能够接济，但都没有得到回应，双方的裂痕由此产生。不久，由于在购买武器时发生冲突，章太炎等人要求中国同盟会召开特别会议，提出罢免孙中山的总理职务，另选黄兴为总理。只是由于黄兴的极力调解，这次"倒孙"风潮才渐渐平息。

到了1908年，由于孙中山拒绝帮助陶成章在南洋华侨中的筹款活动，后者便联合另一位革命党人李燮和，他们携手联络江、浙、湘、鄂、闽、粤、川七省在南洋的同志，计划发起"倒孙"运动。1909年9月，陶成章等人发布《七省同盟会员意见书》，其中列举了孙中山三大"罪状"、14件事实，并提议除其总理之名。尽管有不少革命党人极力为孙中山辩护，但如果不是黄兴等人的坚决抵制，孙中山在中国同盟会中的地位确实面临挑战。不料一波未平，一波又起，原本就与孙中山有矛盾的章太炎又发表了著名的《伪〈民报〉检举状》。原来在当时，《民报》曾遭到日本政府的查封并罚款150元，如果逾期不交就要罚章太炎做苦工。结果中国同盟会居然没有施以援手，最后反而是章太炎的弟子鲁迅等人多方凑钱才解决。事后，愤怒的章太炎对孙中山展开"讨伐"，指责其"少年无赖""聚敛万端""背本忘初，见危不振"。遭到攻击后，恼怒的孙中山下令所掌握的各机关报全力反击章、陶。正是由于以上诸种情形，孙中山一度准备舍弃中国同盟会而另组新团体。1910年2月，章太炎与陶成章在东京重建光复会总会，章任会长、陶为副会长，大力发展党务，大有取代中国同盟会之势。可以说，从1907年到1911年，革命阵营内部一直纷争不断，而这也成为日后冲突进一步加剧的导火索。

武昌起义成功后，革命党几乎是毫无思想准备就获得了胜利果实。这时，由于当初所拟定的革命目标已经达到，原本就存在的各种矛盾再度爆发，并且增添了各种新的因素。正如吴玉章曾评说的："同盟会自广州起义失败以后，即已趋于涣散，而至武昌起义以后，几乎陷于瓦解状态。"可以想象，已经四分五裂的中国同盟会，又怎么能将革命事业推向前进？

果然在武昌起义后，中国同盟会内部立即分裂为两派：一派要求挥师北上，直捣清廷的巢穴；另一派则主张南北妥协，把政权交给袁世凯。双方争执不下，致使矛盾更加激化。面对这种局面，孙中山曾经一度陷入尴尬境地。当他表示坚决反对南北议和、准备将革命进行到底时，居然遭到汪精卫的质问："你不赞成议和，难道是舍不得总统吗？"不难理解，在这样一种氛围下，孙中山最终选择出让总统之位实属无奈了。更令他揪心的是，面对好不容易获得胜利果实的大好前景，同盟会内部居然出现了争权夺利、互相残杀的悲剧。或许是品尝到了此前以"暗杀"对付清廷的甜头，此时的革命党人开始掉转枪口，用武力解决组织内部的分歧，于是便出现了一系列轰动一时的政治暗杀事件。

说起政治暗杀，在清末民初的背景下实属常见。想当初，由于力量薄弱，为了达到推翻清朝的目的，许多青年才俊不惜抛头颅、洒热血，策划了一次次暗杀计划。于是便有了俞樾谋炸考察宪政五大臣、徐锡麟击毙恩铭、汪精卫谋刺摄政王以及彭家

革命党人内部的协调者——黄兴　　青年时期的汪精卫

珍炸死良弼等多次事件。不管这些暗杀行动的结局如何，但毕竟在某种程度上对清朝统治者的心理产生了一定打击。但是政治暗杀这种手段显然只适用于特殊时期，革命胜利以后还有什么存在的必要呢？具有讽刺意味的是，对于一些革命党人而言，它就像一剂能治病也能害命的毒药，一旦上瘾便欲罢不能。于是，在民初短短几年间，竟先后有数位革命元勋倒在幽灵般的枪口之下。

先是在1912年1月13日，也就是中华民国刚刚成立还不到半个月，在江浙一带举足轻重的革命元勋陶成章在上海遭到暗杀，对他下毒手的并非别人，正是同样来自革命阵营的陈其美、蒋介石一伙。值得一提的是，在革命胜利前，陶成章也是一个政治暗杀的极力鼓吹者。这起事件发生后，社会舆论顿时哗然，人们在纷纷议论：原来革命党也会杀革命党？

陈其美（1878—1916），字英士，浙江吴兴人。年轻时曾当过学徒，后赴日本留学，1906年加入同盟会，并与蒋介石、黄郛等结识。1908年回国后在上海展开革命活动，由此逐渐崭露头角并引起孙中山的关注。与大多数革命党人的方式不同，陈其美选择了一条极为另类的革命道路，我们不妨称之为"黑道革命"。虽然他本人常自称"一书生耳"，但陈其美却堪称"不折不扣的江湖中人"。他到上海后，通过施展各种手段，结交了一大批青帮头目并成为该组织的大佬，手下有成千上万的小弟。值得

第一章 阴阳乱象

陈其美

一提的是，陈其美还利用自己的影响创办了著名的精武武术学校，以大侠霍元甲为总教师。另一方面，他还成功吸收大资本家虞洽卿、王一亭、沈缦云等人加入同盟会，并结交了李平书、朱葆三等社会名流。在这些人的支持下，陈其美掌握了上海的商团武装，为中国同盟会开辟了宝贵的生存空间，获得了孙中山的高度评价。

武昌起义爆发后不久，在光复会与中国同盟会的共同努力下，上海也宣告独立。而在夺取革命胜利果实的过程中，陈其美又与光复会领导人李燮和、陶成章之间产生了矛盾。其实陈其美自己也明白，上海之所以能顺利光复，很大程度上得益于李燮和的努力。当时，光复会领导人李燮和在上海成功策动了新军，并与陈其美约定了共同起事的时间。却不料心怀贪念的陈其美为抢占头功，竟私自提前行动，带领了几十名帮会喽啰进攻江南制造总局，企图复制武昌起义的奇迹。结果还没有开战，他们便集体沦为了俘虏。听到消息后，李燮和赶紧率兵驰援，最终攻占江南制造总局并救出了被绑在厕所旁的陈其美。于是，革命党人一致推举李燮和为光复军司令，主持上海一切事务。然而在上海光复后，当推举上海都督时，陈其美却鼓动手下的青帮弟兄大闹会场，反对李燮和担任都督。为了顾全大局，后者表示谦让，陈其美最终得以出任上海都督，并且迫不及待地以沪军都督的名义张贴安民告示。为了除掉李燮和这个对手，陈其美竟派手下前去行刺。虽然侥幸躲过了暗杀，但心有余悸的李燮和却被迫离

李燮和

开上海,将革命胜利果实拱手送给陈其美独享。然而,已成为革命都督的陈其美并没有就此收敛自己的江湖匪气,反而更加肆无忌惮地残杀同志。在革命军攻克南京后不久,他就因私人怨恨公然枪杀了参与攻克南京的革命军参谋长陶骏葆。就连南京临时政府的司法总长伍廷芳,都曾多次发文谴责陈其美滥杀革命同志的行径。很快,陈其美又将枪口对准了光复会领袖陶成章。

与陈其美不同,陶成章无疑是一位更纯粹的革命者。辛亥革命之际,他作为光复会的主要负责人,一直积极联络东南诸省的会党,并为革命不辞劳苦奔走,曾策划组织数次武装起义,在革命党人中享有很高的名望和影响,这与走"黑帮路线"的陈其美截然不同。更重要的是,两人在品行修养上也有着天壤之别。陶成章从小就受过很好的旧式教育,具有较强的道德约束性。反观陈其美,却在上海滩这个大染缸中可谓如鱼得水。他经常上赌馆、逛妓院,革命胜利后更有"杨梅都督"的诨号。据说陶成章为此曾在孙中山面前劝诫陈其美戒嫖戒赌,但后者却认为他有意侮辱自己,因此怀恨在心。上海光复后,陈其美虽然如愿当上了沪军都督,但一直视光复会的势力为心腹之患。不久,围绕着浙江都督之争,二人的矛盾进一步激化。

在南京临时政府成立后,浙江都督汤寿潜改任交通总长,他便推荐陶成章代理浙江,而担任沪军都督的陈其美又试图谋取这一要职。不过浙江革命党人对陈其美并无好感,而是全力推举陶成章出任此职。面对浙江各界的请求,陶成章力辞不受,

第一章 阴阳乱象　zhaojian beiyang
lishi yingxiang beihou de lishi

1911年10月，上海新军攻打江南制造局

1911年11月，沪军都督府成立时情形

并推荐革命党人蒋尊簋继任。这样一来，陈其美对陶成章更加嫉恨，并决心铲除这个劲敌。最终，他的把兄弟、后来成为中华民国元首的蒋介石执行了这项任务。

说起蒋介石与陈其美的关系，那可是相当密切。1906年，蒋介石赴日留学，不久在东京遇到陈其美。虽然陈其美要比蒋介石大8岁，但由于趣味相投，这两位浙江老乡很快就打得火热，并结为把兄弟。1908年，蒋介石在陈其美的介绍下加入中国同盟会，成为一名革命青年。后来又通过陈其美牵线搭桥，蒋介石受到孙中山的单独接见。正是由于这层关系，蒋介石一直视陈其美为自己的"带头大哥"，对其忠心耿耿。辛亥革命爆发后，蒋介石跟随陈其美来到上海，在其麾下任沪军第5团团长。当获悉陈其美与陶成章的矛盾后，蒋介石自告奋勇地表示愿为大哥除掉这位死敌。

第一章 阴阳乱象

1912年年初，陈其美陪同孙中山在杭州视察（右一为戴季陶）

为了顺利执行暗杀陶成章的计划，蒋介石通过威逼利诱的手段，将本为光复会成员的王竹卿拉拢过来作为自己助手。1912年1月12日，经过多番打探，蒋介石终于锁定了陶成章的位置——法租界金神父路广慈医院。14日凌晨两点钟左右，蒋介石与王竹卿头戴齐眉毡帽，趁着夜色翻过广慈医院低矮的围墙，然后直奔二楼的205号病房，以送药为名骗开房门朝陶成章连开数枪。一代革命元勋就这样死于非命，时年仅35岁。

陶成章遇刺身亡后，国内舆论一片哗然，因为许多人都明白，这显然是革命党人内部的一次火并。刚刚就任临时大总统的孙中山虽然一向与陶成章不和，但也对这种手足相残的行为表示气愤，因而下令严查凶手。至于作为沪军都督的陈其美，则一方面假惺惺地参加祭礼，另一方面悬赏1000元缉拿凶手。但是，陶案的发生毫无疑问进一步激化了革命党内部的矛盾，尤其是光复会势力深厚的浙江、上海，社会各界的情绪更是激烈。陶成章遇刺一周后，上海各界人士举行了盛大的追悼会。追悼会上，群情激愤，一些人甚至当场拔出手枪表示要"血债血偿"。追悼会后，陶成章的骨灰被迎回杭州，当地上万民众参加了追悼会。不久后，光复会的敢死队多方搜索，

青年时期的蒋介石

第一章 阴阳乱象　zhaojian beiyang
lishi yingxiang beihou de lishi

蒋介石在日本期间的照片

在日本学习军事的蒋介石

很快就处死了王竹卿。为了保住性命，也免得东窗事发，在陈其美的指使下，蒋介石于1912年年初再次东渡日本暂避风头，直到是年年底才偷偷潜回宁波老家。

由于民国初年革命党内部的纷乱，对陶案的调查一直没有什么进展，最终不了了之。而对于这起事件，蒋介石本人则一直在为自己辩护。事发二十多年后，他还理直气壮地表示，陶成章回国后，一直故意破坏中国同盟会的团结，拥戴章炳麟而诋毁孙中山与黄兴，并阴谋刺杀陈其美，为了革命大局，自己才毅然下手除掉此人。

1913年3月，陶案的风波尚未平息，另一位更加显赫的革命党领袖宋教仁又在上海遇刺身亡，这便是民国初年轰动一时的宋案。

宋教仁（1882—1913），号遁初，别号渔父，湖南桃源人，民国开国元勋之一。他早年即投身革命，后与黄兴、刘揆一、陈天华、章士钊等人创立华兴会并任副会长。在之后开展的一系列革命活动中，宋教仁显示出卓越的组织才能。1904年赴日，次年与孙中山等一道创立中国同盟会。1910年年底由日本返回上海，不久与谭人凤、陈其美组建中国同盟会中部总会。武昌起义成功后，宋教仁多方奔走，努力推动革命向前发展。1911年12月，南京光复，出任江苏都督府政务厅厅长。南京临时政府成立

宋教仁

第一章 阴阳乱象 zhaojian beiyang
lishi yingxiang beihou de lishi

宋教仁遇刺地——上海沪宁车站

宋教仁遇刺后入住的医院——沪宁铁路医院

后，宋教仁被任命为法制院院长。而在被袁世凯任命为农林总长后，他便开始为自己的政治理想而奔走。1912年8月，中国同盟会联合其他几个党派组成中国国民党，尽管孙中山当选为理事长，但主持实际党务的却是宋教仁。在1912年年底开始的国会议员选举中，宋教仁充分显示出其超强的活动能力，最终国民党在竞选中获胜，在参、众两院都成为第一大党，他本人也被视为内阁总理的不二人选。然而就在宋教仁满怀热情地准备开创自己的政治天地时，死亡的幽灵却在悄然逼近。

1913年3月上旬，宋教仁在结束了长江沿线各大城市的政治游历后抵达上海。就在这时，袁世凯发出急电，希望他"即日赴京，商决要政"。20日，宋教仁准备乘坐当晚十点多的火车北上进京。不料就在沪宁火车站，民国史上最悬疑的一桩政治谋杀案发生了。据当时的目击者披露，那天晚上十点左右，宋教仁在黄兴、廖仲恺、于

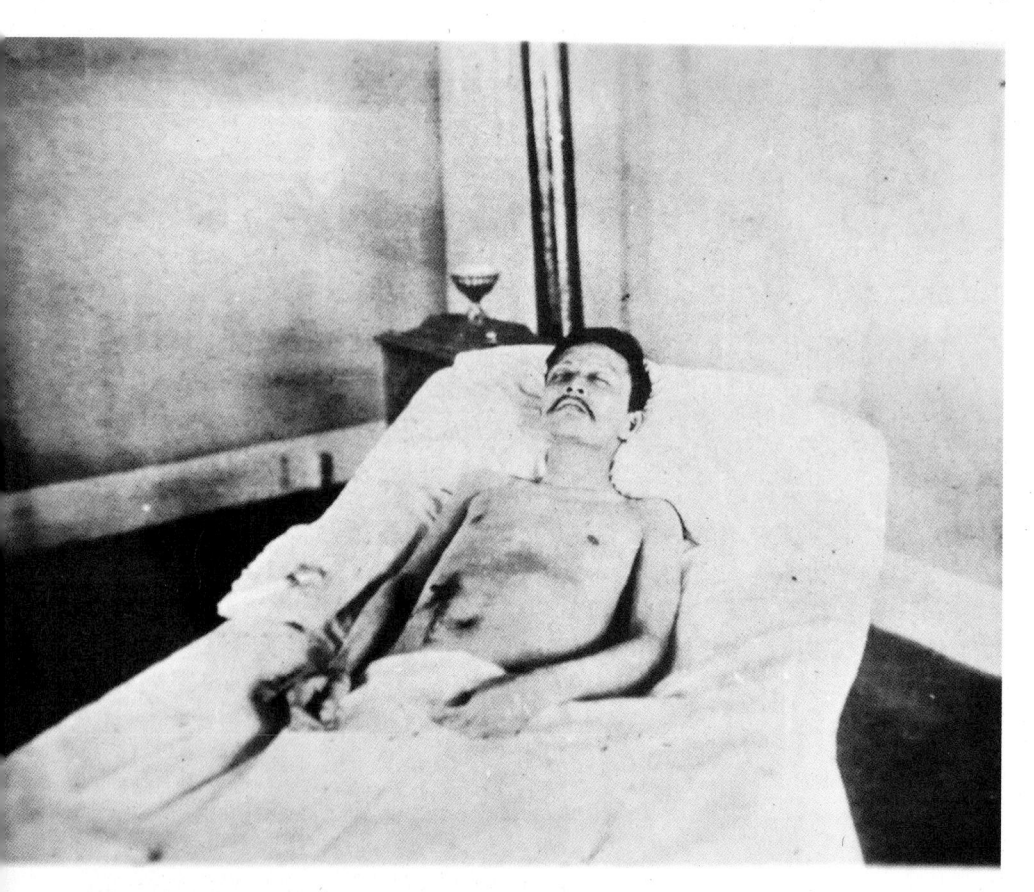

宋教仁遇刺身亡后的遗体照，1913年3月23日摄

第一章　阴阳乱象　zhaojian beiyang
lishi yingxiang beihou de lishi

宋教仁遇刺身亡时正装照片，1913年3月23日摄

宋教仁追悼会

右任、吴仲华等人陪同下来到沪宁车站,并在议员接待室中候车。晚上10点40分,宋教仁一行走出接待室准备上车。然而就在他们准备通过检票处时,突然听到一声枪响,宋教仁随即用手捂着腰大叫说:"我中枪了,有刺客!"在混乱的人群中,只见一名穿黑呢军装的矮汉子仓皇逃窜。在于右任、黄兴等人的安排下,宋教仁被迅速送至沪宁铁路医院。虽经医生全力抢救,但由于其所中子弹涂有毒药,因此最终不治身亡,于22日凌晨去世,年仅31岁。临死前,他还托黄兴给袁世凯发去一封电报,陈述了自己遇刺的经过及政治期望。23日午后,在大殓前,党内同志范鸿仙特地给宋教仁的遗体拍了照。拍照时,黄兴主张让宋衣冠整齐,以符生平的光明正大;而范鸿仙则认为宋氏遭此惨祸,不可不留一历史性的照片,必须把赤身伤痕也摄出来,于是就拍了两张照片,一张摄赤身的,一张摄正冠礼服。第二天,著名的《真相画报》便刊出这两张照片,后来也成为反映这一重大历史事件的经典影像。

吊诡的是,仅仅过了一年半的时间,为宋教仁遗体拍照的范鸿仙居然也遭到暗杀!范鸿仙(1882—1914),安徽合肥人,1906年参加中国同盟会,参与谋划了安庆

宋教仁出殡时的情形

起义、广州起义以及黄花岗起义和武昌首义。辛亥革命爆发后，他积极筹划参与了光复上海、安徽、江苏的活动，还被中国同盟会委派负责南京的光复工作，他冒着生命危险，只身赴敌营，说服清新军第九镇统制徐绍桢起义，组织江浙联军，于1911年12月攻克南京。中华民国成立后，范鸿仙任江苏省参事会会长，南北议和后回上海办报，并公开反对袁世凯独裁，1914年9月20日被袁世凯指使的上海镇守使郑汝成暗杀身亡。

宋案发生后，举国哗然，各界舆论纷纷要求严惩凶手，革命党阵营更是群情激愤，将矛头指向袁世凯。黄兴当时曾愤而书写了一副挽联"前年杀吴禄贞，去年杀张振武，今年又杀宋教仁；你说是应桂馨，他说是洪述祖，我说确是袁世凯"便是其情绪的体现。而在此后近百年的历史当中，袁世凯也一直被视为宋案的幕后元凶，这几乎已成为了板上钉钉的事。不过从当时的情形看，这种结论虽然有一定道理，但却存在许多疑问。

毋庸置疑，宋案发生后，袁世凯被视为第一嫌疑人并不奇怪，因为他的确有不少犯罪动机。事实上，有资料表明袁世凯最初对宋教仁十分欣赏，并曾不惜血本对其进行拉拢，但是均被后者拒绝了。而在1913年年初国会选举结果公布后，意气风发的宋教仁跃跃欲试，准备在责任内阁体制下大显身手，这自然对袁世凯的政治地位造成了威胁。从这个角度分析，袁世凯恐怕很难撇清关系。不过如果冷静思考一下又会发现，如果在这样敏感的时期策划刺杀案，那岂不是明摆着招人怀疑吗？袁世凯这样的政坛老狐狸，难道会傻到如此地步？或许也正是有此种考虑，革命党人在案发之初并没有公开与袁世凯撕破脸。

回过头来看看袁世凯的反应。当得悉宋教仁被刺的消息后，袁世凯极为震惊，当即严令江苏都督程德全迅速缉拿凶犯，看样子似乎并非作秀。随后，经过各方的协力侦查，一系列凶犯相继落网。就在宋案发生后的第三天，通过一名古董字画商举报，公共租界巡捕抓获了刺杀宋教仁的凶手武士英及其指使人应桂馨。据警方披露，武士英被捕之后，很快便直言不讳地承认了刺杀宋教仁的行径。至于他的幕后老板应桂馨，则是上海滩有名的青帮大佬，其公开头衔为"中华民国共进会会长及江苏驻沪巡查长"。此人在辛亥革命中结识了陈其美，曾在光复上海的过程中立下战功，后任临时大总统孙中山的卫队长、庶务长等职，南京临时政府解散后回到上海。不久，应桂馨又结识了被袁世凯派到上海的内务府秘书洪述祖，后者本是清代著名学者洪亮吉的曾孙，因在南北议和中有功而受到袁世凯的器重。据后来警方在应桂馨家搜获的大量密电显示，应桂馨与洪述祖及内务总长赵秉钧之间曾有着密切的来往。密电中曾多次出现"毁宋"的字样，也就是说他们试图通过媒体来丑化宋教仁。但是由于这项行动无法顺利达到效果，因此应桂馨最终决定痛下杀手。但有一点是确定的，那就是对他们的刺杀行动，赵秉钧与袁世凯并不知情。

蹊跷的是，就在法庭准备审讯凶犯的前一天，武士英却突然死亡，而且现场没有留下一点线索。尽管后来史学界一致认为是袁世凯杀人灭口，但这种指责似乎经不起推敲。因为当时上海完全处于国民党势力的控制之下，就连武士英被关押的地方都在沪军第61团的军营中，怎么可能被北京方面派人干掉呢？至于应桂馨，在"二次革命"期间趁乱逃至青岛的德国租界。1913年年底，他自认替袁世凯除敌有功，居然跑到北京，并写信给袁世凯索取报酬：现金50万元外加授予"勋二位"。结果没多久，他就在由天津开往廊坊的火车上被乱刀砍死，这次暗杀倒极有可能是袁世凯主使的。仅一个多月后，被舆论界认为是宋案主谋之一的赵秉钧也突然死亡。由于民间

宋案发生后，人们怀疑是袁世凯一伙策划了这起事件

第一章 阴阳乱象

传言他是七窍流血而死,因此后世又认定这是袁世凯下了毒手。实际上近些年的研究表明,赵秉钧很有可能只是正常的病故,而并非被毒死,这些都是有史实可查的。在整个民国初年,宋案都被炒得沸沸扬扬,但由于一个个当事人的离奇死去,反而更增添了这桩公案的神秘性。1917年,宋案的最后一位当事人洪述祖在上海被宋教仁之子认出,随后被解送到北京法院,最终在两年后被判绞刑,这也是民国第一次使用绞刑。

那么,宋案真凶究系何人呢?虽然目前史学界基本在沿用以前的观点,将所有的罪名都推到袁世凯身上。但不容回避的是,自从案件发生近一百年来,不断有人对此提出质疑,甚至有研究者将矛头指向宋教仁的革命同志,而最大的嫌疑犯便是陈其美,声称在宋案的前前后后,陈其美的影子几乎无处不在。例如:凶手武士英、应桂馨居然都是中国同盟会分支共进会的成员,并一直在陈其美身边;武士英后来居然在陈其美控制下的上海警察局神秘被杀,而且毫无线索;更耐人寻味的是,在"二次革

陈其美的葬礼

命"期间,上海警察局关于宋案的所有档案都被陈其美派人彻底销毁了;等等。另外在当年,袁世凯的儿子袁克文始终一口咬定宋案的主谋就是陈其美,据称袁世凯本人也曾亲口对他说过"代人受过"之类的话。

不过,上述所谓的研究其实都经不起推敲,正如北大历史系教授尚小明在《宋案重审》中所揭示的,如果后人仔细推敲当年留存下来的原始史料,就会明白其实整个宋案并非袁世凯、赵秉钧幕后指使,真正的指使者是洪述祖,而实施者则是应桂馨;至于陈其美则是应桂馨极力陷害的对象。总而言之,刺杀宋教仁,洪述祖帮了袁世凯倒忙。

不管怎么说,宋教仁的死对革命党而言,无疑是一个巨大的损失。而因为此事与袁世凯彻底翻脸后,原本势头不错的国民党很快遭遇灭顶之灾。就连在黑白两道如鱼得水的陈其美,也于1916年遭到暗杀。历史往往就是有如此惊人的巧合,最热衷政治暗杀的人最终居然也遭遇了政治暗杀!姑且不论宋案是否为陈其美所做,他除掉陶成章之后,还曾使用类似的手段炸死了洪帮大盐枭徐宝山、商务印书馆创办人夏瑞芳、上海守备使北军将领郑汝成等。1912年孙中山辞去临时大总统后,陈其美

辛亥革命的元勋之一,被称为中国"罗宾汉"的王金发,此为其临刑前照片

也辞去沪军都督，后与黄兴一起进京，被袁世凯任命为工商总长。"二次革命"失败后，他被迫流亡日本，协助孙中山组建了中华革命党。1915年，陈其美在上海组织暗杀了袁世凯的大将郑汝成。为了施行报复，袁世凯决定以其人之道还治其人之身。1916年5月18日，受袁世凯指使的张宗昌派出陈其美昔日的手下程国瑞，假借签约援助讨袁经费，在日本人山田纯三郎的寓所中将其暗杀，陈其美时年38岁。

陈其美死后，孙中山深感悲痛，他当场手书"失我长城"四字以志其哀。不过说到悲痛，恐怕谁也比不上陈其美当年的小弟蒋介石。前已述及，蒋介石与陈其美的交情非同一般，蒋甚至视陈为自己的革命导师。因此在听到陈其美遇刺的消息后，他马上赶来抚尸痛哭。1927年北伐军占领上海后，在陈其美逝世11周年纪念大会上，蒋介石专程从南京赶来发表演说并称赞道："上海之所以有革命如此之成绩者，为陈英士先生首倡革命之功也。若无陈英士先生，即无今日之中国国民党，并无今日之国民革命。"也正是由于陈其美的原因，蒋介石开始大力提携其侄子陈果夫、陈立夫两兄弟，此二人后来成为民国政界的重要人物，位列"四大家族"之一。

除了陶成章、宋教仁、陈其美一干革命领导者遭到暗杀之外，号称中国"罗宾汉"的王金发，其悲剧性下场也颇令人唏嘘，并且同样折射出当年革命党内部面临的种种问题。

王金发（1883—1915），原名逸，字季高，乳名金发，浙江嵊县（今嵊州市）人。他自幼性情豪侠，酷爱习武，练就了高超的射击本领。早年曾在家乡组织带有绿林性质的"乌带党"，并秘密从事反清活动。由于家中较为殷实，其母对其事业颇为支持。1905年在绍兴加入光复会并留学日本，毕业于大森体育学校，其间与徐锡麟、秋瑾等人关系密切。次年回国后在秋瑾主持的大通学堂任体操教员，迅速成为浙江革命阵营的骨干之一。1907年，徐锡麟、秋瑾等人密谋起义失败，王金发在秋瑾的掩护下逃脱，先潜回老家躲避，半年后辗转奔赴上海与陈其美等人会合继续从事革命。正是在这段逃亡时期，王金发留下了许多具有传奇色彩的事迹，长期流传于浙东地区。

据说当年密谋起义失败后，侥幸逃脱的王金发隐姓埋名秘密返回家乡。虽然遭到朝廷的通缉和追捕，但他却凭借很强的号召力再度网罗了一部分追随者。他们像历史上的绿林好汉一样，栖身于山林草泽，常常昼伏夜出，向一些地主富绅强行索要钱财米粮。如遇对方不配合，便干脆绑架勒索，以至于许多大户人家对王金发的名字都是谈虎色变。而另一方面，每当搜罗到粮食和钱财后，王金发总会拿出一部分接济当地穷人。有趣的是，在向各富户索要钱粮时，王金发对自己的亲戚也不例外。有一次

秋瑾　　　　　　　　　徐锡麟

他提前向自己的表姐徐梅姑家下发通知，令其将 600 大洋送至指定地点，否则便会派人烧房子，无奈的表姐家最终只好在夜间派人把钱送去。此外，王金发还时常干一些锄强扶弱的侠义之事。据说当地有一寡妇赵氏，原本宁死不愿改嫁，却被村中恶霸捆绑抢去。王金发知道后，当即率领手下在半道上拦截，痛打恶霸，将赵氏送归家中。还有一次，王金发与手下途中偶遇一位奄奄一息的饥民，便二话不说将身上仅有的 600 文钱悉数相赠，而他们却因此挨饿终日。正是由于浙东这些当地民间流传的故事，虽然王金发仅仅做了半年的"强盗"，但却为其赢得了中国"罗宾汉"的美誉，其声望也得到极大提高。

当然话说回来，通过这些绿林好汉式的事迹也可以看出，虽然王金发号称是"革命者"，但其骨子里的江湖习气还是很强的。而由于这种江湖习气的影响，也使得其许多言行举止显得鲁莽而幼稚，特别是刺杀胡道南一事，更充分体现了他性格中的弱点。胡道南（1862—1910），字任臣，绍兴山阴人，清末举人，一生致力于地方教育，是颇有名望的乡绅。虽然他对于当时旨在推翻清朝的革命事业并不热衷，却与革命党人蔡元培、徐锡麟、章太炎等私交甚好。1907 年 7 月，秋瑾、徐锡麟密谋起义失败后，胡道南糊里糊涂竟被卷入其中。不知到底是何原因，坊间有传言说是他曾向绍兴知府告密，才导致秋瑾被捕和遇害。听到这一消息后，作为秋瑾亲密战友的王金发自然怒火中烧，无时无刻不在策划报仇之事。1910年，在打探到胡道南的行踪后，他从上海秘密潜回绍兴。据记载，这年中秋之夜，胡道南正在后园与家人赏月，忽然有一农民急匆匆前来，声称胡的外甥得了急病，特地前来请其探视。胡道南听后来不及仔细询问，便披上衣服跟随那农民出门。结果刚走到河边上，农民突然掏出手枪"砰砰"就是两发子弹，毫无防备的胡道南就这样不明不白地被打死了。后经官府调查，当天开枪的农民正是王金发化装所扮。然而实际上，当时许多了解内情的人都知道，胡道南与秋瑾蒙难一事根本就没有任何关系，而王金发也不过是道听途说，就连同样是光复会成员的蔡元培后来还曾专门出面为胡道南鸣冤。

1908年年初，在浙江老家当了半年的绿林好汉后，王金发与光复会领导者陈其美等取得联系，随即变卖家产带着老母妻子前往上海，开始了另一段革命生涯。在此后三年多的时间里，王金发充分发挥自己的特长，凭借善于搞暗杀的手段迅速提高了自己在革命阵营中的地位。1908年年底，浙江的革命党人在上海谋划起义时，遭到同盟会成员刘师培的出卖，结果导致一位叫"张恭"的同志被捕。为了惩治刘师培，王金发二话不说拎着手枪便前去找其算账，吓得刘师培赶紧跪地求饶，一再发誓痛改前非并保证解救张恭，这才逃脱一死。事后刘师培果然跑到两江总督端方那里苦苦哀求，张恭也最终被判监禁。惩戒了刘师培之后，王金发又击毙了不知悔改的刘妻之表弟汪公权。在这段时间里，王金发类似的"业绩"还有很多，俨然成了革命阵营中令敌人闻风丧胆的大侠客。而随着辛亥革命的爆发，这位昔日的"罗宾汉"又开始了另一段传奇人生。

1911年10月10日，武昌起义爆发，长江下游各省份随即闻风而动，尤其是光复会活跃的上海、浙江、江苏等地，成为最早的响应者。11月3日，在陈其美等人的领导下，上海、杭州、苏州三地几乎同时起义，仅用了3天时间便相继宣告光复。而作为光复会干将的王金发，则在光复杭州的过程中出力不少。11月3日，受陈其美的委派，他和蒋介石、张伯岐等率领敢死队一百余人抵达杭州，参加浙江起义。在随后的战斗中，王金发等人可谓身先士卒，冒着枪林弹雨冲锋，当时的报纸上曾有过生动的报道：

"浙江革命军之编制，皆以敢死队为先锋，然后继之以各标新军。敢死队之编制共分五队，以蒋介石为指挥官……第四队由王金发为队长，攻击军装局。其实为天然之形胜，守易而难攻。自攻击点起，以至军装局头门，约有三千米之远，巷道深奥，门栅重

辛亥革命时杭州光复

第一章 阴阳乱象 zhaojian beiyang
lishi yingxiang beihou de lishi

辛亥革命期间参与进攻南京的浙军

辛亥革命胜利后出任浙江都督的汤寿潜

出任绍兴都督的王金发

叠，城池坚固，守备严重，防御绵密，乃为各官局之首。凡察杭垣阵地者，无不以此为最险、最难之区，乃敢死队竟自起点以至军装局头门，直前冲锋，势如霹雳。唯入头门为贼军偷刺队员周尧吉君一员，而军装局遂入吾手矣。"

令王金发失望的是，虽然他们这些革命党人抛头颅、洒热血才光复了杭州，可是在之后坐享胜利果实的却是立宪派代表汤寿潜。因为极力反对汤寿潜出任浙江都督，王金发甚至在大会上拔出手枪。而为了安抚桀骜不驯的王金发，胆战心惊的汤寿潜任命其为绍兴军政分府都督。当时，在革命风潮中，绍兴的地方官绅已先行和平革命，建立了所谓的"绍兴军政府"。在获知昔日的"罗宾汉"要回绍兴来当都督的消息后，这些官绅顿时陷入一片恐慌。尤其是与秋瑾一案有牵连者，例如当年极力怂恿官府处决秋瑾并平毁其墓地的章介眉之流，更是惶惶不可终日。

虽然在杭州憋了一肚子气，但以"革命元勋"的资格和胜利者的姿态前往绍兴主政，王金发还是很志得意满的。于是他仅带着300名革命士兵，便雄心勃勃地奔赴绍兴，准备在那里开辟革命的新天地。

当年在绍兴从事革命活动失败后，王金发在秋瑾的掩护下好不容易才逃脱，由此过了一段颠沛流离的"草寇"日子。时隔三年半，如今重返故地，自己却将成为这片土地的主人，王金发想必心里感慨万千。

11月16日，王金发风光无限地就任绍兴都督。而在此前几天，绍兴城的各路人马已精心组织了欢迎仪式，各学校的学生也被临时召集起来排好队迎候。据说当王金发的队伍入城时，原绍兴知府程赞清在手下的搀扶下战战兢兢地连连打躬作揖。在城内各条大街上巡视一周后，王金发便堂而皇之地入住由原知府衙门改成的都督府，正式当起了官。眼见他一朝得势，往日的亲友故交自然欣喜万分，包括当地那些曾经的革命战友，也纷纷前来道贺，或出谋划策。由于当年在日本时就很熟悉，加上共同的革命理想，绍兴当地名人鲁迅和范爱农第一时间拜访了王金发。然而不久，鲁迅等人便失望地发现，革命胜利后的王金发依然难改其身上的绿林习气，在其短短八个月的任期内，不但没有给地方带来新气象，就连他本人也日益堕落腐化，无形中为自己的人生悲剧埋下了祸根。

话说王金发当了绍兴都督后，虽然也顺应革命潮流施行了许多新政策，如严禁鸦片、开仓放粮、释放囚犯、豁免钱粮等，试图造福地方百姓。但总的看来，他草莽英雄的行事风格虽然能在局部得到下层民众的拥戴，但却很难给地方带来长治久安。到任之初，王金发所做的第一件事就是对当年的"反革命分子"进行清算，以慰藉徐

下令枪杀王金发的朱瑞

锡麟、秋瑾等先烈的英灵。他雷厉风行地抓捕了五十多名"反革命分子"，甚至亲自动手执行枪决。接着他又将参与迫害秋瑾的章介眉抓起来游街示众，并让其跪在秋瑾就义的古轩亭口，在头顶套上一只油桶，边上放着棍子和小石块，供路人经过时敲打和投掷。然而就在众人都以为王金发将择日处决章介眉时，他竟不可思议地心慈手软，将其释放回家，个中原因实在令人感到费解。为了"报答"王金发的不杀之恩，章介眉将田产三千余亩、现洋五万元捐献给绍兴军政分府。却不料章介眉此后离开绍兴，前往北京投靠袁世凯，最终东山再起。

首先对王金发感到失望的，正是他昔日的革命同志。除了无法理解将章介眉无罪释放之外，王金发本人的日益腐化也招致了广泛的非议。据当时目击者回忆，做了都督后，王金发经常派手下用洋油箱挑着银圆招摇过市，回他自己的老家还债。而他的家乡父老也可谓"一人得道，鸡犬升天"，凡是去绍兴看望王金发的，基本都会满载而归。为了满足自己衣锦还乡的虚荣，王金发特地派人用四抬轿子将外祖父接至绍兴。当老爷子抵达时，他又派军队出城鸣炮迎接，结果吓得老爷子几乎从轿子里摔下来。在外人看来，当了都督后的王金发确实派头十足。他住在戒备森严的豪宅里，每次出行都前呼后拥。据说就连他的妾室回娘家，也要专门派卫队护送。王金发的这些所作所为，很自然遭到了昔日革命同志的反感和批评。特别是亲历了这一幕的鲁迅，后来就在其回忆性散文《范爱农》中以讽刺性的语气写道："他进来以后，也就被许多闲汉和新进的革命党所包围，大做王都督。在衙门里的人物，穿布衣来的，不上十天也大概换上皮袍子了，天气还并不冷。"鉴于其与革命理想背道而驰的种种行为，鲁迅甚至毫不客气地讽刺王金发是"绿林大学"出身，后来便与其分道扬镳离开绍兴了。

当初执意要来绍兴做都督时，王金发曾向孙中山、陈其美等革命领袖一再解释，声称自己是为了将来的北伐大业。可是到绍兴后，人们却发现他带领的队伍军纪日益败坏，闹得百姓怨声载道。当然，在这方面王金发也曾努力进行补救。例如有一天当他"微服出行"时，碰见有士兵在一家商店里强买强卖，便当即将其抓起来枪毙。然而这种带兵手段仍不脱江湖习气，对于军纪的整顿无法起到根本作用。

更要命的是，王金发还大量任用私人，导致民怨沸腾，这在很大程度上彻底断送了自己的名声。比如他的舅舅、姨表弟、表兄等，分别通过其关系捞到了盐税局局长、酒捐局局长、禁烟局局长等要职。而当年曾有恩于王金发的一些人，此时也开始耀武扬威起来。特别是黄介卿、黄柏卿、黄竞白父兄三人，由于以前就同王金发关系密切，并且曾帮助其从事革命，因此出于报恩的心理，王金发在做了都督后便让他们出任要职。然而由于此三人本来就品行不正，一朝得势，自然大肆鱼肉百姓，营私舞弊，据说不到三个月的时间便搜刮了价值80万大洋的民脂民膏，被绍兴民众视为一方祸害。凡此种种，加上王金发经常打着练兵的旗号对地方强行摊派，结果导致老百姓纷纷骂他是历朝以来最坏的官府和蛮不讲理的都督。而在当时的绍兴一带，曾流传许多反映这种情绪的民谣，诸如："同胞，同胞，何时吃饱？都督告示多，日子过不了！""吃的油，穿的绸，早晚要杀头！"等等。

随着祸害绍兴的恶名传遍江南，王金发的好日子也很快要结束了。到1912年7月，根据中央政府的命令，地方行政上只允许保留省一级的都督，而王金发所主政的绍兴军政分府随即被撤销。就这样，在担任了八个月的都督后，王金发不得不离开绍兴。虽然只做了八个月的地方首脑，但据说他也捞了40万大洋。随后，王金发带着一家老小前往上海，花5万元在嵩山路附近购置了一座洋房，美其名曰"逸庐"，然后便舒舒服服做起了寓公。此时的王金发，连在绍兴当都督时的一些烦恼也没有了，因此几乎将全部的心思花在了物质享受上。他不但住着豪华的洋房，拥有私人汽车和车夫，甚至别有兴致地斥巨资纳上海名妓"花宝宝"为妾，真正是"身居

第一章 阴阳乱象

温柔乡"呀!

可是,王金发当年的革命同志以及政局的变化,并不会允许他永远高枕无忧地享受下去。1913年3月,随着宋教仁在上海遇刺,孙中山领导的革命阵营同袁世凯决裂,"二次革命"随即爆发。按理说,作为当年的革命急先锋,此时王金发应该当仁不让投身到"讨袁运动"中。可是由于革命斗志已消磨殆尽,他虽然出任了浙江驻沪讨袁军总司令,协助陈其美攻打江南制造总局,但却再也没有往日冲锋在前的表现了。令王金发感到晦气的是,"二次革命"很快宣告失败,而他则被袁世凯政府列入通缉名单,被迫过上了提心吊胆的日子。为了早日结束这种日子,王金发之母竟背着他给北京政府陆军部写信,并花巨款上下打通关节。终于在1915年1月,陆军部发文批准免去了对王金发的通缉。在母亲的逼迫下,王金发无奈硬着头皮赶赴北京"谢恩",希望借此机会开辟新的天地。然而令他失望的是,到北京后虽然花了不少钱,但却没有捞到一官半职,反而被勒令以实际行动"投诚",限期拿获当年的革命同志詹大悲、蒋介石等人。虽然此时的王金发已完全丧失了革命意志,但江湖侠义的本性还未彻底磨灭,拒绝出卖革命同志的他愤而返回上海,准备从此不问世事,在花天酒地里终老一生。可是正所谓树欲静而风不止,王金发真正的悲剧就此开始了。

王金发从北京返回上海后,由于听说了他之前的行径,昔日的革命同志也对其失去了信任,许多人更骂其为叛徒,甚至威胁将派人前来暗杀,弄得王金发惶惶不可终日。1915年5月,厌倦了上海生活的王金发决定回浙江,准备在杭州西湖边上修建一所别墅定居。在取得曾经的战友、时任浙江都督朱瑞的同意后,王金发回到杭州。原本他以为,有老朋友的关照和保护,在杭州的生活将高枕无忧。可天真的他哪里知道,就在他来之前,朱瑞已经事先与袁世凯方面取得联系。而此时,当年被王金发释放的章介眉恰好在担任袁世凯总统府的秘书。在得知此消息后,章介眉极力鼓动袁世凯杀掉王金发,最终促使袁世凯密电朱瑞设法除掉此人。抵达杭州仅仅三天后,朱瑞在自己的公馆宴请王金发。对于老朋友的盛情款待,王金发毫无戒备,结果饭吃到一半,朱瑞拿出袁世凯的电报,无奈地表示军令难违,随即便将王金发关进了陆军监狱。二十多天后的6月2日下午4时,王金发在狱中被枪杀。曾经威名赫赫的中国"罗宾汉"竟这样糊里糊涂地命丧黄泉,死后由好友埋葬于西湖卧龙桥畔。

知悉王金发蒙难的消息后,许多革命同志深感痛惜与愤慨。尤其是对王金发一向青睐有加的孙中山，不但叹息说"天地不仁，歼我良士"，还撰文誉之为"东南一英杰"。然而令人深思的是，在王金发的家乡及绍兴等地，除了少数亲友之外，似乎绝大多数民众都认为其死有余辜。特别是在王金发做了八个月都督的绍兴，当地人甚至公然开会进行庆祝。特别是6月9日袁世凯政府公布了王金发的"罪状"后，浙江报纸纷纷刊登了题为"喜除一害"的报道。

二、一言难尽袁世凯

说起袁世凯，不由让人联想到曹操。是啊，虽然生活的时代相隔千年，但这两位历史人物却是那么相像。又或许是某种历史的巧合，他们都将自己生命的归宿地选在了河南安阳。

说起安阳，实在称得上风水宝地。尽管它在中国地图上并不起眼，只是夹在晋冀豫三省交界的一块三角地，但却是名副其实的千年古都，著名的甲骨文和后母戊大方鼎就出土于此。或许也正因如此，曹操和袁世凯都将自己的葬身之地选在了这里，不知这是否是历史冥冥之中的安排？而从两人的经历来看，同样不由得将他们联系起来。众所周知，曹操（155—220）是东汉末年著名的军事家和政治家，被视为"一代枭雄"。而在民间演义及戏剧中，他却被人们扣上了"白脸奸臣"的帽子，千百年来无法翻身。至于袁世凯，同样称得上是清朝末年著名的军事家和政治家，但人们对他的历史评价却众说纷纭，真是个一言难尽！

历史，有时看起来很复杂，其实却很简单。如果我们能跳出审判者的立场来重新梳理一遍历史，就会对此感同身受。遗憾的是，由于历史常常被许多人视为"可任意打扮的小姑娘"，因此后人往往会被各种迷雾所困扰。回到历史现场，袁世凯的人生轨迹其实很清晰。

袁世凯（1859—1916），字慰亭，河南项城人。他不但是晚清重臣，还是中华民国首任大总统，堪称中国近代史上最著名的政治人物之一。作为世代官

袁世凯，1914年，福升照相馆摄

宦子弟，袁世凯的政治起点是很高的。他的从叔祖父袁甲三曾署理漕运总督，也是淮军重要将领，叔父袁保庆官至江南盐法道。袁世凯自幼便过继给袁保庆为嗣子，稍长后又随嗣父读书。按照当时官场的潜规则，只要他肯努力，以"官二代"的身份谋取一个功名并非难事。然而就像他的"上古偶像"曹操一样，年轻时的袁世凯对读书并不上心，吊儿郎当地晃悠了好几年也没有考中。最终，喜爱兵法的他决计弃文就武。据说他把手头所有的诗文付之一炬，并放言："大丈夫当效命疆场，安内攘外，岂能龌龊久困笔砚间，自误光阴耶？" 1881 年，袁世凯前往山东投奔袁保庆的结拜兄弟、淮军统领吴长庆，在其麾下效力，由此开始了自己的军旅生涯。幸运的是，当时恰逢朝鲜发生内乱，作为宗主国的清王朝派兵前去平乱，吴长庆的部队奉命入朝，而袁世凯也迎来了人生中的第一次转机。在朝鲜平乱期间，袁世凯身先士卒，立下了赫赫战功，吴长庆为此替他向朝廷表功。结果在 1882 年，袁世凯以"通商大臣暨朝鲜总督"的身份驻扎朝鲜，协助朝鲜训练新军并控制税务，时年仅 23 岁。之后的 12 年间，袁世凯又成功平息了朝鲜的甲申政变，粉碎了日本及沙俄意欲控制朝鲜的图谋。正因如此，当日本准备发动甲午战争之前，还曾派人暗杀袁世凯，以除掉这颗眼中钉。

1894 年甲午战争爆发后，清朝海军一败涂地，袁世凯也被迫撤回朝鲜。不过他并没有像李鸿章手下的那些将领一样受到惩罚，反而因在朝鲜期间表现突出而被授予督练新军的要职。从 1895 年起，袁世凯开始在天津与塘沽之间的小站练兵，将原先的定武军更名为"新建陆军"。这支军队后来发展为北洋六镇，它不但是清末陆军的主力，也是民国初年北洋系军阀的雏形。在练兵过程中，袁世凯还广泛网罗精英，培植了一批私人亲信如徐世昌、段祺瑞、冯国璋、王士珍、曹锟等，此辈后来都成为声名显赫的风云人物。小站虽然是个很小的地方，但却为袁世凯提供了一个大舞台。正是通过小站练兵，他一跃成为清王朝炙手可热的人物，1898 年升任工部右侍郎。在当年的戊戌政变期间，袁世凯最终选择了站在慈禧太后一边。据说正是因为他的变节出卖，才导致帝党失败，六君子被杀。而在当时，袁世凯也并未因此身败名裂。即便在之后他在山东巡抚任内对义和团严厉镇压，并在八国联军侵华期间加入了"东南互保"，但其在国内外的声望却日益提高。1901 年李鸿章去世后，袁世凯继任直隶总督兼北洋大臣，一跃成为中外瞩目的实力派人物。放眼当时整个清王朝，这一任命无疑是众望所归的。很快，在清朝最后的一波改革大潮中，袁世凯又扮演了领军人物的角色。

第一章 阴阳乱象

1901年,清王朝开始推行"新政"并颁布了一系列法令。当许多地方官还在消极观望时,尚在山东巡抚任上的袁世凯就充当了改革急先锋。他积极响应朝廷号召,提出了不少有关国计民生的建议。担任直隶总督后,袁世凯更是全身心投入改革事业,无论是在政治、经济、教育还是军事方面,都取得了不俗的成绩。正是在他的督办下,由中国人自行设计施工的京张铁路得以顺利完工;正是在他的推动下,朝廷于1905年果断地废止了延续一千多年的科举制;正是在他的主持下,中国近代第一支现代化常备军——北洋新军日渐成型……

袁世凯推进了改革,改革也成就了袁世凯。作为清朝末年标志性的人物,袁世凯被当时的西方舆论视为李鸿章的最佳继承人,一些观察家甚至称赞他是清王朝趋向改革和进步的高层官员中的"第一人"。

与此同时,袁世凯的权势也迅速扩张。继被任命为直隶总督兼北洋大臣之后,他又先后兼任政务处参与政务大臣、练兵大臣、北洋军政司督办、督办商务大臣、电政大臣、铁路大臣等职,号称"一人身兼八大臣",这种情形甚至远远超过了当年的曾国藩和李鸿章。不过就在此时,一场令人窒息的政治危机却在悄然逼近袁世凯。由于其权势急剧扩张,掌握朝政的清朝贵族集团开始对袁世凯感到不满。更令他们难以忍受的是,袁世凯居然提出限制清贵族干预政事,以至于年轻气盛的醇亲王载沣在一次朝廷会议上竟掏出手枪厉声责问他。就连宫内的太监也对袁世凯恨之入骨,因为他曾提出要裁撤太监,这岂不是要砸他们的饭碗?据说有一次朝中散会后,上百名大小太监围住袁世凯,愤怒地讨要说法,差点酿成群殴事件。这些反袁势力联合起来,不断在慈禧太后耳旁吹

清末,身为北洋新军首脑的袁世凯

被清政府罢黜后隐居河南安阳的袁世凯，1909年前后

1911年，辛亥革命爆发后，袁世凯重出江湖，准备大显身手

风,备陈袁世凯权高势重、居心叵测,说此人活脱脱一个清朝版的曹操,将对清皇室大为不利。

事已至此,即便慈禧太后先前对袁世凯器重有加,她也不得不采取行动了。一看形势不妙,政治嗅觉一向灵敏的袁世凯赶紧于1906年主动辞去各项兼差,并将北洋军第一、第三、第五、第六各镇交陆军部直接管辖。1907年,他又被调离北洋大本营,从天津到北京担任军机大臣兼外务部尚书,实际上是明升暗降。然而对于他来说,厄运似乎才刚刚开始。1908年11月,光绪皇帝和慈禧太后相继归天,宣统皇帝即位,其生父载沣成为摄政王。在当时许多人看来,作为光绪皇帝的胞弟,摄政王有充分的理由对袁世凯痛下杀手。因为外界一致传言,当年正是由于袁世凯的出卖,才致使戊戌变法夭折和光绪皇帝被打入冷宫。现在机会终于来了,人们就等着一场好戏上演。幸运的是,由于奕劻、那桐等政治盟友的极力保护,加上袁本身经营多年,根深蒂固,才躲过灭顶之灾。最终在1909年,朝廷以袁世凯"患足疾"为名,将其开缺回籍养病,并剥夺了他的一切军政大权。于是这位曾经的改革风云人物仓皇逃离京城,返回河南安阳钓鱼去了。退隐期间,袁世凯在风景秀丽的安阳洹上村兴建了一座规模庞大的庄园。或许是预感到自己绝不会就此退出政坛,袁世凯并没有彻底沉沦。相反,休闲之余,他居然有心思请人拍摄了一张著名的照片。照片中的袁世凯头戴斗笠,身穿蓑衣,静坐在一叶小舟上,整个画面简直就是一幅古典山水画。值得一提的是,他还兴致盎然地在照片旁题写了两首诗,其中一首为:"百年心事总悠悠,壮志当时苦未酬。野老胸中负兵甲,钓翁眼底小王侯。思量天下无磐石,叹息神州变缺瓯。散发天涯从此去,烟蓑雨笠一渔舟。" 这足见其难以掩饰的政治野心。

果然,仅过了两年,一场革命风暴为袁世凯重出江湖提供了绝佳的舞台。武昌起义爆发后,眼看时局难以收拾,清廷被迫恳请袁世凯再度出山。在经过了一番讨价还价之后,袁世凯被任命为内阁总理大臣,随即开始与南方革命党展开较量。实事求是地讲,以当时袁世凯手中北洋军的强大实力,对付仓促起事的南方革命党还是有相当胜算的。但是凭着敏锐的政治嗅觉,袁世凯意识到,在汹涌澎湃的革命浪潮面前,清朝显然已到了该退出历史舞台的时候了,而他本人所应该做的,无非是在顺应历史潮流的同时为自己谋取最大的利益。在老辣的袁世凯面前,打着共和旗号的革命党人显然还很稚嫩。面对袁世凯的强大军事攻势以及频频抛出的"橄榄枝",最终他们也意识到只有这位昔日的清朝权臣才能担当"引领革命后未来之路"的重任。在南北双方达成妥协后,1912年1月25日,袁世凯及各北洋将领通电支持

辛亥革命后，各方力量都主张由袁世凯出任国家元首，图为民国初年参加约法会议的代表

共和。2月12日，清帝宣布逊位并接受优待条件，由此结束了长达268年的清朝统治。三天后，南京临时政府参议院正式选举袁世凯为临时大总统。必须指出的是，袁世凯当时之所以能走向中国政治舞台的最前沿绝非偶然。事实上，在辛亥革命之后的最初几年间，国内外舆论几乎一边倒地认为只有袁世凯才是中国政局稳定的保障。

尽管革命党人制定了《中华民国临时约法》，将总统制改为内阁制，并一度坚持新总统要在南京就职，试图削弱袁世凯的权力，但远远无法达到预期的效果。1912年3月10日，袁世凯在北京就任临时大总统。1913年年初，根据《临时约法》进行的第一次国会选举结束，虽然以革命党人为主体的中国国民党获得优势，但随着宋教仁在上海遇刺身亡，孙中山、黄兴等人发起"二次革命"，袁世凯与革命党人的"和谐"就此结束了。在镇压了"二次革命"后，袁世凯成功巩固了自己的地位。同年10月6日，经国会选举，袁世凯成为民国第一任大总统。春风得意之际，袁世凯还兴致盎然地请天津福升照相馆为自己拍摄了一组著名的肖像照。

客观地讲，在辛亥革命后的三年间，袁世凯对中国政治进程是有相当贡献的。然而随着时局的发展以及他本人心态的变化，袁世凯似乎离"共和"越来越远。

1914年1月,他下令解散国会,不久又以"人民滥用民主自由、人民政治认识尚在幼稚时代"为由废止《中华民国临时约法》,代之以新的《中华民国约法》。"袁记约法"规定,国家实行总统制,总统任期10年,不但任届没有限制,而且还可指定三位新总统候选人。这样一来,袁世凯就成为中华民国实际上的独裁者。虽然后人对于独裁大多没有好感,然而在当时,袁世凯的政治处境却并没有我们想象得那么糟糕。恰恰相反,如果不是接下来发生的两件事,他很有可能在大总统的位子上一直待到去世。遗憾的是,这两件事基本上毁掉了袁世凯一生的努力,从而彻底改变了历史对他的评价,这两件事便是签订"二十一条"与复辟称帝。

如果说签订"二十一条"使袁世凯戴上了"卖国贼"的帽子,那么接下来的复辟称帝则令他成为举国讨伐的"窃国大盗"。这两件事情结合起来,使他被长期钉在历史的耻辱柱上,不得翻身。

自从成为大权独揽的民国大总统之后,袁世凯就对仓促接手的那套共和制度心存疑惑。据当时一些亲历者回忆,就连在大总统就职典礼时,袁世凯都显得很不把"民国"当回事儿。在1912年就任临时大总统时,当时到场的政府各部总长大人们都身穿西式大礼服,而袁世凯却胡子拉碴,随随便便披了件旧军服就把仪式办了,令人啼笑皆非。一年多后,当袁世凯

处于权力顶峰时期的袁世凯,曾兴致盎然地请照相馆为自己拍摄了不少肖像照

就任正式大总统时，虽然多少上了些心，但却将仪式地点选在了紫禁城的太和殿，并且在宣读誓词时也极不严肃。从某种程度上讲，他内心深处的疑惑并非没有道理。自民国创建以来，虽然无数人常常将"共和"二字挂在嘴边，但至于"共和"的真实内涵是什么，不但袁世凯不清楚，就是颠覆了清王朝的革命党人也犯糊涂、争吵不休，至于普通百姓更是云山雾罩。从许多方面来看，所谓的中华民国似乎与前清并无多大区别：国还是那个国、百姓还是那些百姓、老爷还是那些老爷……如果说二者之间有什么不一样，恐怕就是多了些暴发户式的假洋鬼子、原本潜伏的黑社会沉渣泛起了、手中有枪的丘八们耀武扬威了、社会道德日益沦丧了……作为一个脱胎于旧官僚的政治家，虽然读书不多，但毫无疑问，袁世凯的内心深处是有所触动的。毕竟作为全新"共和"体系的"掌舵手"，目睹社会日益分裂，局势依旧动荡，信仰迅速缺失，他也急切地希望能重建民族的核心价值体系。于是，袁世凯在高参们的鼓动下，终于将目光转向了儒学和帝制，幻想这剂复合型"良药"能拯救国家，更能拯救自己。

"二十一条"签订时中日双方代表合影，1915年5月

于是在袁世凯的支持下,思想文化领域的"复古主义"开始了。1912 年 9 月 13 日,教育部公布以每年 10 月 7 日为孔子诞辰纪念日,规定全国各学校届时都要举行纪念会。9 月,袁世凯颁布《整饬伦常令》,大力提倡"尊崇伦常"和"礼教"。他语重心长而又痛心疾首地指出,中国人向来以"忠孝仁义"为立国之本,不管何种政体都不应更改,而眼下时局艰难,纲纪废弛,还不就是人心散了的缘故吗?1914 年 9 月,他又正式颁发《祭孔令》,并于 9 月 28 日前往北京孔庙以古礼祭孔。由于这时的他已在酝酿恢复帝制,因此又在 12 月 23 日冬至这一天在天坛举行了祭天仪式,这也是中国历史上最后一次官方祭天大典。据当时的媒体报道,当天北京城全城戒严,从新华门到天坛全部黄土垫道,沿途都有警察守卫。凌晨 3 点钟,袁世凯就乘坐一辆装甲汽车由总统府驶向天坛;在南门外下车,换乘早已准备好的四角装饰着璎珞的轿车;到昭亨门下轿车,坐上竹椅轿直到天坛前。关于接下来的场面,当时的一位美国摄影师为我们留下了一组珍贵的照片,这些镜头如今已成为见证一段历史的经典影像。透过这组照片,也许我们稍微能揣摩袁世凯当时的内心活动。

这组照片是一位名叫约翰·詹布鲁恩(John D. Zumbrum)的美国摄影师拍摄的。此人 1913—1920 年间在北京开了一家照相馆,据说还曾是末代皇帝溥仪的御用

1912 年年初,袁世凯就任临时大总统后与北洋将领们的合影

曾与袁世凯政治合作出任民国总理的唐绍仪（右一），二人后来分道扬镳

袁世凯的心腹之一、号称"北洋之龙"的王士珍

第一章 阴阳乱象　zhaojian beiyang
lishi yingxiang beihou de lishi

1913年总统选举时北京城内的情形

1914年12月23日,袁世凯(左二)在众人簇拥下到天坛祭天

紧随袁世凯之后祭天的官员。这张照片曾被广泛使用，人们误认为正中人物即为袁世凯，其实是张冠李戴

参加祭天的要员朱启钤

第一章　阴阳乱象　zhaojian beiyang
lishi yingxiang beihou de lishi

祭天现场的历史影像

照鉴北洋：历史影像背后的历史

祭天现场部分参加者的合影

摄影师，因此才有机会在袁世凯祭天时去现场拍照。当天，天坛内外修葺一新。从这组照片可以看出，圜丘周围每根栏杆旁都站着身穿制服、手持长矛的士兵，道路两旁有众多身穿长袍、手持仿古乐器的乐师，出席仪式的大小官员们也全都穿着祭祀的长袍。仪式开始后，袁世凯从南面登上圜丘的第二层朝北站定，待篝火点起，他按照祭祀官的口令深深鞠躬四次，文武百官也跟着一起鞠躬，同时盛有兽血和兽毛的盘子被端上了祭坛。敬献了丝绸之后，袁世凯就跪在了圜丘第一层。献祭肉的音乐奏起，兽血兽毛马上撤走，一盏热酒送到了袁世凯手中。击鼓奏乐，接着祭祀官念颂祷文，乐声中有人翩翩起舞，袁世凯则举盏敬天。每篇祷文读完，袁世凯就朝祭坛磕四个头，文武百官也跟着一起磕头。最后伴着庄严的音乐，祷文牌位、丝绸、酒和谷物等祭品被一起放在柴堆上焚烧，祭天仪式随之结束。这场祭天仪式从凌晨3时开始，一直进行到8时50分才算结束。

或许是真的受到了上天的眷顾，袁世凯似乎更加春风得意。而接下来，中国近代史上最臭名昭著的一幕发生了。进入1915年，国内突然掀起一股强劲的政治复古潮。也不知是什么力量在背后推动，反正似乎举国上下都开始呼吁更改国体，结束共

民国初年曾极力鼓吹帝制的梁士诒

两广护国军军官合影，1916年5月

部分护国军将领合影

和，推行君主立宪。在国会中，议员们纷纷主张袁世凯改任"皇帝"，并且给后者上了一道推戴书："元首当视乎民意为从违。民意共和，则誓词随国体而有效；民意君宪，则誓词亦随国体力变迁。今日者，国民厌弃共和，趋向君宪。"一看形势有变，许多中央大员、地方军阀也纷纷表态支持实行君主立宪。于是，全国各地又突然冒出许多请愿团，上自达官贵人，下至贩夫走卒，甚至北京城的丐帮和八大胡同的妓女也被组织起来，他们手持各色旗帜齐聚新华门外，跪呈劝进表，异口同声地请求袁世凯"顺应民意"尽快登基。一时之间，总统府外喧闹无比。

面对全国人民如此这般"厚意"，袁世凯岂能再好推辞？1915年12月，他终于宣布恢复君主制，建立"中华帝国"，并把总统府改为"新华宫"。尽管有孙中山、梁启超等政治对手以及昔日心腹大将段祺瑞、冯国璋等人强烈反对，但他依然自我感觉良好地于1916年元旦正式称帝，并改年号"洪宪"。然而出乎袁世凯意料的是，就在他宣布实行帝制的三天后，蔡锷等人在云南宣布独立并发起"护国运动"。一时之间，全国各地纷纷响应。更令他伤心的是，当他下令昔日的得力干将段祺瑞、冯国璋等率军征讨叛军时，竟吃了闭门羹。与几年前迅速解决"二次革命"大相径庭的是，这次袁的军队已经威风不再。短短三个月间，贵州、广西、广东、浙江、陕西、四川、湖南等省也相继宣布独立。不料就在此时，冯国璋竟联络李纯、靳云鹏、朱瑞、张勋等大将向北京发出密电，呼吁袁世凯"取消帝制，以安人心"。无奈之下，众叛亲离的袁世凯被迫于3月22日宣布撤销帝制，次日又废除"洪宪"年号。掐指一算，袁世凯只做了83天皇帝梦，都还没来得及举行登基大典就"美梦"破灭了。最悲哀的是，皇帝做不成，大总统也做不成了。尽管重新恢复了"中华民国"，但由于遭到了段祺瑞等干将的背弃，忧惧之下，心力交瘁的袁世凯竟在6月6日暴病身亡，时年57岁。

对于以上这一幕，几乎所有的教科书在叙述上都无二致，至于对袁世凯的讨伐，也空前一致。那么，以袁世凯这样老谋深算的政坛老手，到底是发了哪根神经，居然利令智昏地开起了历史的倒车呢？这背后，是否还隐藏着别样的玄机呢？

据说在临死前，袁世凯曾为自己准备了这样一副挽联："为日本去一大敌；看中国再造共和。"平心而论，从其一生的政治作为来看，袁还算实事求是，这两句话多少有一定道理。遗憾的是，他最终毁在了称帝之举上。值得一提的是，袁世凯当年所复辟的"帝制"可不同于清朝，而是地道的君主立宪制，类似于英、德、日等国。实际上，他的年号"洪宪"本身就是弘扬宪法的意思。而在"称帝"后所拟定的《新皇室规范》中，袁还明确规定"亲王、郡王可以为海陆军官，但不得组织政党并担任重要政治官

袁世凯的西方顾问们，部分人对他选择帝制起到了推动作用

员；永废太监制度；永废宫女采选制度；永废各方进呈贡品制度；凡皇室亲属不得经营商业，与庶民争利……"所有这些都是典型的君主立宪法律条文。也就是说，他虽然想当皇帝，但也只是走向20世纪的"改良型皇帝"。

如果我们认真梳理，就会发现，袁世凯之所以一步步迈向政治"雷区"，除了他本人的原因外，其背后还有众多的推手：这当中有杨度等复辟派文人的摇旗呐喊，有古德诺、有贺长雄等外国参谋的助威，有日、德等列强的怂恿，更有袁大公子的极力鼓动。

袁世凯在坐稳了大总统的位子后，或许是揣摩到了他内心深处的政治欲望，包括杨度、严复、刘师培、孙毓筠等在内的一干复辟派文人迅速活跃起来。他们结成"筹安会"聚拢在袁世凯周围，开始极力宣扬君主立宪政体的好处，并以英、日等国为例来证明帝制与民主共和并不矛盾。此辈当中，杨度是袁世凯钦点的"旷世逸才"，曾担任北大校长、翻译有《天演论》的严复更是大名鼎鼎。毫无疑问，这些文化名流对袁的影响非同小可。此外，两位"洋参谋"——来自美国的政治学家古德诺博士和日本的法律专家有贺长雄博士也来凑热闹，这二位在多家国际性报刊上发表文章，不断宣扬帝制对于中国的好处，使袁倍受鼓舞。与此同时，列强中的不少国家如德国、日本、英国等，出于各自不同的目的，都曾明确地对袁世凯称帝表示过支持，从而在某种程度上推进了袁"称帝"的进度。虽然有了这么多动力，但袁世凯还不放心，他还希望得到舆论界的声援。为此，他不惜重金，希望媒体能为自己营造出一种良好的舆论氛围。他成功收买了一批人为自己呐喊助威，并由此催生了近代中国新闻史上的经典"神话"——"臣记者"薛大可。

说起这薛大可，在民国初年的新闻圈可算是个名人。虽然早年好歹也属于革命青年，但在风闻袁世凯谋图称帝的消息后，时为《亚细亚报》主办人的薛大可当即投其所好，为复辟帝制大造舆论。1915年，他拿着袁世凯拨发的10万大洋，屁颠屁颠地跑到上海创办了《亚细亚报》分社。虽然在收买《申报》等主流媒体时碰了一鼻子灰，并且遭到了反复辟人士的炸弹威胁，但他仍在袁世凯"称帝"后第二天就赶印了一份"号外"。在报纸的头版，他模仿王朝时代大臣的口吻上表称贺，并空前绝后地自称"臣记者"。此报一出，全国新闻界无不掩鼻而笑。除了薛大可外，新闻界的康士铎、乌泽声和汪健斋三位同行，也分别在他们所主持的《民视报》《国华报》和《京津时报》上高调附和帝制，并因此被袁世凯任命为参政会议员，真可谓权财两收。对于薛大可等人的忠心，袁世凯自然乐得心花怒放。因此在称帝之日，他特地召集这些人作为"新闻界代表"进新华宫赐酒。据说袁用一大缸盛满黄酒，然后命他们围缸喝酒，并美其名曰"皇泽普被"。在埋头痛饮了一番后，各位"臣记者"北面稽首九叩，三呼万岁。后来，"民国四公子"之一的张伯驹在追忆"洪宪"逸事时曾有这样一首诗："筹安会里互争先，记者称臣古未传。佐命即无功不世，大名千古有佳联。"该诗说的便是此段奇闻。

当然，对于袁世凯这样的政坛老江湖来说，外人的鼓动虽然对他敢于逆天而行起了一定作用，但最终的原因还要归结到他自己身上，包括他的后院。据说为称帝一事懊悔不已的袁世凯在临死前曾怨恨地对身边人说："是他害了我。"这个"他"，外人几乎众口一词地认定是袁的大儿子袁克定（1878—1958）。甚至可以说，袁世凯之所以复辟帝制，袁克定要承担近一半的责任。而他之所以发疯般地鼓动父亲"穿上龙袍"，其最终的目的无非是让自己成为"太子"。

照理说，身为袁世凯的嫡长子，袁克定在众多弟兄姐妹中拥有得天独厚的优势，他大可不必为自己的前程担心。然而由于年少时因坠马摔断了一条腿，袁大公子从此变成了一名残疾人士，并得外号"袁大瘸子"。由此，原本就心气很高的袁克定在心理上也起了变化，这种因自卑而导致的行为乖张，后果是非常严重的。早在赴德国学习军事期间，受德国皇帝的影响，他就萌生了促使父亲改弦更张的想法。回国后，虽然由于段祺瑞等北洋要员的排斥而无法施展手脚，袁克定便将全部的精力都倾注在复辟大计上了。为了促使袁世凯尽快下定决心，这位大公子竟想出了一招儿"妙计"——伪造《顺天时报》。《顺天时报》本是一份日本人在天津所办的中文报纸，在京津地区发行量颇大。由于该报号称是"反映日本政府对华政策的窗口"，而袁世凯又非常在意日本对自己"称帝"的态度，因此袁克定便伪造了一份专门刊登各类鼓吹帝制、"拥护袁大总统做皇帝"之类消息的"顺天时报"，每天按时送给袁世凯及其他家庭成员看。而由于袁世凯从不迈出新华宫一步，因此也就无从得知其中的奥秘了。就这样，袁世凯被自己的儿子蒙骗了好长一段时间，最终一步步滑向复辟的深渊。说来凑巧，有一天，三小姐袁静雪的一个丫头在回家探亲时买了一些五香酥蚕豆，并用一整张《顺天时报》包着带回新华宫，这才真相大白。在问明事由后，恼怒的袁世凯将袁克定痛打了一顿，骂他"欺父误国"。然而由于复辟称帝一事已经生米煮成了熟饭，袁世凯也只能将满肚的怨气干咽下去。有趣的是，就在老大袁克定起劲地为复辟上蹿下跳时，老二袁克文却冷眼旁观，结果兄弟二人因此反目成仇。由于袁克文素有文采，因此便被外界称为"曹植"，袁克定则被称为"曹丕"。据说某次兄弟俩因为琐事吵了起来，袁克文竟对他大哥说："你要做曹丕，竟不许我做曹植？"这事传开后，老

袁世凯与家族子弟合影

第一章 阴阳乱象

晚年的袁世凯

自从出任民国大总统后，袁世凯就再也没有走出过新华宫

袁当即怒气冲冲地把两人喊来臭骂了一顿："怪不得外面有人骂我是曹操，原来是你们兄弟俩在自比曹丕、曹植，真是岂有此理！"然而，袁世凯终究没有做成曹操，而克定、克文两兄弟也没有做成曹丕、曹植。当袁世凯败亡后，他们的好日子也到头了，最终都落得个晚景凄凉的境地。

虽然袁世凯可以将自己的昏招儿归罪于不孝之子，但他本人潜意识中的私欲以及迷信思想也逃脱不了干系。话说在当年，袁克定起劲地鼓动老爹复辟称帝时，经常拿出所谓的"家族魔咒"说事儿。说来也怪，多年以来，袁世凯家族中，但凡是外出做官的男人，不管是袁甲三、袁保恒、袁保龄、袁保庆还是袁世凯的生父袁保中，都没有活过60岁。就像大多数旧时代的百姓一样，袁世凯也对寿命大限这道"坎儿"心有余悸。实际上自从当上民国大总统后，袁世凯的健康就每况愈下，早早就须发皆白，一副老态龙钟的样子。正是在这种心理的驱使下，当袁克定进言说只有当皇帝才能破除"魔咒"时，他真的动心了。唉，甭管帝王将相还是贩夫走卒，谁不想多活几年呢？而据袁世凯的心腹大将冯国璋1917年追述，由于在潜意识里的自命不凡，某种程度上也刺激了袁"称帝"的欲望。

冯当年是这样说的：有一天袁世凯午睡，他身边的小厮在进去送茶时，突然看见床上竟躺着一只大癞蛤蟆，惊慌之余，失手把主人最心爱的玉制茶杯打碎了。虽然没有惊醒袁世凯，但自知闯祸的小厮顿时六神无主。眼见此景，一位动了恻隐之心的老人家便悄悄教了他一招儿。果然，等袁睡醒问起茶杯之事时，小厮战战兢兢地回答说，自己端茶进来时，看见一条五爪金龙横躺在床上，因此才手惊打碎了玉杯。结果，老袁不但没有责罚他，还拿出十块洋钱作为封赏，并嘱咐小厮不要在外声张。还有一种民间传言，说袁世凯是蛤蟆精下凡。实际上，关于这类故事还有好几个版本。但不管哪个版本，也不管是否确有此事，反正袁世凯在潜意识里真的以为自己有当皇帝的命，从而在某种程度上激发了他的政治野心。

可以说，袁世凯属于那种半新半旧、亦新亦旧的人物。在其死后不久，他的亲属就曾将他与历史上的曹操、王莽、桓温相比，这些人物无一例外被后人视为"乱世之枭雄"，但身上又多了几分"奸"气。而当时著名记者黄远庸曾这样评价袁世凯："袁总统者，在世界历史上，虽永不失为中国怪杰之资格，而在吾民国历史上，终将为亡国之罪魁。"经过近百年的变迁，世人对于被脸谱化的袁世凯似乎有了新的认识，用著名历史学家唐德刚的话来说，袁世凯实际上是个值得同情的悲剧性人物，是"近代社会政治转型期中，不幸的当国者之一"。

耐人寻味的是，在帝制失败后，袁世凯指责最多的便是自己，他说"此是余自己不好，不能咎人"。当他死后，人们打开他订立继承人的金匮石屋，赫然发现他所亲笔写的名单上依次为黎元洪、段祺瑞、徐世昌，就是不见袁克定的名字。这个名单的排序，尊重了《中华民国约法》中对于总统候选人的有关规定。

袁世凯出殡时的情形

三、元首走马灯

对国际时事稍加关注的人都知道,许多国家的政治首脑经常频繁更换,即使任期较长者也大多不会超过四五年,短的则经常出现只在任几个月的情形。可以说,在许多国人的心目中,这种所谓民主政治实在不值得羡慕。因为如果一个国家的政治元首老是走马灯般地更换,那岂不是惹人嘲笑? 然而不要忘记,在中华民国的前半期,也就是常说的北洋军阀时期,元首走马灯的情形甚至比较起来有过之而无不及。

如果单从政治形态方面讲,北洋军阀政府无疑是中国近代史上的一个怪胎。从1912年3月袁世凯就任中华民国临时大总统,到1928年6月张作霖撤出关外,北洋军阀政府共存续了16年3个月。其间,共出现了8任元首。除了袁世凯的4年徐

北洋军阀的首脑段祺瑞、冯国璋合影,1918年

世昌的3年外，其余的都在一年左右。至于内阁总理，就换得更加频繁了。据统计，从1916年6月到1928年6月（其中1924年11月到1925年12月不设内阁总理），仅仅两年的时间，北京政府居然经历了38任内阁，入阁阁员（包括内阁总理和各部部长）多达380人次，每届内阁平均任期3个月半，最短的才6天！这样的政治风景，绝对称得上是空前绝后了。自从北洋集团的总把头袁世凯死去之后，他手下昔日的一干得力干将相继走上前台，表演起了走马灯般的政治秀，从而在中国近代史上留下了一幕幕悲喜剧。

1916年6月6日，由于复辟称帝失败，陷入众叛亲离的袁世凯在羞愤中病死。虽然袁在贸然开历史的倒车时遭到举国讨伐，并落得个车毁人亡的下场，但这位政治强人的猝然离世同时也造成了民国初年的政治混乱。特别是随着各种政治势力和军事集团的分裂，就连"民国大总统"一职也变成了烫手的山芋。

最先接过这个烫手山芋的，便是袁世凯时代的副总统、曾经的革命元勋黎元洪。

按理说，黎元洪出任民国大总统一职实属情理当中，也是有法可依的。毕竟人家不但是辛亥革命的元勋，早在孙中山时代就被推举为临时副总统，袁世凯临死前又特地遗嘱其继任大总统。更重要的是，黎元洪品德出众，有着"黎菩萨"的美誉，这不但在有"九头鸟"之称的湖北人中显得不易，在时代变乱的清末民初更属难得。然而可惜的是，黎元洪虽然名望很高，但他并不属于北洋集团，因此手中既无权又无兵，结果其"总统"的身份很不牢靠。有趣的是，由于湖北人"黎""泥"不分，因此"黎菩萨"又常被戏称为"泥菩萨"，面对段祺瑞、冯国璋等一干强人的虎视眈眈，他有时还真的自身难保。

黎元洪（1864—1928）是辛亥革命后的第一位都督，民国时期曾两任大总统、三任副总统，连孙中山都称其为"民国第一伟人"。

想当年武昌起义侥幸成功后，面对群龙无首的尴尬局面，革命党人好不容易找到一位"临时老大"，他便是前清军官、21混成协协统黎元洪。时年47岁的黎元洪虽然并非地方军政首脑，但与发动革命的那些愣头青比起来，在湖北当地的声望还是很高的。而他之所以能够得到各界的一致推举，并维持住来之不易的革命局势，其最大的一个法宝便是"以德服人"。早在北洋水师学堂深造时，黎元洪就因常替同学承担过错而被其老师严复评价为"德有余而才不足"。1907年赵尔巽出任湖广总督时，湖北的大小官员纷纷向其进献大红包，唯独黎元洪仅仅表示了几块银圆。与此同时，他做起慈善来却毫不吝啬，一下就将自己半年的工资3000元捐献给了武汉灾民。因此许多人认为，像黎这样品格高尚的军官，在清末民初绝对称得上凤毛麟角。幸运的是，虽然他老实忠厚，不善于玩弄阴谋诡计，但由于得到了张之洞的赏识，居然也做到了二品武官。

　　武昌起义爆发后，在革命党人枪口的威逼下，原本与革命八竿子打不着的黎元洪被迫出任湖北军政府首脑，就这样糊里糊涂走上了革命道路。不过一旦进入角色，他也毫不含糊，显示出较强的敬业精神。他曾颇有豪气地说："谁无肝胆？谁无热诚？谁不是黄帝子孙？……洪有鉴于此，识事体之大有可为，乃誓师宣言，矢志恢复汉业，改革专制政体，建立中华民国。"一旦认定了共和事业，他便将自己的余生都致力于维护法统、反对专制。武昌起义成功后，黎元洪被革命党人推举为湖北军政府都督，而在民国大总统未选出以前，他又作为陆、海军大元帅代行大总统职权。1912年1月，中华民国临时政府在南京成立，黎元洪被选为副总统兼湖北都督。由于他素有亲民美誉，加之面目慈善，因此被时人称为"黎菩萨"。

　　1913年10月，在镇压了"二次革命"后，袁世凯就任中华民国正式大总统，黎元洪则为正式副总统，仍兼湖北都督。为了更好地控制这位"革命元勋"，袁世凯在这年底派段祺瑞赴武汉，威逼黎元洪北上就任副总统。结果抵达北京后，黎元洪便被袁世凯软禁于瀛台，也就是当年光绪皇帝度过余生的地方。不过与慈禧太后对待光绪皇帝不同，袁世凯对黎元洪还算仁义。为了拉拢他，为自己正在酝酿的复辟称帝增加筹码，袁世凯甚至与对方结为儿女亲家。虽说黎一向被人称为"菩萨"，有的甚至戏称其为"泥菩萨"，但如果逼急了，这"泥菩萨"也敢发狠。

　　却说当年袁世凯紧锣密鼓地准备复辟称帝时，有一次他亲自去瀛台拜访黎元洪并试探其态度，不料后者竟措辞激烈地说："辛亥革命为推翻帝制、建立共和，死者何止千万，如今大总统回头再做皇帝，如何对得起这些先烈？"后来，黎元洪终于获得解放，迁居到东厂胡同袁世凯为他购置的新宅中，但他却从此闭门谢客，远离复辟逆流引起的政治是非。

　　1915年12月13日，袁世凯改元"洪宪"。两天后，他发布的第一道敕令就是册封黎元洪为"武义亲王"，以表彰其武昌首义、恢复华夏汉土之功。对于这样的殊荣，当时许多政客可谓梦寐以求，但黎元洪却大事不糊涂，他宣称"我意已定，宁死不受"。先是国务卿陆徵祥来黎府祝贺，黎元洪当面表示不接受爵位后，拂袖入内。袁世凯不久又派裁缝来量做亲王制服，也被黎元洪赶了出去。12月19日，袁世凯再次命令九门提督江朝宗前往黎府宣封。黎元洪这次干脆避而不见。不料江朝宗竟赖着不走并长跪高呼"请王爷受封",于是黎元洪大怒,他从房间疾步而出,指着江朝宗的鼻子大骂:"江朝宗,你怎么这么不要脸,快快给我滚出去!"当袁世凯的亲信梁士诒前来道贺时,黎元洪甚至指着客厅中的一根石柱对梁士诒说:"你们如果再逼我,我就撞死给你们看!"总而言之,当袁世凯企图埋葬共和体制时,黎元洪一改往日的"菩萨"性情,表现出了罕见的刚烈,并在日后蔡锷发起护国运动时表示拥护。

1916年6月袁世凯死后,依据法统,黎元洪继任中华民国大总统,总理则由段祺瑞担任。在就职时,"黎菩萨"保持了一如既往的低调,他因陋就简地在东厂胡同的住宅中举行了就职典礼。在简短的宣言中,他谦虚地说:"自唯德薄,良用兢兢,唯有遵守法律,巩固共和,期造成法治之国。" 按理说,这样的老好人上台,理应是中华民国之福了吧?然而在"北洋之虎"段祺瑞等人的眼中,"黎菩萨"终究不是北洋集团的自己人,因此便处处与其为难。正如时人所感慨的:"黎元洪是在总统任内没有过一天舒服的日子,因为黎、段之间势成水火,遂致总统府与国务院之间也无法调和。"仅仅过了一年,由于在一些内政外交事务上有冲突,喧嚣一时的"府院之争"便愈演愈烈,并在1917年春天达到顶点。

辛亥革命前夕的黎元洪

虽然没有什么特别的才能，但"黎菩萨"却得到许多人的尊敬

黎大总统的标准照，天津鼎章照相馆

第一章 阴阳乱象 zhaojian beiyang
lishi yingxiang beihou de lishi

1917年4月,段祺瑞鼓动听命于他的督军团,要求总统、内阁和国会批准中国加入协约国,参加第一次世界大战。由于实力派军阀与国会在此问题上立场不同,结果爆发了激烈的冲突。在一部分官员的支持下,原本已受了段祺瑞无数冤枉气的黎元洪断然下令,免除段的"国务院总理"的职务。面对忠于段祺瑞的督军团的威胁,手中无兵的黎元洪电召长江巡阅使张勋入京斡旋。却不料"辫帅"张勋居然趁机搞了一场复辟闹剧,黎总统也落得个颜面扫地。在段祺瑞率军驱逐了张勋后,已彻底灰心丧气的黎元洪通电自我弹劾,随即引咎辞职,退居到天津做寓公去了。有趣的是,虽然转眼成为一介平民,但隐居天津的黎元洪却似乎有先知先觉的超能力。据说在1918年冬天,这位前总统突然心血来潮,派人将天津本地最著名的鼎章照相馆的师傅请来,让人家给他拍了一组大幅标准像。当时外界议论纷纷,人们都在私下嘀咕一个下野总统想干什么,莫非想着重出江湖吗?不料过了三年后,黎元洪还真的又当了一回总统。虽然事情紧急,但早有准备的黎元洪却从容地拿出三年前的底片来,一下就在鼎章照相馆洗印了500张标准像,在全国广为散发。原来在1922年6月直系军阀胜利后,在曹锟等人的支持下,黎元洪再度出任了一年的民国大总统。直到1923年,

黎元洪(一排正中)与参政院要员合影

1922年，黎元洪二度出任大总统时在北京西苑检阅军队

彻底退出政坛后的黎元洪与家人合影

由于曹锟本人也想过一回大总统的瘾，"黎菩萨"又一次下野回到天津。在此后十余年间，他将全部的精力都倾注在兴办实业上，先后投资了 17 家银行、12 家工厂、6 家煤矿。1928 年 6 月 3 日，"以德服人"了一辈子的黎元洪病逝于天津。为了感念其功，1935 年 11 月 24 日，中华民国国民政府在武昌为他举行了隆重的国葬典礼。

在"黎菩萨"两任总统的间隙，站在民国政治舞台中心的主要是文人出身的徐世昌，以及军阀冯国璋。

冯国璋（1859—1919），字华甫，直系军阀首领，与王士珍、段祺瑞并称为"北洋三杰"。袁世凯死后，黎元洪继任大总统，经过国会补选冯国璋为副总统，在南京办公。1917 年 7 月，张勋在北京拥戴溥仪复辟，黎元洪避入日本公使馆，冯国璋北上代行总统职权，后因与段祺瑞之间矛盾重重被迫去职，让位于徐世昌。

用一些学者的话讲，徐世昌此人可谓才具平庸，但他却能在晚清民初的政坛上官运亨通，多少有些"气死人不偿命"的架势："从晚清入民国的大人物中，徐世昌算是地位很高的一号要角。在晚清位极人臣，做到军机大臣，太傅衔太保，进入民国，做过袁世凯的'国务卿'（内阁总理），最后居然成了民国大总统。可是细想起来，此公虽然一路大官做上去，但好像什么事也没做过。他参与过袁世凯小站练兵，但兵不是他练的；他做过清朝第一任的巡警部尚书，但警察也不是他办

冯国璋

冯国璋由天津抵达北京时情形

的；他做过东三省的总督，好像除了让自家的宦囊鼓了好些之外，没留下什么政绩。至于在民国做总统，本是傀儡，姑且不论，给袁世凯做'国务卿'，连主子要做皇帝，都没帮什么忙。这样的人，你说他好吧，没做什么好事，你说他坏吧，也没什么坏事。他是祸首，就是官运亨通，挡都挡不住。"

徐世昌（1855—1939），字卜五，号菊人，祖籍直隶天津，出生于河南省卫辉府，因此与袁世凯也算是老乡。1879 年，徐世昌在进京应试途中结识了袁世凯，二人意气相投，遂结为盟兄弟。不过与志在沙场的袁世凯不同，徐世昌的科举之路异常顺利，先中举人，后中进士，又授翰林院编修。1897 年，袁世凯在小站练兵时，将这位把兄弟拉来充当谋士。实际上徐世昌对练兵之事一窍不通，每日只是管些文案公关之类的事务。当袁世凯飞黄腾达之后，徐世昌也跟着沾光，1907 年出任首位东三省总督，1911 年任皇族内阁任协理大臣。辛亥革命爆发后，徐世昌投桃报李，极力主张起用此前已遭罢黜的袁世凯。1914 年 5 月，被袁世凯任命为国务卿。不过在复辟帝制问题上，徐世昌也表示出了与袁不同的意见。袁世凯败亡后，他又凭借其资历威望，对黎元洪、段祺瑞、冯国璋诸人之间的纠纷进行调解。因此在黎元洪被逼下台，冯国璋"友情客串"了一段时间的大总统后，1918 年 10 月，经皖系操纵的安福国会选举，徐世昌竟脱颖而出，登上了"民国大总统"的宝座，而且一待就是三年多，在职时间仅次于袁世凯。

鉴于徐世昌的世故圆滑，人们给他起了一个特别有趣的绰号——"水晶狐狸"。"水晶"指八面玲珑的性格，"狐狸"当然是指其狡猾、阴沉。辛亥革命后，他表面宣称"心系旧主"，不任民国官职，实际暗中在替袁世凯出谋划策。袁世凯称帝时，他表面任职"国务卿"，实际不为袁世凯策划任何事，反而暗中与段祺瑞联合起来拆袁的台。张勋复辟时，他不肯轻易出山，号称只有宣统帝答应娶他女儿并立为皇后才会出来，暗中又在天津支持段祺瑞组织讨逆军。

在武人当国的北洋时代，科举出身的徐世昌绝对算是一个另类。他虽然曾参与袁世凯的小站练兵，但却与枪杆子绝缘。作为一名传统的士大夫，他国学功底深厚，著作等身，而且擅长书画，因此被时人称为"文治总统"。而从其任职期间的种种努力来看，他也确实有过推行"文治"的良好愿望，只是在武人环伺的情形下，他的这种梦想能实现吗？

1918 年 10 月 10 日，在中南海举行的总统就职典礼上，自信满满的徐世昌宣称，将努力实现国内的南北统一并提升国家的国际地位，在此基础上实现"偃武修

号称"水晶狐狸"的徐世昌

徐世昌（正中）与各国公使合影

文"。由于当时国人已厌倦了武人专政、南北纷争的状况，因此对于徐世昌的这番表态倍感振奋。时任北大教授的陈独秀曾发表文章说："现时东洋各国的当局，像中国的徐总统，像日本的原内阁，都是文人出身，总算是东洋和平的一线光明……"在国内外舆论界的支持下，仅过了一个月，徐世昌便在北京召开各省督军会议。在会议上，各路军阀一致表示服从总统，赞成和平，并纷纷下令前线部队停战休兵。一时之间，国内形势一片大好，俨然就要进入国泰民安的局面了。然而一旦真正行动起来时，徐世昌就发现，光靠自己的一张嘴和徒有虚名的总统头衔，根本就无法与军阀们周旋，致使他的所有愿望都只能停留在口头上。

1919年2月，在上海举行的南北议和会议上，由于南北军阀均拥兵自重，互不相让，结果面对国外人士的询问时，徐世昌只能无奈地感慨说，"我一个人想'和'，'和'得了吗？"随后几年间，军阀混战的局面不仅未能缓和，反而愈演愈烈。更严重的是，军阀势力的膨胀直接影响到了中央财政的支配。由于军费开支不断增加，结果到1921年时，中央政府竟连高校教师的工资都无法支付了。这年6月，为了抗议政府长期拖欠工资，北京八所国立高校的教职员工在教育界广大人士的支持下，前往中南海向徐世昌索要欠薪，最终引发了激烈冲突，一些请愿代表受伤。这场教育界的索薪风潮发生后，曾一度对徐世昌的"文治"抱有期望的人士迅速转变态度，北大教授李大钊就言辞辛辣地说："武人专制的政治——也可以叫作武乱——已经把我们害得很苦。好容易有一位文治派的总统出来，挂了文治主义的招牌，吾侪小民一位一定可以有点希望了，一定可以免'武乱'的痛苦，享'文治'的幸福了。但是盼到如今，只看见了两件大事，就是秋丁祭孔，国庆日不阅兵。大概文治主义做到这样，也算是尽其能事了！"至于徐世昌本人，面对种种无奈，自然也彻底丧失信心了。因此在1922年第一次直奉战争后，随着曹锟、吴佩孚为首的直系军阀控制了北京政府，徐世昌很识趣地自动去职，躲到天津当寓公去了。

眼看文人总统徐世昌搞不定民国的纷纷扰扰，身为武人的直系军阀首脑曹锟不禁心头发痒，跃跃欲试地想过一把当大总统的瘾，于是便有了民国史上最荒唐的一幕。

曹锟（1862—1938），字仲珊，直隶天津人，北洋时期直系军阀首领、中华民国第五任大总统，绰号"曹三傻子"。据说少时由于家中贫穷，曹锟曾干过卖布的营生，因性情豪爽，做生意不甚算计而得此诨名。正所谓傻人有傻福，自从20岁起投身行伍后，本没什么文化也缺乏心计的他竟一路高升，靠着种种机缘得到袁世凯的器重，

1907年被任命为北洋军第三镇统制官。进入民国后，曹锟任陆军第三师师长，袁世凯死后又成为直系军阀首领。1922年4月第一次直奉战争后，直系军阀控制了中央政权。为了抵制南方成立的护法政府，在曹锟的支持下，1917年灰溜溜下台的"黎菩萨"二度复职。不过在大约过了一年的光景后，曹锟突然发了总统瘾，跃跃欲试地想当一回有名有分的"国家领导人"。于是他又不耐烦地将"黎菩萨"赶下台，策划了一场喧嚣一时的"贿选丑闻"。

1923年6月，在直系军阀的逼迫下，屁股还没坐热的"黎菩萨"乖乖下台，接下来就该曹锟演出了。既然现在已是民国了，就得按民国的规矩办事。与后世许多赳赳武夫不同的是，曹虽然是个粗人，但兵权在握的他却不愿硬靠枪杆子的威力当总统，而是准备完全在法律的范围内实现这一梦想。为了在接下来的议会选举中获得足够的票数，曹锟这次可着实犯了回傻劲儿——拿钱买选票。经过竞选班子的评估，曹锟最终决定在选举时给出席的每名议员5000元贿赂，为此他总共花费了千万余元的巨款。据当时的媒体披露，共有480名议员收受了曹锟的贿赂。在这场闹剧般的总统选举过程中，还发生了许多趣闻。说是10月5日选举当天，兴致勃勃的曹锟亲自到国会督选。他公然对议员们说："谁又有名又有钱，谁就可以当总统。"不料某议员立刻戏言道："大帅，梅兰芳既有名又有钱，我看可以当总统。"顿时惹得满堂大笑，而曹锟也不以为忤。曹锟虽然如愿坐上了中华民国大总统的宝座，但却被国人讽为"贿选总统"，而那些收受贿赂的议员则被蔑称为"猪仔"。

10月10日民国的国庆节这天，曹锟正式就任中华民国第五任大总统。虽然国民党及段祺瑞、张作霖等政治势力都通电反对，但曹锟却依旧乐呵呵地搬进了中南海，一门心思当扮演起了大总统的角色。可惜曹做梦也想不到，他在新的岗位仅仅待了一年，一场突如其来的政变却迅速改变了自己的人生。在1924年10月的第二次直奉战争中，趁着北京兵力空虚，直系将领冯玉祥突然发动政变，囚禁了曹锟，也使得整个直系军阀遭到重创。此后经过各方势力的激烈角逐，段祺瑞控制了北京政权，他自任临时执政，"大总统"一职便从此空悬下来，而曹锟也由此成为民国历史上最后一位有名有分的大总统。1926年4月，曹锟获释，随即宣布辞职，1927年2月又逃往天津英租界做寓公去了。值得一提的是，曹锟虽然一辈子做了不少傻事儿，但在晚年时却英明了一回。原来在日军侵华后，曾多次对曹锟进行威逼利诱，企图拉他出任组织的首脑，但是由于其本人的民族气节，加上夫人的鼎力支持，曹锟始终不为所动，并宣称："就是每天喝粥，也不能出去为日本人办事！"1938年5月，曹锟病死于天津，终年 76 岁。能有如此的结局，也算是"傻人有傻福"了。

如果说曹锟是靠着一股子傻气儿闯荡天下，那么继他之后成为北洋政权实际首脑的段祺瑞靠的则是精明与实力。

段祺瑞（1865—1936），字芝泉，安徽合肥人，民国时期重要政治家、皖系军阀首领。早在清末时，段祺瑞便在袁世凯手下负责编练新军，并由此与王士珍、冯国璋并称"北洋三杰"。在其政治生涯中，段祺瑞最引以为自豪的业绩可概括为"三造共和"。当年武昌起义后，在袁世凯的授意下，正是由于段祺瑞联合 46 名北洋高级将领施加压力，

"贿选总统"曹锟

清帝才最终被迫宣布退位；1916 年袁世凯复辟称帝时，段祺瑞又极力反对，从而在很大程度上导致了袁的败亡；1917 年张勋复辟之后，又是段祺瑞率兵攻打，才平息了这场闹剧，民国共和政体得以顺利恢复。也正是由于这"三造共和"的功绩，段祺瑞一度成为北洋集团的核心，实际控制着北京的政权。不过就在他雄心勃勃地试图以武力统一全国时，却意外地遭到了失败。在 1920 年 7 月的直皖战争后，段祺瑞威风不再，虽然依旧活跃在民国政坛上，但却成为"光杆司令"了。1924 年 9 月，第二次直奉战争爆发。10 月，直系将领冯玉祥发动北京政变，囚禁贿选总统曹锟，直系军队溃退。其后，段祺瑞被推举为"中华民国临时执政"，成为中华民国实际上的元首。但是在其"执政"期间，太多的纷扰令段祺瑞难以招架。特别是 1926 年发生的"三·一八"惨案，更将他推向历史舞台的边缘。

那是在 1926 年 3 月 16 日，日本政府因在协助奉军作战过程中遭到冯玉祥部的抵抗，竟联合列强七国向北洋政府发出最后通牒，强令拆除大沽口一带军事要塞。得知此消息后，北京民众愤然行动起来。3 月 18 日，北京各界民众五千余人在天安门举行反对八国"最后通牒"的国民大会，会后游行至段祺瑞执政府门前示威。示威群众公推代表去向卫士长交涉，要求开门放队伍进去，并请段祺瑞和国务总理贾德耀出来见面。不料执政府内人员因担心局势失控，竟令预先埋伏的军警以武力驱散游

自命有"三造共和"之功的"六不"总理段祺瑞

段祺瑞（右数第四）任国务总理时与内阁成员合影，1916年

行队伍，结果造成 47 人当场死亡，两百多人受伤的惨剧。1926 年 3 月 18 日这一天，也因此被鲁迅称为"民国以来最黑暗的一天"。在遇难者中，最为后人所熟知的是北京女子师范大学学生刘和珍。

惨案发生后，国内外舆论纷纷谴责段祺瑞执政府。《泰晤士报》称这次事件是"兽性"的"惊人惨案"，中国知识界和舆论界更是义愤填膺，将矛头直指段祺瑞。3 月 23 日，北京各界人士、各社会团体、各学校齐聚北京大学大操场，举行"三·一八"死难烈士追悼大会。当天，鲁迅题写的挽联是："死了倒也罢了，活着又怎么做。"紧接着，鲁迅又专门为此事件写了著名的《记念刘和珍君》一文，其中写道："真的猛士，敢于直面惨淡的人生，敢于正视淋漓的鲜血。这是怎样的哀痛者和幸福者？然而造化又常常为庸人设计，以时间的流驶，来洗涤旧迹，仅使留下淡红的血色和微漠的悲哀。在这淡红的血色和微漠的悲哀中，又给人暂得偷生，维持着这似人非人的世界。我不知道这样的世界何时是一个尽头！"就连一向远离政治的鲁迅的胞弟周作人，也愤而在 3 月 20 日《京报副刊》发表了《对于大残杀的感想》，他说："在民国时代，不，就是在清朝，自我有知以来，不曾听见北京有过这种残杀。现在却不料发现在国民军治下的北京。"鉴于强大的舆论压力，段祺瑞政府召集非常会议，通过了屠杀首犯"应听候国民处分"的决议；京师地方检察厅对惨案进行了调查取证并正式认定卫队官兵有触犯刑律之重大嫌疑。3 月 20 日，贾德耀内阁因"三·一八"惨案引咎辞职，段祺瑞也下令对伤亡民众进行抚恤。然而，这一事件所引发的政治风波远没有结束。随着民众支持率的急剧下降，段执政的处境变得岌岌可危。4 月 9 日，国民军冯玉祥部将鹿钟麟派兵包围执政府，将卫队缴械，两天后段祺瑞逃入东交民巷。尽管国民军不久退出北京，但由于得不到吴佩孚、张作霖的支持，段祺瑞被迫于 20 日通电下野，随后退居天津日本租界当寓公。

多年以来，由于鲁迅那篇著名文章的影响，人们常常将段祺瑞视为沾满青年学生鲜血的刽子手、一个暴虐的军阀。而在当时，舆论界也多将矛头指向他。例如在 3 月 20 日，一批议员就曾致电京师检察厅，要求逮捕段祺瑞依法治罪。实际上种种材料显示，在整个"三·一八"事件中，段祺瑞虽然应负相当责任，但却并非罪魁祸首。当天，段祺瑞因外出活动，并未在执政府内。鲜为人知的是，就其个人行事风格而言，段祺瑞绝对堪称北洋军阀中的另类：他信佛吃素，为人严肃刻板，不苟言笑，生活朴素，清廉如水，无积蓄房产，不抽、不喝、不嫖、不赌、不贪、不占，因此人称"六不总理"。尽管他身上存有各种各样的缺点，但凭借其"三造共和"的功绩，居然能做到这

照鉴北洋：历史影像背后的历史

段祺瑞原本有很好的政治前景，可惜一场"三·一八"惨案彻底改变了他的人生，图为惨案发生当天的情景，1926年3月18日，段祺瑞执政府门前

第一章 阴阳乱象

"六不",恐怕在近代政界也算得上凤毛麟角了。梁启超曾这样评价他说:"其人短处固所不免,然不顾一身利害,为国家勇于负责,举国中恐无人能比。"更难得的是,虽然后世许多人常骂他是"亲日派",但事实表明段祺瑞在与日本人打交道时一点儿也不含糊。1931 年"九一八"事变后,日本政府企图控制华北地区,于是便极力鼓动段祺瑞再度出山,担任傀儡政权首长,但均遭到后者的严词拒绝。1933 年 1 月,在蒋介石的邀请下,段祺瑞悄然离开天津南下,以摆脱日本人的纠缠。对于段祺瑞的到来,蒋介石给予了最高的礼遇,并且始终行学生之礼表达其敬意。因为当年蒋介石毕业于保定军官学校,而该校正是段祺瑞创办的。值得一提的是,1934 年,段祺瑞因胃病而身体日衰,当周围人苦劝他开荤以加强营养时,老段断然拒绝并声称"人可死,荤不可开"。1936 年 11 月 2 日,段祺瑞因胃病突然发作而不治身亡,时年 72 岁,死后得到南京国民政府国葬的待遇。

段祺瑞结束其执政生涯后,北京城又迎来了北洋政府最后一位"元首"——张作霖。要说这张作霖(1875—1928),也算是北洋军阀时期最具传奇色彩的人物之一了。这位土匪出身的军阀,长相斯文,面目清秀,丝毫看不出"胡子"的踪影。可就是他,愣是从一个小喽啰干起,利用各种机遇,不断扩充势力,纵横风云,最终居然带着几十万奉军从关外杀到北京,随后控制了北京政权,扮演了两年民国首脑的角色。正所谓老子英雄儿好汉,他的儿子张学良,后来更是凭借西安事变的壮举而扬名。

与同时代的许多军阀一样,张作霖也出身卑微。他少年丧父,在好心人的资助下读过几年私塾。长大后,他开始混迹社会,一度流浪街头,沿街乞讨,还干过一阵兽医。甲午战争中,20 岁的张作霖投身行伍,战争结束后又投身绿林,成为一名"胡子"(土匪)。1900 年,在岳父的帮助下,他成立了一支小型武装团,由此开始不断扩充势力,到辛亥革命时已成为东北重要的武装力量之一。1912 年,张作霖被袁世凯任命为第 27 师中将师长,袁死后出任奉天督

北洋政府最后一位"元首",土匪出身的张作霖

军兼省长，1918年9月被任命为东三省巡阅使，并利用日本的势力控制了奉、吉、黑三省，成为奉系首领，是名副其实的"东北王"。第二次直奉战争后，张作霖与吴佩孚讲和，又联合阎锡山、张宗昌等打败冯玉祥国民军，1926年占领北京，并自称"安国军总司令"。1927年6月，张作霖在北京就任北洋军政府陆海军大元帅，代表中华民国行使统治权，成为名义上的民国最高统治者，并组建北洋政府最后一届内阁。不过很快，在北伐军的进攻下，奉军全线崩溃。1928年6月，张作霖被迫主动撤出北京，准备回到东北经营自己的地盘。不料由于同日本人发生了激烈矛盾，6月4日晨5时许，当他乘坐的列车行驶到皇姑屯附近时，竟遭到关东军的暗算，当天就因伤势过重而亡，时年53岁。6月15日，南京国民政府宣布"统一告成"，北洋军阀政府也就此寿终正寝，而上演了十多年的"元首走马灯"闹剧也仓促结束。

四、大辫子的诱惑

七斤慢慢地抬起头来，叹一口气说，"皇帝坐了龙庭了。"

七斤嫂呆了一刻，忽而恍然大悟地道，"这可好了，这不是又要皇恩大赦了么！"

七斤又叹一口气，说，"我没有辫子。"

"皇帝要辫子么？"

"皇帝要辫子。"

"你怎么知道呢？"七斤嫂有些着急，赶忙问。

"咸亨酒店里的人，都说要的。"

七斤嫂这时从直觉上觉得事情似乎有些不妙了，因为咸亨酒店是消息灵通的所在……

以上这段鲁迅小说《风波》中的描写，相信许多人都很熟悉。这篇小说尽管创作于1920年，但却真实地反映了三年前的一场政治风波——张勋复辟，这场风波同时也堪称民国初年最吸引人眼球的一场闹剧。而在这场闹剧中，"辫子"无疑成为当时中国最热门的词汇。

在整个清朝末年，男人头上的大辫子和女人的小脚一直被视为体现当时中国社会面貌的两大符号。无论是温和的改良派还是激进的革命派，对这两样东西都无法容忍。因此在中华民国成立后，革命者所做的最重要的几件事中便包括放足和剪辫子。鉴于前一件事在清朝末年已干得差不多了，因此剪辫子就俨然成为新政权的头等

1917年张勋复辟时，北京城内到处悬挂起了象征清王朝的龙旗

大事。而在普通民众的心目中，这也算是民国与清朝之间最大的区别了。为了显示新政权的决心和魄力，南京临时政府还专门颁布了强制剪辫法令："今者清廷已覆，民国成功，凡我同胞，允宜涤旧染之污，作新国之民……凡未去辫者，于令到之日限二十日，一律剪除净尽，有不尊者以违法论……"

然而令革命者颇为不爽的是，虽然汉人在两百多年前曾激烈地抵制过满人的剃发令，甚至为此付出了血的代价，但是一旦留辫子成为习惯，他们又同样顽固地抵制民国的剪辫令。结果虽然革命者成功驱逐了"鞑虏"，却很难恢复中华习俗。要不是有枪杆子开路，革命者的一番苦心还真不容易实现呢！就像鲁迅小说中所描写的一样，在许多偏僻的农村，"辫子革命"就进行得很不彻底，除了七斤之类的年轻人因进城时被强行剪掉辫子外，大多数男人的后脑勺上依然如故。如果说后脑勺上的辫子还只是坏了革命者的颜面的话，那么思想深处那根无形的辫子就时刻威胁着革命者的政权了。果然，在清朝被推翻后，仍有大批遗老遗少不甘心就此退出历史舞台，时刻在寻找机会复辟帝制，从而上演了一幕幕令世人啼笑皆非的闹剧。

由于辛亥革命很不彻底，因此在民国初年，各种新旧势力相互角力。也正是在政治动荡的环境下，一些遗老遗少曾先后发起了三次复辟活动。先是在1912年，前清小恭亲王溥伟（恭亲王奕䜣之孙）联络刘廷琛、王宝田、温肃等一干遗老，密谋武装复辟之事。为了筹措军费，孤注一掷的小恭亲王不但将祖传的一批古董卖给日本人，还将价值200万两白银的土地押给日本正金银行借得50万两白银。利用这笔钱，他们积极鼓动张勋、田中玉等手握重兵的地方军阀，准备于1913年3月在济南起事，然后一路北上推翻民国。不过由于当时的民国大总统袁世凯实力强大，加之他防范严密、措施得当，张勋等人中止了军事行动，所谓的癸丑复辟也胎死腹中。转眼过了三年，当袁世凯因称帝而招致护国军的讨伐后，一班清朝遗老又想趁乱掀起他们的复辟浪潮。1916年春，在胡嗣瑗、刘廷琛等人的极力撺掇下，对袁世凯心怀不满的冯国璋差点儿与死硬派复辟分子张勋搅到一起，好在后来由于局势迅速发生变化，这次丙辰复辟阴谋也没有得逞。

通过这两次流产的复辟阴谋，人们不难发现其中有一个关键人物——张勋。相比于那些既无权又无兵的清朝遗老，此人既是民国初年共和制度的最大敌人，又堪称复辟势力的最大指望。就在袁世凯败亡一年之后，他又导演了一场轰动整个世界的复辟闹剧。

张勋（1854—1923），字少轩，江西奉新人。清朝末年历任管带、副将、总兵等职，1911年升为江南提督。作为一名传统型武人，张勋在清末民初算是个另类，这最集中地体现在他对清朝的忠诚上。在辛亥革命中，正是由于他的死守，使得进攻南京城的革命军损失惨重。民国建立后，张勋命令手下一万多名官兵统一保留辫子，以示效忠清朝，而其本人也被称为"辫帅"。由于他手握重兵，袁世凯默许其据守徐州。1913年的护国战争中，他又在袁世凯的授意下攻占南京，后调徐州任长江巡阅使。1916年袁世凯死后，张勋纠集一批地方军阀结成13省同盟，一心寻找机会图谋为清室复辟。不久，由于北京发生了黎元洪与段祺瑞之间的"府院之争"，对清王朝忠心耿耿的"辫帅"果真觅到了施展身手的良机。

前已述及，自从北洋集团的龙头老大袁世凯死后，虽然副总统黎元洪依约法继任了大总统，但袁世凯手下如狼似虎的一干猛将却不把他放在眼里。尤其是段祺瑞，更是处处颐指气使，终于逼得老好人"黎菩萨"忍无可忍了。1917年5月，黎元洪罕见地硬气了一回，断然以总统的身份宣布撤销段祺瑞的总理职务。后者则愤然离京出走，跑到天津遥控督军团反对黎元洪。无奈之下，黎总统请求本不属北洋系的督军团团长张勋进京调解纠纷。接到命令后，张勋大喜过望，他赶紧秘密召集各省督军齐聚徐州开会。在徐州会议上，大伙儿一致商定，等张勋领兵进京后，先解散国会，再逼黎元洪退位，然后将清朝逊帝溥仪抬出来，恢复清王朝的年号。为了防止有人中途退出，张勋还要求与会各位督军在一块赞同复辟的黄绫上签名，以便将来发生变故时作为自己的护身符。万事俱备，只欠东风，接下来就看张勋的表演了。

6月6日，张勋率领他手下的5000名"辫子军"，乘火车一路北上，气势汹汹地奔赴北京。临行前，他随身携带了一个神秘的包裹。当周围人询问里边是何物时，张勋故作神秘地一笑说："到时你就知道啦！"火车路过天津时，张勋特地拜访了被撤职后躲到这里看热闹的段祺瑞。对于张勋的计划，后者早就了如指掌。虽然段祺

北洋时期最顽固的复辟分子、军阀张勋

曾积极参与张勋复辟的康有为

李经羲

瑞对于复辟帝制深恶痛绝，但为了给"黎菩萨"一顿教训，老谋深算的他也就装作糊涂，就等着将来收拾残局了。

再说北京那边，本来黎元洪正眼巴巴地盼望着张勋来主持公道呢，却不料听说后者居然带着5000大军前来，顿时变得慌乱起来。而在见面后，张勋所提的第一项要求便是解散国会。无奈之下，"黎菩萨"只得照办。有趣的是，因为按照民国约法，解散国会必须要内阁总理副署才能生效，结果可怜的"黎菩萨"竟连一个愿意临时充当总理的人都找不到。那些往日为了官职拼得头破血流的政客纷纷作壁上观，谁也不愿蹚浑水。任黎总统如何哀求，无论是段祺瑞被免职后被任命为总理却不敢上任的李经羲，还是代理总理伍廷芳，都拒绝签字。最终还是官瘾十足的江朝宗挺身而出，表示愿意充当代理总理副署文件。直到6月12日，解散国会的命令才签发。随后，张勋便开始紧锣密鼓地策划清室复辟计划。

6月28日，在大辫子的诱惑下，复辟派干将康有为也悄然抵达北京，随即便与张勋共商大计，并事先拟好了宣统皇帝复位文告。30日夜，张勋在自己的公馆召见京津临时警备总司令王士珍、副司令江朝宗和陈光远以及京师警察厅总监吴炳湘等人，当众宣布了自己的复辟计划，威逼后者同意。随后他下令自己的"辫子军"全部进城。当天深夜，"辫帅"将自己的辫子精心打理了一番，并从随身携带的那个神秘包裹里拿出全套清朝官服，带领康有为等一干文武官员进宫"面圣"。

张勋复辟时的溥仪

照鉴北洋：历史影像背后的历史

张勋的"辫子军"

驻扎在天坛的"辫子军"

第一章 阴阳乱象

张勋复辟时,其在北京的公馆门前热闹非凡

据溥仪后来回忆，1917年7月1日那天，对于12岁的他来说是一个永远值得铭记的日子。当天凌晨3时左右，睡意朦胧的溥仪在两位太妃和太保世续、师傅陈宝琛等人的引导下，来到养心殿召见张勋一干人等。待溥仪坐定后，张勋等人立即匍匐在地行三跪九叩大礼。接着由张勋上奏说，五年前隆裕皇太后不忍为了一姓的尊荣，让百姓遭殃，才下诏办了共和，谁知办得民不聊生，共和不合咱的国情，只有皇上复位，万民才能得救。接着按照师傅陈宝琛的事先嘱咐，溥仪表示谦让地说："我年龄太小，无才无德，当不了如此大任。"张勋立即赞颂："皇上睿圣，天下皆知，过去圣祖皇帝（指康熙）也是冲龄践祚嘛。"溥仪便连忙又按照陈宝琛的嘱咐说："既然如此，我就勉为其难吧！"于是，张勋、康有为等人又跪拜在地上，高呼万岁，随行的王士珍等人也只得随声附和。就这样，"前清朝廷"宣布复辟。消息传出后，昔日冷冷清清的紫禁城顿时喧闹起来，洋溢着一派节日的气氛。当这一切安排妥当后，张勋又派清室旧臣梁鼎芬等人带着溥仪赐封黎元洪一等公的诏书和康有为预先代写的"黎元洪奏请归还国政"的奏折，于凌晨时分叩开总统府的门，要黎元洪在奏折上签字。闻听梁鼎芬的来意后，黎元洪大吃一惊，这才知道自己被张勋戏弄了。不过面对威胁，当年连袁世凯称帝时都未曾屈服的"黎菩萨"毫不让步，他严词拒绝说："总统的职位，乃出国民委托，不敢不勉任所难。若复辟一事，乃是张少轩（张勋字）一人主张，恐中外未必承认，我奈何敢私自允诺呢？"梁鼎芬恐吓说："先朝旧物，理当归还。公若不肯赞成，恐致后悔。"黎元洪索性闭上眼睛，不予理睬。梁鼎芬无法，只得悻悻而去。熬过了一天后，黎元洪索性通电请远在南京的副总统冯国璋代任总统职务，同时要求各地立即讨伐国贼，并宣布重新起用段祺瑞为国务总理，而他本人则悄悄逃到东交民巷日本使馆避难去了。

眼看民国总统黎元洪拍屁股走人，复辟派也乐得清静，回头便大张旗鼓地将这出闹剧一演到底了。随着"朝廷"一声令下，民国六年变成了"宣统九年"。7月1日这一天，兴致勃勃的"朝廷"一口气颁发九道"上谕"，对各位复辟"元勋"大行分封，其中张勋名列七名"议政大臣"之首，并任"直隶总督"兼"北洋大臣"，加赐紫禁城骑马，康有为则获任"弼德院副院长"。与此同时，为了恢复"王朝气象"，整个北京城也迅速忙乱起来。7月1日一大早，北京警察就挨家挨户命令悬挂清朝的"国旗"——黄龙旗。由于民间早已不生产黄龙旗了，结果仓促之间，许多人家只好用纸糊一面龙旗应付。不过对于广大百姓而言，最要紧的是解决辫子和长袍马褂这两大问题。对于那些遗老遗少而言，复辟当然是天大喜讯。因此他们纷纷跑到旧衣铺抢购前清

第一章 阴阳乱象

朝服，已剪掉辫子的人则跑到戏装店定做用马尾制作的假发辫，然后纷纷前往紫禁城向"皇帝"祝贺。对于普通民众来说，国家这场突如其来的"辫子革命"着实令人措手不及。由于生怕不跟着换衣服会被复辟了的朝廷追究罪责，市面上少量的旧式衣冠被一抢而空，甚至给死人穿的寿衣一时也成了抢手货。最要命的是，许多人因没有了大辫子，整天提心吊胆地躲在家里不敢出门，即便一些偏僻的乡村也不例外，就像鲁迅在《风波》中描写的那种情形一样。

这次短命复辟期间，列位遗老遗少可谓丑态百出，也为后世留下了众多趣闻。其中，闹笑话最多的恐怕要算"南海圣人"康有为了。这位戊戌变法时期的改革派领袖，自民国以来就成了头号保守顽固派。当张勋复辟成功时，欣喜若狂的"康圣人"不禁扬扬自得，满以为凭借自己的声望可以当上首席内阁大学士（总理）。却不料当初他秘密进京时为了遮人耳目剃掉了胡子。结果复辟朝廷认为，清朝从来就没有出过没胡子的宰相，因此只任命其为"弼德院副院长"。了解这一内情后，康老先生不禁暗自懊悔，据说他赶紧从药店买来生须水，一小时内抹上两三次，并且时时揽镜自照，希望尽快长出胡须来，真个是没脸没皮。

对于张勋掀起的复辟逆流，坚持共和的人们自然不会袖手旁观。特别是北洋系的首脑人物段祺瑞，更是义无反顾地承担起了"三造共和"的大任。虽然他对黎元洪始终耿耿于怀，但如今面临共和生死存亡的关头，他最终还是以大局为重。7月2日，段祺瑞来到天津附近的马厂，以第八师李长泰部和驻廊坊的第十六混成旅冯玉祥部为主力组成讨逆军，随后便大举向北京进发。事实表明，虽然张勋的"辫子军"在威吓京城的百姓时一副凶神恶煞的样子，不过一旦与讨逆军交手，简直就是不堪一击。从7月7日到12日，几乎没怎么浪费子弹，"辫子军"就一败涂地。当交战双方的子弹在长安街一带呼啸而过时，一种新式的高科技武器也前来凑热闹。或许是好不容易才找到这么个"实战"的机会，北京南苑航空学校校长秦国镛驾驶着他的飞机突然出现在紫禁城上空，并朝下面丢下了三枚小炮弹：其中一枚落在隆宗门外，炸伤轿夫一名；一枚落在御花园的水池边，炸坏水池一角；一枚落在隆福门的瓦檐上，虽没有爆炸，却把几个正聚在那里赌钱的太监吓得魂飞魄散。这一通交战虽然雷声大雨点小，却也苦了京城的百姓。眼看时局突变，有钱人纷纷出逃，使得火车站客流量剧增，至于物价暴涨、社会动荡的局面更不在话下。

眼看自己的部下纷纷丢盔卸甲，张勋不禁恼恨万分。他赶紧向各省督军打电报求援，要求他们履行之前在徐州开会时所作的承诺，赶紧发兵增援。可惜此时那班

为了恢复共和制度，段祺瑞出面组织了"讨逆军"（一）

第一章 阴阳乱象 zhaojian beiyang
lishi yingxiang beihou de lishi

为了恢复共和制度，段祺瑞出面组织了"讨逆军"（二）

照鉴北洋：历史影像背后的历史

"讨逆军"与"辫子军"在北京城内交战情形（一）

第一章 阴阳乱象 zhaojian beiyang
lishi yingxiang beihou de lishi

"讨逆军"与"辫子军"在北京城内交战情形(二)

张勋的汽车被推入河中

在这次规模很小的战事中，甚至动用了飞机

"老江湖"早已看清形势，一个个装聋作哑。无奈之下，"辫帅"也只能大骂他们背信弃义。到最后的关头，张勋忽然想起当初徐州开会时各省督军曾在上面签名的那块黄绫，他决意彻底撕破脸皮，向媒体公布所有与会者的名单。不料怎么也找不到此物，原来早已被他的参谋长以 20 万大洋的高价卖给当事人了。最终，仅仅风光了十来天的张勋只好向"朝廷"请求辞去直隶总督及议政大臣之职。临行前，他还舰着脸索要一万两黄金的补助。不料 12 岁的宣统竟给他算起了明细账："黄金万两便是 40 余万元，我即位不过七天，给你 40 万岂不是花 5 万元一天买个皇帝做？"张勋听后很不高兴，便说："陛下自从辛亥退政后，六年以来，老臣先后报效不下 50 万元，我今天来要黄金万两，这也不算过分吧？"闻听此言，溥仪身边的瑾太妃愤愤不平地说："如今复辟势将消灭，民国每年优待的 400 万岁费，都要断送于你之手，我们又向谁去讨呢？"一番话将张勋驳得哑口无言。

7 月 12 日，屁股还没坐热的复辟朝廷宣布解散，这场民国史上著名的闹剧就此结束。但对自己的行为绝不反悔的张勋还准备死扛到底，甚至准备以身殉国。不过列强并不希望中国的局势继续混乱下去，最终几名外交官费了九牛二虎之力，才将张勋硬塞入汽车，强送至荷兰使馆避难去了。两天后，"三造共和"的段祺瑞返回北京，重新担任国务总理并掌握北洋政府实权。虽然段祺瑞也曾出于面子去天津迎接黎元洪，希望他重新出任总统，但后者此时已无颜再见江东父老，而是通电全国引咎

第一章 阴阳乱象 zhaojian beiyang
lishi yingxiang beihou de lishi

辞职,最终副总统冯国璋受命代行大总统职务。

再说复辟失败的张勋。事件过后,虽然民国政府曾下令通缉张勋,但因对方手里捏着众多督军参与复辟的把柄,所以一直没有采取实际行动。1918年10月,徐世昌就任民国大总统后,干脆下令赦免了张勋。值得一提的是,虽然在导演复辟闹剧时曾被全国民众视为公敌,但是鉴于其"坚定的政治信念",同时代的许多人都对张勋颇为同情。甚至孙中山在1917年都曾这样说:"张勋强求复逆,亦属愚忠,叛国之罪当诛,恋主之情可悯。文对于真复辟者,虽以为敌,未尝不敬也。"而当其1923年9月病逝于天津后,社会各界名流纷纷赠送了挽联,其中革命党元老章士钊写的是:"民主竟如何?世论渐回公已殁;斯人今宛在,党碑虽异我同悲。"更令人唏嘘的是,由于张勋一向对梨园界厚爱有加,因此在他死后,京剧名角孙菊仙甚至悲痛地哭倒在地哀叹道:"黄钟大吕,恐自绝响!"

当然,相比于张勋这样的"死忠之臣",对昔日王朝更加念念不忘的爱新觉罗皇

复辟闹剧过后,北京又恢复了往日的景象,民国的五色旗再度被悬挂起来

族后裔们，所经历的人生轨迹也更加曲折。其中，最具代表性的当属肃亲王善耆及其女金璧辉、恭亲王溥伟等。

1912年2月12日，紫禁城内笼罩着一派悲凉的气氛。这天，鉴于辛亥革命后极端不利的局面，清王朝当朝皇太后隆裕召集各王公大臣举行御前会议，决定接受内阁总理大臣袁世凯的奏议，以宣统皇帝的名义颁发"退位诏书"。由于当时朝中人心涣散，包括庆亲王奕劻等人在内的许多王公贵族纷纷逃离北京，所以孤儿寡母的这项决定也实属无奈之举。不过即便清朝覆亡已成定局，仍有少数亲贵"死忠"到底，而其中态度最激烈的便是末代肃亲王善耆。他不但拒绝在退位诏书上签字，要求与革命党人决一死战，并发誓说"不恢复清室，永世不进北京城"，随后便满怀悲愤地跑到天津。在此后整整十年的时间里，这位末代肃亲王始终不渝地致力于复兴清朝的事业，甚至连自己的家产和儿女都搭了进去。虽然他最终抱憾终生，却也在历史上留下了特殊的印记。

爱新觉罗·善耆（1866—1922），字艾堂，自号偶遂亭主人，满洲镶白旗人，清朝第十代肃亲王。1899年袭封王爵，历任镶红旗汉军都统、步军统领、民政部尚书、崇文门监督、理藩部尚书等职。在清朝末年，善耆堪称皇室贵族中的另类。他为人正直，宽厚该谐，政治上廉洁而开明，在当时有"贤王"之名。不过在清朝灭亡以后，他又向世人呈现出灰色的另一面。为了重振爱新觉罗家族昔日的荣耀，他倾其一生的心血投身于复辟事业，成为民国的死硬敌人，堪称最顽固的前清王爷。对于这样的历史角色，后人也只能怀着复杂的心情去走进他的世界。

善耆的女儿金默玉曾这样回忆说："父亲对清朝忠心耿耿，1912年，他痛哭流涕反对溥仪退位，是唯一拒绝在退位诏书上签字的亲王。溥仪逊位后，他跟全家人说，国家都亡了，个人生活不能太奢侈，所以要家里人穿得简单些。母亲她们都有丝绸，也不能故意扔了，所以平时就在外面穿一布衣。我的三娘特胖，怕热，只有她平时可以穿一件纱衣。其他人上下都得是布的，不许穿丝的。所以父亲死后被溥仪'赐'谥号为'忠'，追封为'肃忠亲王'。"实事求是地讲，既然身逢末世，凭一己之力根本就是无力回天，因此在辛亥革命后，善耆的种种作为只能是徒劳无功的悲剧。谁又能想到，在清朝时期如此开明宽容的王爷，却在时代潮流面前冥顽不化。在人生最后的十年，他几乎是倾家荡产、不惜家破人亡地投身于清朝复辟事业，至死都不曾回头。就像塞万提斯笔下的堂·吉诃德，手持一柄破矛义无反顾地冲向大风车。更具有悲剧意义的是，如果说善耆的梦想还多少令人同情的话，那么他选择与日本人合作则彻底走

第一章 阴阳乱象

向了国家和民族的对立面。

1911年10月辛亥革命爆发后,由于不满袁世凯对革命党人的妥协政策,坚决反对清帝退位的肃亲王善耆、恭亲王溥伟、宗室良弼以及时任江宁将军的铁良等人组成宗社党。所有成员胸前均刺有"二龙"图形,以满文刺写姓名为标志,在天津、北京等地进行秘密活动。不久良弼被革命党人彭家珍炸死,皇室亲贵纷纷逃离北京,清帝也随即下诏逊位。面对此种状况,拒绝在退位诏书上签字的善耆无奈逃往天津,临行前他发誓说"不恢复清室,永世不进北京城"。或许善耆自己也没想到,他还真就再也没有踏进北京城一步。1912年3月,由于担心得罪新政权,隆裕太后传谕令宗社党解散。而此时,决意将倾力复辟清朝的善耆已经找到了新的根据地——旅顺。

善耆与川岛浪速

原来在1912年2月初,善耆化装成商人,在日本人的护送下秘密绕道秦皇岛,再在那里登上日本军舰直达旅顺口。七天后,肃王府一家五十多口人又用同样的办法抵达旅顺。眼看一家团聚,又对未来充满幻想的善耆不禁感念安排好这一切的日本兄弟川岛浪速。那么,这川岛浪速究系何人,居然能有如此大的能耐,令堂堂的"铁帽子王"感恩戴德?殊不知,此人原不过是一名日本浪人。说白了,无非就是一个"国际混混儿"。

川岛浪速(1865—1949),别号风外山人,日本长野县人,因熟谙汉语而被视为"中国通"。早在甲午战争前,他就来到中国,曾潜入上海、东北等地搜集情报,从事间谍活动。八国联军侵华时,他随日军攻入北京,因有功而被任命日军占领区军政事务长官,因此有机会与返回北京从事善后工作的肃亲王善耆结识。后来当慈禧、光绪返回北京时,据说正是通过川岛浪速的交涉才得以安然进入紫禁城,川岛浪速因此受到清廷的器重,尤其得到善耆的信赖,后者还为他讨封了个二品官爵和勋章,二人的关系也日益密切。1901年6月,清廷任命川岛浪速为新设的北京警务厅总监督,按日本警视厅制度全权管理警务治安。由于川岛浪速极力倡导中日联合的"大陆政策"，善耆对其甚为叹服，最终居然以王爷之尊与这个日本浪人结为把兄弟。

辛亥革命后，妄图在政治上赌一把的川岛极力鼓动善耆借日本人的力量复辟清王朝的统治，并一手安排了将肃亲王一家秘密转移到旅顺的行动。对于这段历史，善耆的第十二子宪钧交代得很清楚："1912年，宣统帝退位，我父亲首先偷偷地跑到天津。川岛浪速得知后，也来到天津找我父亲。那时，我父亲虽不甘心宣统退位，不愿意受革命党的统治，但心里尚无一定的打算。川岛探明我父亲的思想，声称日本可以帮助想办法，并劝他到旅顺居住。我父亲答应了。复经川岛从中联络，驻旅顺的关东都督福岛安正大将即派日本军舰'千代田'到秦皇岛等候……有一天，我正在肃王府后花园游玩，忽然老妈慌慌张张地来叫我。我回到屋里一看，全家大小正在哭哭啼啼地收拾细软，忙着准备行李。我母亲忙咐吩给我换了衣服，我六哥宪英便领着我到安定门内分司厅胡同川岛浪速的公馆。这时全家五十多口人，也都是这样三三五五地分头来到这里。我们在此住了七天，正赶上过小年，最后一天天还未亮，大家又是这样三三五五地到了东车站，坐火车来到秦皇岛，乘军舰到了旅顺口。"在途中，心情复杂的善耆还写了这样一首诗："幽燕非故国，长啸返辽东。回马看烽火，中原落照红。"

对于肃亲王善耆这样重量级人物的到来，日本方面极为重视，驻扎在旅顺的关东都督府予以热情接待。日本外务省与陆海军当局协商，决定向旅顺官员发出指示，对肃亲王要给予充分保护并提供方便。关东都督府还按照川岛浪速的建议，把当地民政长官白仁武的官邸提供给肃亲王充当住所。从此，善耆便以旅顺为基地开始了复辟活动。贵志弥次郎1935年曾追述道："为此，我们将川岛芳子的真正父亲，即'满洲国'皇帝陛下的伯父肃亲王，带到旅顺。同时还把川岛芳子之兄带到奉天。而芳子的养父川岛浪速与以其为中心之'复辟派'，亦即'宗社党'的一派，开始在奉天城内运动。"

1912年上半年，在日本军部的直接操纵下，由宗社党人出面组织了一些蒙古王公，策划了第一次"满蒙独立"运动。结果由于东北当局的严厉打击以及日本政府中途退出，这次运动没有取得丝毫成果。肃亲王善耆反而被软禁于旅顺，并被迫向日本政府出具"不参与政治活动"的保证。1914年4月，由于第一次世界大战爆发，日本再度萌生了染指"满蒙"的野心，因此又开始通过川岛浪速鼓动善耆东山再起。宪钧回忆说："1914年，我家像遇到了喜事似的，喜气洋洋。一天午后，我父亲对我们说,今天傍晚'风外'(川岛的别号)大人要由东京回来,大家都要到门外去欢迎他。于是大家整装,由父亲领到大门外排队等候。川岛一到,我父亲马上迎上去,同他拥抱起来。晚饭时,父亲又领着我最小的母亲作陪。这在我家里是从来没有的事情。从这天起,父亲和川岛会谈了好几天。密谈结束后,我父亲说:'我已没有东西用来表达我对你的感激之情了,我有儿女,你可以随便挑取,作个纪念吧!'结果把十四格格给川岛作了义女,川岛浪速给她起了个日本名字,叫川岛芳子。川岛走后,宪德说他要到东京去。后来我才听说,他去日本的目的,一是代表我父亲向大隈重信表示感谢,一是代表我父亲去组织'宗社党',并为此向财阀借款。临行我父亲给大隈重信写了一封感谢信,还送给他三块'鸡血石'。"这次,在日本内阁及军部的支持下,宗社党重新在日本成立,本部设在东京,大连、海拉尔设有支部,核心人物则依旧是肃亲王善耆,恭亲王溥伟等人。不过,尽管宗社党在此后的几年里曾拼凑了一支所谓的"勤王军",但其实并未掀起多大的波澜。而在此期间,善耆又在川岛浪速的支持下搞了第二次"满蒙独立"运动。可是就如同此前一样,肃王爷的满腔热情最终都化为了泡影。

与此同时,原本家底极其厚实的善耆却发现,折腾了这么多年,不仅复辟清朝江山的希望越来越渺茫,自己的家产反而也彻底被挥霍了。自从1916年7月"满蒙"独立运动彻底泡汤之后,善耆就意识到自己所付出的代价实在太大了。短短五年的光景,历代肃亲王留在东北的森林、矿山、牧场等大批家产全部付之东流。有一天,老朋友川岛浪速跑来无奈地对他说:存款已经用尽,今后连生活也无法开支了。善耆闻言大吃一惊,做梦也想不到事态居然如此严重。其实川岛欺骗了他,因为肃王府的钱还是有的,只不过早就被转移了。原来早在善耆逃往旅顺之前,川岛浪速就勾结日本正金银行,劝他将金元宝及其他金质财物镀上银皮充作银货,然后以川岛浪速名义交存正金银行封运。对于他随身带至旅顺的数百万元钱款,川岛也连蒙带骗地全部控制起来。结果就是,肃亲王家几乎所有的财产除了耗费在复辟事业上的,其余的几乎全被川岛浪速侵吞了。

更厚颜无耻的是,为了维持善耆一家的生计,1918年左右,在川岛浪速的"努力"下,日本政府同意由其出面向关东州厅申请,以"庚子事件中日本使馆借用北京东交民巷肃亲王府邸守卫,致使肃亲王府在战火中被彻底烧毁的补偿"的名义,将旅顺一片约3.6万平方米的土地无偿拨给肃亲王家使用。另外,川岛浪速还与关东都督府商请,在大连要到一块地皮,开办大连露天市场并亲自经营。不过在1922年善耆病

心比天高、命比纸薄的"小恭亲王"溥伟

死后，该露天市场便逐渐落入川岛浪速一人之手。1943年，他将该市场以125万元售出，然后拿着绝大部分钱款返回日本。

至于复辟无望的善耆，心灰意冷之余，此后便把全部的希望寄托在子女身上。他不许子女做民国的官，也不许为民国的公民。1922年2月，末代肃亲王善耆病死于旅顺，他的第四位侧福晋不久也去世。为嘉奖其对清朝的忠心耿耿，溥仪追赠谥号"忠"，全称肃忠亲王。

当年武昌起义爆发后，同样是在隆裕太后召集党的御前会议上，恭亲王奕䜣之孙溥伟也慷慨言道："有我溥伟在，大清不会亡！"后来的事实证明，溥伟倒真不是说说而已，只不过逆势而行的结果只能徒留伤悲。

在溥伟看来，"朝廷懦弱，不足与谋"，如何才能让大清不亡？他先是与肃亲王善耆等人组织"宗社党"，坚决反对清帝退位，对抗革命。随着宗社党主要成员之一的良弼被中国同盟会会员彭家珍炸死，皇室亲贵犹如惊弓之鸟，纷纷逃离北京。溥伟来到青岛，试图借助德国势力挽救清朝于危亡之境，却遭到了德国人的婉拒。第一次世界大战爆发后，日军占领青岛，溥伟便转而将目标放在了日本人身上。在日军的支持下，他和善耆搞起"满蒙独立运动"，重建已被解散的宗社党，还在辽东一带招纳土匪，秘密组织"勤王军"，为复辟清室费尽心机。1916年2月，溥伟在青岛期间收到了前陕甘总督升允自东京送来的密函，说其在日本联络上层力量支持复辟活动。溥伟大喜过望，遂和善耆加快了复辟步伐，预谋于6月中旬在辽南一带举事。但计划不如变化，6月6日袁世凯突然病死，日本政府随之改变了对华政策，将宗社党军队和蒙古骑兵解散，致使辽南举事落空。1922年2月善耆病死，溥伟复辟清室又少了一大帮手。

溥伟又来到大连，日本方面由"满铁"出面接待。"满铁"名义上是一家经营东北铁路的日本公司，实际上是日本派驻东北的间谍机关。日本的很多对华政策，尤其是对东三省的政策蓝本多出自"满铁"。溥伟与当时的"满铁"总裁内田康哉过从甚密，据说此人曾向日本内阁建议，扶持溥伟在沈阳登基建立"明光帝国"。溥伟对此异常欣喜，甚至迫不及待地身着亲王朝服在日本警察、宪兵的保卫下拜谒沈阳的皇陵，祭奠列祖列宗。一时举国轰动，议论频出：有说溥伟拜谒祖陵是"登基称帝"的前奏，有说"宣统皇帝"尚在，此举无异"谋权篡位"。

而实际上这一切不过是溥伟的一厢情愿而已。谁做"皇帝"对日本更有利，日本便会让谁做这个"皇帝"。对于"满铁"的建议，日本军部认为溥伟年龄大、阅历广，不如溥仪好驾驭；再说，"宣统皇帝"怎么说也比"恭亲王"的名头更大更响吧。1931年九一八事变后，溥仪在日本人安排下来到东北，并于1932年3月1日在日本扶持下成立伪满洲国——溥伟的帝王梦再一次破灭了。

想当年，溥伟离开北京时，虽然没有庆亲王奕劻那般富甲天下，不过也算是财大气粗。据统计，恭王府内的古玩字画、金银珠宝等不计，光房产土地就价值200万两白银。溥伟一心想要复辟，为了筹措经费，溥伟先是从古玩字画、金银珠宝卖起，又以土地作押，在日本正金银行借贷白银50万两，末了更是把恭王府也给卖了。

溥伟耗尽了心力和财力，最后只落了个"竹篮打水一场空"的下场。1936年1月，溥伟已是贫病交加，而嫡福晋赫舍里氏却携大批私蓄离开溥伟回到娘家。忧急攻心之下，溥伟终于病死在长春一家旅社里，终年56岁。

五、卑微的参战国

1988年11月，恰逢第一次世界大战结束70周年之际，法国有关方面在巴黎市中心里昂车站附近的建筑物上镶建了华工纪念牌，上面用中文和法文刻着："公元1916—1918年，14万多华工曾在法国参与盟军抗战工作，有近万人为此献出了宝贵的生命。"至此，一段被尘封多年的往事才逐渐浮出水面，而这段往事便发生在北洋政府时期。

那是在1914—1918年的第一次世界大战期间，正当西方列强激烈搏杀于世界各个角落时，一向被轻视的中国竟赶了趟末班车，以特殊的方式参与了此次战争。尽管当时的中国只能算是不出兵的"参战国"，但北洋政府的这一举动也产生了相当的

第一次世界大战时，欧洲战场上厮杀的士兵

历史影响。

众所周知,第一次世界大战是各帝国主义列强重新瓜分世界的战争。由于这场大战牵涉到列强在华的利益,因此一些中国人便希望北洋政府成为参战国,以期收回列强在华利益,从而提高中国的国际地位。但是在列强看来,当时的中国只不过是个弱不禁风的"小老弟",即便它们拉拢中国参战,首要考虑的仍是自身利益。大战之初,时为民国大总统的袁世凯为避免引火上身,极力寻求"中立",维持与列强各国的关系,为此还曾招致英、法、俄等国驻华公使的抗议。然而树欲静而风不止,袁世凯的"中立"之梦还是被打破了。1914年8月,趁其他列强无暇东顾之机,图谋扩大在华权益的日本宣布参战,并于8月23日以攻打驻华德军为名向青岛出兵。当袁世凯向英国驻华公使朱尔典求援时,后者便提出唯有中国参战才能最终解决问题,并表示只要中国加入协约国,哪怕不出兵,仅在精神和物质上尽其所能即算尽了义务。由于日本的极力反对,袁世凯政府的参战计划并未实现。更可恨的是,日本人居然趁火打劫,利用袁世凯妄图称帝的政治野心悍然提出了臭名昭著的"二十一条"。

1915年1月18日,农历甲寅年腊月初四,这天下午三点钟,中华民国大总统袁世凯在中南海怀仁堂接见了三位特殊的客人。原来,时任日本驻华公使日置益当天一大早就通知总统府,声称要求秘密觐见袁总统,并有重要事务相商。按理说,作为一名外交官是无权要求直接会见驻在国元首的,事先必须通过外交部门沟通协商。对于日本公使的这一做法,袁世凯虽然也很反感,却也不敢撕破脸得罪日本人,只好硬着头皮安排时间接见对方。考虑到是秘密会见,当时随同日置益一同来到怀仁堂的,只有日本驻华使馆的参赞小幡酉吉和书记官高尾亨,而陪同总统会见客人的则只有时任外交次长的曹汝霖。宾主一番简短寒暄之后,日置益的神情突然变得神秘而古怪起来。只见他拿出一份外交文件郑重其事地交给袁总统,声称这是日本政府迫切希望解决同中国之间的一系列重大悬案而拟定的文件,并当场就其中的条文逐一进行了说明。就在袁总统匆匆浏览文件的当口,日置益又喋喋不休地指出:中日近来互相疑忌,加上第三者挑拨,邦交时有意外危险;日本人普遍怀疑袁总统反日,今天如答应要求,足以证明亲善诚意,日本政府可遇事相助;日本民间有力人士倡议援助革命党倒袁,如不答应要求,迁延迟疑,恐将发生不虞事态;切勿寄希望于日本内阁的更替,要求条件是既定国策,新阁上台,只会提出更高要求,应绝对秘密,尽快答复。末了,他又意味深长地说:"日本政府向大总统表示诚意,希望中日悬案能够早日解决。同时也是大总统向日本表示善意的一个良好机会。中日悬案解决,中日两国的亲善关系加强,日本政府希望贵大总统高升一步。在商谈中,请贵大总统严守秘密。"由于事情太过突然,毫无心理准备的袁世凯并未当场表态,只是表情严肃地听日置益陈述。好在他也是经历了大风大浪的人物,对于日本公使的喋喋不休自始至终都没有搭腔,只是在最后轻描淡写地表示,这件事应该同外交部会商之后再作答复,之后便打发了日置益一行。

日置益一行告辞后,袁世凯又仔细浏览了一遍日本人的"外交文本"——日本人的要求共五部分二十一款:第一号共四款,涉及山东问题,含修铁路、开商埠、建立势力范围等;第二号共七款,关于南满和内蒙古东部问题,旨在把这些地区变为日本殖民地;第三号共二款,涉及汉冶萍公司,这是试图夺取中国最大的钢铁工业并垄断华中、华南的钢铁工矿业;第四号一款,要求中国沿海港湾岛屿不得租与或让与他国;第五号共七款,涉及华南铁路、福建等问题。看完之后,他不禁倒吸一口凉气,日本人这简直是狮子大开口呀!明摆着是要独霸中国嘛!元旦新年以来的好心情顿时烟消云散了。那么,日本人缘何选择在这样一个关口跳出来在袁世凯背后狠狠捅上一刀呢?细想起来,其实也不意外。

就在大约半年前的1914年7月28日,第一次世界大战在欧洲爆发。对于此次战争,袁世凯政府决定采取中立态度,希望此举能阻止列强将争端蔓延到中国的国土上。毕竟由于历史的原因,交战的不少国家都在中国拥有各自的地盘和利益。却不料千防万防,他最担心的事情还是发生了。

8月23日,日本政府以"英日同盟"为由向德国宣战,但其真正的企图只不过是从德国手中夺取其在华权益。9月2日,日本不经中国政府同意,突然在山东龙口和莱州附近地区登陆。面对日本的军事行动,袁世凯虽然又惊又怒,但国力的虚弱却注定他的政府无法做出强硬姿态。在接到日本军队登陆山东半岛的消息后,袁世凯当即在总统府召集会议公商对策。关于当天会议的情形,亲历者顾维钧后来有详细的回忆:

总统急忙在总统府召集会议,所有的内阁部长均出席,参事也被邀与会。那时我是外交部参事,是被邀的三个人之一,另外两个是国务院(内阁)参事。一个是伍朝枢,伍曾就学于牛津,是英国律师,伦敦林肯法学协会会员;另一个是金邦平,他曾留学日本,也是国务院参事。总统宣布开会后说,邀请三位参事与会,是因为他们曾在三个不同的国家留过学,学过法律,懂得国际法;议题是如何对付日本对中国领土的侵犯。他首先要听取三位法学家的意见。总统先叫我发言,我毫不犹豫地说,日军在龙口登陆是公然违犯国际法的行动，因为中国已宣布对欧战保持中立；根据国际法，交战国双方应尊重中国的中立。因此，为了表明中国在尽其中立国的责任，有义务保卫国土以维护其中立立场。因此，抵御日本侵略，理由至为明显。

总统叫伍朝枢发言，说愿意听听研究国际法的留英学生的意见。伍是以前著名的中国驻华盛顿公使伍廷芳的儿子。他简洁地说他的观点完全与我相同，认为中国必须履行其中立的义务，才能按照国际法保障中立国的权利。如果中国不保卫其中立，沉默即便是不承认，也等于是默许日本的行动。总统又叫金邦平发表意见。金说日本造成的局势越乎常规，他实难以表示明确的意见。

之后总统转向陆军总长段祺瑞，他想从陆军总长那里了解为了保卫国土，中国军队能采取哪些行动。段回答说，如总统下令，部队可以抵抗，设法阻止日军深入山东内地。不过由于武器、弹药不足，作战将十分困难。总统直截了当地问他抵抗可以维持多久。段立即回答说四十八小时。总统问他四十八小时以后怎么办，他望了望总统说，听候总统指示。总统再问外交总长孙宝琦。孙支支吾吾不知说了些什么，总之是他没有成熟的意见。总统环顾左右，等待别位总长发表意见，然而大家沉默不语。总统深深叹口气说，他很明白根据国际法，法学家们认为我国应该怎样做的意见，然而我国毫无准备，怎能尽到中立国的义务呢？这话显然是对着我和伍朝枢说的。……总统拿着一张准备好的小纸条作为发言的依据，他提醒大家，十年前在满洲，中国曾遇到过类似的事件。1904年至1905年，日俄在中国境内交战，那时无法阻止日军的行动，只好划出"交战区"。那么，现在也可以划出"走廊"，日本可以通过"走廊"进攻青岛，中国不干涉日军在此区域内通过，在此地区以外中国仍保持中立。

显然，这是应付非常局面的非常措施。总统叫在场的法学家起草划定所谓交战区的文件，以及在此区外保持中立的条例。由于陆军总长说明中国没有准备不能进行长期抵抗，而且总统提出自己的解决方案，与会者一致认为此方案是当前中国应遵循的唯一切实可行的政策。三位参事凑到一起，草拟官方声明和执行中立的细则。这些文件经过批准，即作为官方政策予以公布。

这就意味着，尽管明知日本人是在趁火打劫，但在强盗面前，作为"苦主"的袁世凯政府却只能效仿1904年时的清王朝，屈辱地在自己的国土上划出一块"交战区"让别国厮杀。9月3日，由顾维钧等人起草的照会被分别送至各国使馆，照会声明："此次欧洲战争，所有各交战国，均系本国友邦，故本政府决意宣告中立，竭力遵行。兹先后据山东官吏报告，德国军队在胶州湾一带有行军备战各形状，日英联合军

列强在"交战区"的备战场景

第一章 阴阳乱象

第一次世界大战爆发后，日军以对德宣战为借口进攻青岛

日军占领青岛后，被俘的德国军人

在龙口及胶州湾、莱州附近一带亦有军事行动等情。查本国与德、日、英三国同居友邦，不幸在中国境内，有此意外之举动，实属特别情形，与一九〇四年日俄在辽东境内交战事实相仿，唯有参照先例，不得不声明在龙口、莱州及胶州湾附近，各交战国必须使用之至少地点，本政府不负完全中立之责任。此外各地，仍悉照业经公布之条规完全施行。在以上所指各地方内，所有领土、行政权及官民之生命财产，各交战国仍须尊重。"更令袁世凯不安的是，当日军于1914年11月7日攻占青岛后，不但拒绝撤退至胶州湾租借地，而且大有吞并整个山东半岛之势。

袁世凯可能并不知道，此时的日本已是狼子野心，欲壑难平了，他们的目标是全面控制中国。而为了达到这一目标，军方的强硬派代表人物田中义一甚至公然提出："要有不惜以匕首加诸袁世凯的决心"。正是在这样一种背景下，日本朝野各派联合出炉了一揽子对华要求，这便是后来臭名昭著的"二十一条"。

到1915年4月底，为了迫使袁世凯政府接受条件，日本悍然在山东、奉天等地增兵，制造紧张气氛。无奈之下，袁世凯政府于5月1日提出最后一项修正案，然而日本方面的答复却令袁世凯大出意外。5月7日下午3时，日本突然向袁政府提出最后通牒，威胁其必须于5月9日午后6时前做出令日方满意的答复。在通牒中，日本人先是喋喋不休地对袁政府进行了一番指责，最后便话锋一转盛气凌人地宣称："帝国政府因鉴于中国政府如此之态度，虽深惜几再无继续协商之余地，然终眷眷于维持极东和平之局面，务冀圆满结束此交涉，以避时局之纠纷。于忍无可忍之中，更酌量邻邦政府之情意，将帝国政府前次提出之修正案中之第五号各项，除关于福建省互换公文一事业经两国政府代表协定外，其他五项可承认与此次交涉脱离，日后另行协商。因此中国政府亦应谅帝国政府之谊，将其他各项，即第一号、第二号、第三号、第四号之各项，及至第五项关于福建省公文互换文件，照四月廿六日提出之修正案所记载者，不加以任何之更改，速行应诺。帝国政府兹再重行劝告，期望中国政府至五月九日午后六时为止，为满足之答复，如到期不收到满足之答复，则帝国政府将执认为必要之手段，合并声明……"

接到日本人的最后通牒后，袁世凯真是又气又怒，立即于下午5时召集几乎所有在北京的政府大员紧急磋商。对于这样的奇耻大辱，各位大员自然纷纷表示愤慨。然而一谈到对策却又哑口无言，除了颇有血性的陆军总长段祺瑞要求拼死一搏外，几乎所有与会者都主张委曲求全，保持目前难得的"和平局面"。5月8日上午10点和下午1点，袁世凯又分别召集两次中央政府会议商讨对策。令他灰心绝望的是，就在这天中午，他长期以来最信赖的两位外国朋友——英国驻华公使朱尔典和美国驻华公使芮恩施相继赶来中南海。不过他们可不是来为老朋友打气的，反而异口同声地奉劝袁世凯接受日本人的条件，不要再讨价还价。眼看原本还寄有一丝希望的友邦也这样不仗义，袁世凯终于彻底绝望了。于是在当天晚上8点召开的最后一次全体协商会议上，发生了民国有史以来最为悲情的一幕。

作为当天会议的参与者，时任外交次长的曹汝霖后来在回忆录中详细记述了当时的场面：

总统召集各机关首长、参议院议长、府院秘书长、陆军次长、外交次长等开全体大会，讨论日本最后通牒，应否接受。外交总长陆子兴尚未到，以电话催请，云与英使朱尔典会晤，等候三十分钟后，陆氏才到，报告与朱使特别会晤情形……

总统听了陆外长报告，遂慎重发言，谓朱使之言亦为中国前途着想。日本此次提出之觉书，附了第五项各条，真是亡国条件。今外部历时四月，开会卅余次，尽了最大之力，避重就轻，"二十一条"中议决者不满十条，且坚拒开议第五项，外部当局，恪守我的指示，坚拒到底，已能尽其责任，使日本最后通牒中，已将第五项自行撤回，挽救不少。唯最后通牒之答复，只有"诺"与"否"两字，我受国民付托之重，度德量力，不敢冒昧从事，愿听诸君之意见。

段总长即表示反对，谓这样迁就，何能立国？宁为玉碎，不为瓦全。

总统说，段总长之说自是正办，然亦应审度情势，量力而行，倘若第五项不撤回，我亦与段总长同一意见。现在既已撤回，议决各条，虽有损利益，尚不是亡国条件；只望大家记住此次承认是屈于最后通牒，认为奇耻大辱，从此各尽各职，力图自强，此后或可有为，如朱使所言。若事过辄忘，不事振作，朝鲜殷鉴不远，我固责无旁贷，诸君亦与有责也。

段总长犹持异议，谓民国肇兴，即承认此案，倘各国效尤，如可应付？总统又就大势剖析说明，我岂愿意屈辱承认，环顾彼此国力，不得不委曲求全耳，两国力量之比较，您应该最明白。段亦无言，遂宣告散会。

散会后，曹汝霖便和时任外交部参事的顾维钧连夜起草回复日方的照会，最终定稿后由陆徵祥率领同僚亲自送交日本公使馆日置益手中，此时已是深夜十一点。曹汝霖回忆起自己当年的心情时说："是时余心感凄凉，若有亲递降表之感。"其实作为一国元首的袁世凯，心情何尝不是糟糕到了极点呢？据记载，就在当天临散会之前，他语气沉痛地表示："我国国力未充，目前尚难以兵戎相见。故权衡利害而不得

中日双方代表签订"二十一条"时情景，1915年

不接受日本之最后通牒，是何等痛心，何等耻辱！……经此大难之后，大家务必认此次接受日本要求为奇耻大辱，本卧薪尝胆之精神，做奋发有为之事业。举凡军事、政治、外交、财政，力求刷新，预定计划，定年限，下决心，群策群力，期达目的……埋头十年，与日本抬头相见。"显然，对于此次日本人带给中华民国以及他本人的奇耻大辱，袁世凯是无法释怀的。

1915年5月25日，中日两国正式签署"二十一条"。消息传出后，日本国内举国欢庆，首相大隈重信率领全体阁僚入宫向天皇道贺，而生活在中国的日本侨民则公然举行示威庆贺，"大日本帝国万岁"之声不绝于耳。而无论是内容还是对中国人民族尊严的伤害，"二十一条"都堪称近代史上中国外交的奇耻大辱。作为当时的国家元首，袁世凯无论有过怎样的抗争，也只能落得个无奈与惭愧。

随后，中国政治舞台上又相继上演了袁世凯称帝、"府院之争"、张勋复辟等一系列闹剧。正是在这样一种背景下，越来越多的国内舆论开始萌生一种幻想，即通过参加第一次世界大战以期有朝一日作为战胜国收回丧失的国权。直到1917年8月14日，段祺瑞控制下的北洋政府才对德、奥宣战，搭上了第一次世界大战的末班车。由于英、美、日等列强纷纷反对中国派兵参战，因此北洋政府只能以另外的方式间接参与战争，例如替英国在中国兵工厂制造了两万支步枪，通过香港的渠道送给英国；代法国设立惠民公司招募大批华工送到欧洲服务。

令列强各国吃惊的是，当时的北洋政府之所以执着地谋求参战，很大程度上是因为有相当多的民众鼎力支持。特别是一些知识精英，更将此次战事视为中国的一大转机。例如当时在北大任教授的陈独秀，就认为英、法等协约国是正义的，而德、奥等同盟国则是非正义的，因此站在英、法一边极力主张中国参战。当北洋政府向德、奥正式宣战并收回其在华权益后，许多青年学生深受鼓舞，有人甚至认为中国历史上所蒙受的欺凌可以从此逐步摆脱，随之便掀起了一股参军热潮。当英国方面在北京等地招收华工译员时，清华学校的高材生闻一多等人曾秘密报考，其中两名学生还顺利出国。虽然后来由于事情泄露而被校方制止，但闻一多等人却理直气壮地认为自己"爱国无罪"。

北洋政府正式参战后，乘势取消了德、奥两国在中国的领事裁判权，收回了其租界，没收其银行，解除其武装等。这些史无前例的外交成果，着实令段祺瑞等人自豪了一阵子。为了在参战方面有所表现，北洋政府还勒紧裤腰带，给协约国运去大批粮食，并继续向欧洲和中东前线派遣劳工，此外还向法国派去一个军事调查团。看着热闹非凡的参战浪潮，当时的北洋核心段祺瑞不禁喜上眉梢。心气很高的段祺瑞充分利用这个机会，开始理直气壮地扩张自己的军事实力，力图谋求中国南北的再度统一。为此，他先后两次向日本借款，以编练所谓的"参战军"。虽然这支参战军并没有到西线战场上一试身手，却也在动乱的远东地区初试锋芒。

就在"一战"临近结束时，1917年俄国爆发了十月革命，属于协约国集团的沙皇俄国垮台。最初，由于欧美列强均无力东顾，因此日本就成为干涉俄国革命的主力军。1918年3月，在日本的压力下，北洋政府被迫同意派军前往远东参与扑灭俄国革命的行动。4月，参战的海军部队自上海出发驶抵海参崴；陆军部队则于8月自北京出发，进驻双城子（乌苏里斯克）。其中，陆军部队以

极力主张参加"一战"的段祺瑞

北洋陆军第9师33团为主组成驻崴（海参崴）支队，由宋焕章任支队长，兵力最多时达3000人。海军部队则以北洋海军第一舰队"海容"号巡洋舰为主。该舰系清政府1898年在德国定制的三艘铁甲巡洋舰之一，全舰官兵253名，舰长为海军上校（后提升为海军代将）林建章。虽然这支中国参战军只是主要担负护路、护港等警备任务，并未真正与苏俄军队交战，但也算北洋政府第一次出兵参加国际战争。战争结束后，所有参战部队于1921年春全部陆续撤回国内。

中国参战军总负责人徐树铮

中国参战军指挥官合影，1918年

第一章 阴阳乱象 zhaojian beiyang
lishi yingxiang beihou de lishi

中国参战军训练情形，1918年

到达欧洲战场的中国参战军军官，1918 年

相比之下，庞大的海外劳务输出反倒称得上北洋政府参加"一战"最大的手笔了。当各主要参战国在各条战线上拼得刺刀见红时，他们的身后常常可以看到众多华工活跃的身影。可以毫不夸张地说，在整个第一次世界大战中，最受关注的"中国元素"当属那成千上万、无名无姓的中国劳工了。

实际上，自 19 世纪末以来，华工就不断出现在欧洲大陆上。例如俄国在开始修建西伯利亚大铁路时，就曾大量从中国的东北、山东、河南等地招募华工。据史料记载，仅在 1906—1910 年间，就有约 10 万名华工来到俄国。此外，俄国华工还投身于西伯利亚金矿、铝矿和煤矿的开采中。1914 年 8 月，随着第一次世界大战全面爆发，欧洲列强开始展开殊死搏杀。这原本是一场列强为重新瓜分世界而进行的战争，然而在两年后，遥远的中国却与之发生了联系。原来经过多次空前激烈的厮杀，交战各国在人员方面都损失惨重。特别是在 1916 年的凡尔登战役和索姆河战役之后，巨大的伤亡不仅使交战各方兵员锐减，就连后方与补给线上的劳力也极度匮乏。就在这时，亟须补充人力的协约国集团开始将目光转向遥远的东方，企图通过招募向来以吃苦耐劳著称的中国劳工来挽回颓势。

早在 1915 年 3 月，法国军方就开始考虑寻求外援，而使用华工便是方案之一。三个月后，中国北洋政府的外交总长梁士诒提出派遣华工支援协约国的构想，即所

在欧洲战场参访的中国记者

谓的"以工代兵之策",希望借此同协约国建立更加密切的外交联系。1915年11月11日,法国国防部经过详细讨论,决定实施招募华工计划。12月1日,法国军方任命退役上校左治·陶履德率领法国招工团来华招募华工。1916年初,在法国公使康悌的建议下,梁士诒指派交通银行经理梁汝成等人与陶履德订立在华招工合同,并筹建惠民公司专司办理招工事宜。1月17日,陶履德带领的招工团抵达北京。为了避免中国民众的反对,陶履德假借了法国工厂农学技师的名义,而惠民公司则对外称商业性质。该公司总部设在北京,但具体事宜则由天津分公司负责。同年5月14日,中法双方签订招工合同,声称计划招募20万人,而所"招得之工人,决不干预各交战国之何项战事,职务仅系为工厂及农务使用"。与此同时,合同中还包含华工的日工资最低为5法郎、每日做工以10个钟头为限、在法期间与法人一律平等等内容。当时,法方设想到1917年底可招募10万华工来法,并制订了详细的分配方案。1916年8月24日,首批华工抵达法国。但由于种种原因,这一计划并没有全部落实。另外,还有大量的华工通过其他途径前往法国。

法国招募华工获得成功后，英、俄等国也纷纷效仿。作为法国的盟友，英国在战争中除派军队直接赴法国战场参战外，还要抽调人员到法国从事战勤事务。为了弥补战争所造成的巨大伤亡，英国政府也加紧招募华工。时任英国驻华公使的朱尔典向英国国内建议说，由于山东劳工不仅能耐寒冷，而且强壮能干，因此最好将山东作为主要招募区域。1917年2月21日，英国陆军部成立了中国劳工公司，后又委派约翰逊·波恩前往威海卫主管招工事宜。同年，英国陆军部还专门设立了"大英威海政府招工局"和"华工待发所"。

英、法两国当时所招募的华工主要来自山东、江苏和直隶。他们对所招华工的体检很严格，而英方更是规定了21条病例，包括皮肤病、沙眼、性病、肺结核、结膜炎、痔疮等，只要有一条不合格，华工便会被辞退。从各地征招的华工到达威海卫后，便被送进"华工待发所"进行报名登记和体格初检，待体检合格正式定招后被要求订立合同。经过短期集训之后，华工便登上英法商船，驶向欧洲战场。据有关资料统计，整个"一战"期间，英、法两国在中国共招募华工达十四万多人。

1917年8月14日，加入协约国一方的中国北洋政府对德宣战。根据条约，中国的参战责任仅限于原料和劳工的资助。出人意料的是，成千上万华工在某种程度上影响了"一战"的结局。

华工抵达法国后，通常即被编为华工军团，经过短期军训后配属到英法联军作战部队从事战地作业和后方战勤服务。依照招工条约的规定，华工主要负责装卸军用物资、修筑战壕和在军工厂当工人。与当地人相比，他们的报酬很低，但工作量却很大。这些华工的年龄多在18至40岁间，个个身强力壮且吃苦耐劳。据说曾任英国首相的劳合·乔治曾回忆道：华工"个个强壮如牛，你会吃惊地发现有些华工夹起重达三四百磅的一大块木材或一捆卷铁板仍能健步如飞，好像这些重物轻如普通的石块一般。"

抵达欧洲后，华工们立即在前线或后方承担起挖掘战壕，装卸弹药给养，修筑铁路、公路、桥梁，制造枪弹，救护伤员，掩埋尸体甚至扫雷等最艰苦、最繁重的工作。在法国，前后有一百多家工厂雇佣华工，华工每天工作长达10小时。值得一提的是，1917年，前来欧洲参战的美国远征军还向法国借了1万名华工，以解装卸粮食和军用品之急。在法国北部重要的交通枢纽加来港，四千五百多名华工日夜奋战，承担修复、加固码头和装卸军用物资的工作，最终确保了这条军事生命线的安全。

尽管这些华工并没有直接参战，但显而易见的是，他们的到来至少可以使相同数目的英、法青壮年走上前线。关于这一点，法国人后来就指出："成千上万的华工在我们的工厂里工作，这使我们可以腾出同样数量的法国工人到战争前线去服兵役。"也正因如此，在中国尚未宣布参战之前，德国政府就为此强烈抗议中国允许英法招募华工，要求中国停止向英法提供华工。

众所周知，当时的中国饱受列强歧视。但是在"一战"中，赴法华工却以其实际行动赢得了各方的尊重。据记载，在战争甚至在战后法国重建的一段时间内，许多军事重镇的起重机几乎都是由华人吊车工操纵的。由于华工的劳动效率更高，使得许多直接负责华工事务的法国军官都对此赞不绝口。时任协约国联军总司令的福煦元帅也曾由衷地称赞华工"是第一流的工人，也是出色士兵的材料。他们在现代炮火下，可以忍受任何艰难，保质保量地完成各种任务"。

由于华工通常在战场上或者战场附近工作，因此许多人在战火中牺牲。即便在战争结束后，许多华工在打扫战场的过程中还因触雷等原因伤亡。根据战后的清点和统计，在法军和英军中，死亡的华工和下落不明者接近两万人。

1918年11月，第一次世界大战的硝烟终于散尽。当协约国欢庆胜利时，英、法两国的个别政治家还曾专门对中国华工表示感谢。11月16日，英国殖民大臣曾专电英属威海卫租借地行政长官骆克哈特："值此停战大喜之日，我向威海卫人民祝贺战争胜利，并感谢你们的帮助，从威海卫招募的华工军团对战争发挥了巨大作用，非常感谢华人社团对政府的衷心支持。"然而没过多久，中国华工就不得不面对被遗忘的结局。尽管他们为英法作出了巨大贡献和牺牲，但却没有到应有的认可。

由于当时中国在国际上虚弱的地位，加上长期以来对列强中国人的歧视与偏见，英、法两国几乎没有为华工颁发过奖章。更令人发指的是，他们甚至在为死难华工支付抚恤金时讨价还价。而当1918年"西班牙流感"肆虐欧洲期间，欧洲居然有报道称此次瘟疫的源头就是华工。总之，当华工失去利用价值后，英法当局便迫不及待地要将他们遣送回国。到1920年4月6日，英国很快就完成了对华工的遣返。在法国，绝大多数华工于1922年3月被遣送回国，只有大约3000名华工因与法女结婚或收到新的雇佣合同而留在法国。在被遣送的途中，一些华工还遭遇到新的伤害。例如为英军服务的华工在经加拿大回国途中，竟被禁止下车散步，以防其逃脱。最令人寒心的是，在巴黎和会上，当中国代表要求属于自己的权益时，英国外交大臣贝尔福竟不顾华工为协约国所做的牺牲，宣称"中国对第一次世界大战没有任何贡献"。

历史毕竟是不容篡改的，随着时代的发展，赴法华工们的贡献终究要获得承认。

在欧洲前线服务的中国劳工

正如当时一位比较公正的华工营英国指挥官所言："毫无疑问，这些来自中国山东的华工移民将在第一次世界大战历史上享有崇高的地位。"如今，在法国和比利时仍保留着葬有华工的69处公墓，那里静静地躺着1874名华工。近年来，在各界人士的呼吁下，参战华工的权益正得到逐步恢复。1988年11月28日，法国政府公布了有关华工的档案，并在巴黎市中心里昂车站附近的建筑物上镶建了华工纪念牌，1998年11月2日，法国政府又在巴黎13区华人社区的博德里古公园内竖起了一块2吨重的花岗岩石碑，碑上镶刻着镏金字："纪念在第一次世界大战中为法国捐躯的中国劳工和战士"。2002年清明节，法国诺莱特一战华工墓园举行了第一次大规模的公祭活动，法国荣誉军人和退伍军人30个协会代表、旅法华侨华人五十多个社团代表、中国驻法国大使馆和其他常驻机构的代表、法国各界人士近800人参加了公祭仪式，华工们的地位和尊严终于得到恢复和承认。

与此同时，尽管北洋政府除了派出数十万华工之外并无大规模军事行动，但也不是一点儿"战绩"也没有，他们也曾俘虏了一些德、奥士兵。那是在1917年8月对德国、奥匈帝国宣战后，北洋政府宣布收回天津、汉口的德、奥租界，并抓捕了租界内的两国军人，随后将其集中拘留于设在北京、南京、奉天、吉林、黑龙江、新疆等地的收容所。不过从流传下来的老照片可以看出，当时这些德奥战俘的生活可谓悠哉至极：每个收容所都有条件良好的宿舍，军官们还有单独的房间，都配备有卫生条件很好的厨房、专门的厨师，甚至还有酒吧、浴室、理发室。收容所有设备良好的医务室，设有门诊室、手术室、病房，其中海淀收容所还有环境优美的疗养院。为了满足战俘们娱乐活动的需求，收容所里还设有保龄球馆、足球场、网球场。被关押期间，这些战俘们甚至学会了打中国麻将！

而在1918年4月，当地处远东的海参崴因俄国革命而陷入内乱时，为保护上百万华侨的安危，北洋政府居然能像英、美、法、日等国一样，派出"海容"号巡洋舰前往海参崴执行护侨任务。在驻兵海参崴期间，北洋政府派出的军队还曾参加了美国组织的阅兵活动，并留下了珍贵的历史画面。

尽管在第一次世界大战进行期间，中国所扮演的角色是微不足道的，但战争结束之后，无数国人却一度沉浸于协约国胜利的喜悦中，仿佛这一时刻将成为国家走向光明的契机。当1918年11月战争结束的消息传回国内后，社会各界一片欢腾，纷纷举行活动庆祝协约国的胜利。在北京，各校从14日到16日放假三天。14日这天，学界一万五千余人在天安门集会庆祝。一时之间，北京城彩旗招展，锣鼓喧天，那场面是

北洋政府设于北京的德奥战俘收容所

相当的壮观。从东交民巷到天安门一带，游人拥挤不堪，甚至直到深夜，清华学生还在偏僻的海淀镇举办提灯巡游活动。11月17日，人们聚集在总统府门前庆祝协约国的胜利，现场群众一致高呼"公理万岁，民族独立万岁！"与此同时，政府还决定将象征民族耻辱的克林德碑改名为"公理战胜"碑，并由东单迁移至中央公园。在庆祝活动中，时任北大校长蔡元培难掩兴奋之情，在天安门搭台发表了题为《黑暗与光明的消长》的演说。他说："现在世界大战争的结果，协约国占了胜利，定要把国际一切不平等的黑暗主义都消灭了，用光明主义来代他……生物进化，恃互助不恃强权。此次大战，德国是强权论代表。协约国互助协商，抵抗德国，是互助论的代表。德国失败了，协约国胜利了，此后人人都信仰互助论，排斥强权论了。"11月28日，北洋政府为纪念协约国胜利，还特地在故宫太和殿举行了一次盛大的中外军队阅兵式，并鸣礼炮108响，时任中华民国总统的徐世昌检阅了部队。

第一章 阴阳乱象
zhaojian beiyang
lishi yingxiang beihou de lishi

北京海淀战俘收容所中的德奥战俘

当时的国人一致乐观地认为,第一次世界大战的结局毫无疑问是"公理战胜强权"的体现。既然协约国战胜了,而中国又是协约国的一员,那么德国在战前占据的青岛及其他特权自应归还中国。事实上,我们确实收回了一样东西——北京观象台上的仪器。

回首 18 年前,1900 年 8 月 14 日,八国联军攻入北京后,德军统帅瓦德西,对古观象台上的精美仪器垂涎不已,决定把这些仪器掠回德国作为战利品。12 月 12 日,德、法两国侵略者拆卸了古观象台上的 10 座仪器,双方各得 5 座,分别运往位于东交民巷的德、法公使馆内。虽然后来法国人在舆论的压力下归还了 5 座仪器,但德国人却在 1901 年 8 月撤军时将掠夺的 5 座仪器运回柏林。在"一站"后拟定的《凡尔赛和约》第 131 条中,专门规定德国必须在 12 个月内把 5 座天文仪器归还中国,所有拆卸、运输及重新安装费用均由德国负担。尽管这批国宝最终回到了祖国的怀抱,然而与山东的权益比起来就显得微不足道了。遗憾的是,收回那 5 座古代天文仪器竟成为中国参战的唯一收获。在 1919 年初的巴黎和会上,随着中国政府的要求一次又一次被否决,面对"竹篮打水一场空"的结局,国内民众顿时陷入了失望与愤怒之中,并由此引发了影响深远的五四运动。

115

北洋政府设于南京的德奥战俘收容所

北洋政府派驻海参崴的军队参加阅兵式

第一章 阴阳乱象

"一战"结束后,作为战胜方的北洋政府将象征耻辱的克林德碑改为"公理战胜"碑

照鉴北洋：历史影像背后的历史

北京古观象台的天文仪器，1900年被德国人掳走，"一战"后归还中国

第二章 曙光初现

在经历了短暂的迷惘与困惑之后,中华民国仍然在向前进发。实际上,就在人们似乎进入最黑暗的隧道时,却不约而同地发现,依稀有几丝曙光已逐渐照亮了前方的道路。而在那道路的起点,一些开拓者已开始大步迈进。

一、第一次向世界说"不"

1918年岁末,"公理战胜强权"的旗帜飘扬在全球。在整个欧洲、美洲和亚洲,从西伯利亚矿井到加利福尼亚,从巴黎到北京,不分国籍,不分肤色,到处都传扬着托马斯·伍德罗·威尔逊这个名字。

威尔逊是谁?居然能如此触动整个世界的神经?他便是时任美国总统威尔逊(1856—1924)。

事实上,作为美国历史上最著名的总统之一,威尔逊常被称为"书生总统"。出任总统之前,他曾担任普林斯顿大学校长及法学和政治经济学教授,著有《国会政府》《美国政治研究》《美国人民史》和《论国家》等作品。他于1913年就任美国第28任总统,后获得连任。在第一次世界大战期间,这位"书生总统"雄心勃勃地提出

巴黎和会期间的"四巨头",右起:美国总统威尔逊、法国总理克里孟梭、英国首相劳合·乔治、意大利总理奥兰多

第二章 曙光初现

了一整套理想主义的政治主张，而其关于国际关系和对外政策的理念就是："和平与正义、国际法律和国际组织，应当也可能是国际社会大家庭共同追求的一种目标和架构。"1918年1月8日，他对国会发表演说，即著名的"十四点计划"，其中包括公开外交、民族自决以及建立国际联盟等要素。1919年，由于在国际政治方面的努力，威尔逊荣获诺贝尔和平奖。

实事求是地讲，在当年"丛林法则"盛行的国际政治环境下，威尔逊的主张是非常具有吸引力的。当1918年11月第一次世界大战结束时，全世界的人们都厌倦了打打杀杀，厌倦了弱肉强食，同时又极度渴望新的曙光。正因如此，威尔逊一下子就成为国际政治舞台上最闪耀的明星。战争结束后，按照协约国首脑们的安排，决定在法国巴黎召开一次所有交战国参加的和平会议，而会议的主题便是建立全新的国际政治秩序。

然而明眼人一望便知，所谓的和平会议从一开始便注定难有作为。别的不说，单是会议所选定的日期与地点，就暴露出政治大腕儿们所隐藏的幽暗心理。众所周知，此次国际和平会议的地点被选定在法国巴黎郊外的凡尔赛宫，而这可是一项意味深长的决定。曾长期作为法兰西宫廷（1682—1789）的凡尔赛宫，原本是法国辉煌历史的见证。然而令法国人耿耿于怀的是，在1870年的普法战争中，法国被邻居普鲁士王国打败，他们的皇帝和元帅、将军等十几万人沦为普鲁士的俘虏，法兰西第二帝国宣告结束。1871年1月18日，为了羞辱法国人，普鲁士国王威廉一世以征服者的姿态在凡尔赛宫举行加冕仪式，成为德意志第二帝国的皇帝。可以想象，这件事情对法兰西人民心里造成了多么大的伤害，法国决心寻找机会雪耻报仇。第一次世界大战结束后，作为胜利者的法国人终于找到了复仇的机会。真是三十年河东，三十年河西啊！为了一雪当年之耻，当协约国讨论举行和平会议的时间及地点时，法国代表强硬地坚持要在1919年1月18日于凡尔赛宫召开，而其目的很简单——羞辱德国，以雪1871年1月18日威廉一世于同日同地加冕之耻。

1918年12月4日，威尔逊率领着美国代表团从纽约出发驶往欧洲。临行前，美国民众为代表团举行了盛大的欢送仪式：码头上人头攒动，人们欢呼雀跃，鸣枪致礼；水上拖船汽笛齐鸣；空中军用飞机和飞艇来回地盘旋。12月13日，美国代表团乘坐的"乔治·华盛顿"号抵达法国布列斯特港口。面对眼前的场景，刚刚抵达欧洲的美国人不禁惊呆了：街道上、屋顶上、树上挤满了欢迎的人群，甚至连路灯杆也被占据了，成千上万的群众狂热高呼"美国万岁，威尔逊万岁！"而前来迎接的法国外交

"一战"结束后举行的庆祝活动中,各战胜国代表的合影

第二章 曙光初现

部部长则动情地对威尔逊说道:"非常感谢您的到来,感谢您带给我们真正的和平!"到达巴黎后,威尔逊受到了更加热烈的接待,欢迎的人群规模更大,民众几乎是成群结队地围着他欢呼。目睹此情此景,一位居住在巴黎的美国人深有感触地说:"这是我所听说过的,当然更是我所见过的,巴黎市民最富激情的一次游行。"

当威尔逊在巴黎享受着无上的荣耀时,他肯定不知道,远在万里之外的北京,同样有无数中国人也在为他欢呼。

随着"一战"的硝烟散尽,由于搭上了协约国的末班车,中国一下子成为战胜国,这可是自鸦片战争以来的头一遭。所以停战的消息和威尔逊的呼声传至北京后,随之而来的便是举国欢庆,消息灵通的知识界更是热闹非凡。为庆祝胜利,民国大总统徐世昌宣布全国放假三天,下令将象征民族耻辱的东单克林德牌坊移至中央公园,并将上面的字改为"公理战胜"。而当初力主参战的总理段祺瑞,也踌躇满志地戴上了政府颁发的大勋章。在知识界,北大教授、新文化运动的旗手陈独秀兴奋地撰写文章,为"公理战胜强权"而欢呼,并称威尔逊是"世界第一好人"。时为北大校长的蔡元培兴致也特别高,甚至出面向政府借用天安门的露天讲台,然后与众多同事在那里向民众做了一整天的公开演讲。为表示对威尔逊的感激,一群北大学生还特意游行到美国使馆外高呼"威尔逊大总统万岁"。而当时还在北大读书的傅斯年,甚至自豪地宣称:自己可以把威尔逊的"十四条"一字不落地背诵下来!

那么,威尔逊这位"大好人"究竟能否给中国带来福音呢?关于这个问题,国内沉浸于喜悦与幻想中的人们显然不曾认真考虑。

如前所述,虽然当时的北洋政府是在战争快要结束时才宣布参战,但若论对协约国的实际贡献,也应该是有发言权的。众所周知,在整个"一战"中,曾先后有几十万华工在欧洲战场做苦力,他们挖战壕、修工事、运物资、抬伤员,相当于一支庞大的后勤部队。这种贡献比起同为协约国的日本来毫不逊色,后者只不过是居心叵测地攻占了青岛的德国据点以及个别太平洋中的小岛。而经历了四年之久的殊死拼杀,各交战国最终坐到谈判桌上来。按照英、法、意、日、美等战胜国的安排,决定于1919年1月18日在巴黎召开所谓的和平会议。但实际上,在当时的国际游戏规则下,这次和会将注定成为列强的分赃会议。尽管这次世界大战的主战场远在欧洲,似乎对东方的国际局势不会有什么影响,然而由于当时的中国政府毕竟加入了协约国阵营,再加上美国总统威尔逊向众多弱小国家许诺了一个美妙的世界,因此社会各界都开始关注即将召开的巴黎和会。更有许多人开始天真地幻想,在巴黎和会结束后,

第一次世界大战结束后,作为战胜国的北洋政府举行了盛大的庆祝活动

中国将彻底走出"东亚病夫"的阴影,屹立于世界之林,一跃成为有影响力的东方大国。也正因如此,协约国的胜利在当时许多中国人眼中简直就成了福音。

可以说,当时参加巴黎和会的中国代表,以及国内的社会舆论,都有着非常不切实际的幻想。连老于世故的外交总长陆徵祥,都一厢情愿地以为,中国作为一个大国,理所当然地在和会上名列第一等级,有5位代表。未加细想,就派出来5个正式代表。然而在现实面前,当时的中国人显得多少有些天真,因为在实际上,国际舞台上发言权的大小并非以各国对战争的贡献大小来衡量,而凭借的是自身的真正实力。结果代表团到了巴黎才知道,中国被排在最后一个等级,只能派两人出席和会。具有讽刺意味的是,会议开始之后,巴西、比利时和塞尔维亚等原先被列为第三等级的国

第二章 曙光初现 zhaojian beiyang
lishi yingxiang beihou de lishi

为庆祝"一战"中协约国的胜利，也为了庆祝中国成为战胜国，当时国内社会各界举行了各种活动

家,也经过力争增加了一名全权代表,而中国居然位列其后。

不管怎么说,1919 年 1 月 18 日,各协约国终于在法国巴黎召开了解决战后和平问题的国际会议。27 个国家参加,苏维埃俄国被剥夺了参加和会的权利。会议形式分为三种:一是全体大会,各国代表都参加,但规定美、日、意、英、法五大强国各 5 席,少数国家得到 3 席,大多数国家如中国只有 2 席;二是最高会议,由五大国首脑和外长组成,也称"十人会",后来又成立"四人会",由美国总统威尔逊、英国首相劳合·乔治、法国总理克里孟梭、意大利首相奥兰多组成;三是专门委员会,各有关国家参加。克里孟梭被选为和会主席。当时中国派出了五十多人的代表团,以陆徵祥、王正廷(南方代表)、顾维钧、施肇基、魏宸组 5 人为代表,外长陆徵祥为首席代表,另有外籍顾问 5 人。北洋政府给代表团的任务是:1. 收回战前德国在山东的一切利益,这些利益不得由日本继承。2. 取消"民四条约"的全部或部分。3. 取消外国人在中国的特殊权益,如领事裁判权、协议关税等。4. 结束德奥等战败国在华的政治与经济利益。

那么,中国的外交家们究竟能斩获怎样的成果呢?

应该承认,就所继承的"外交遗产"而言,北洋政府的确没有值得欣慰和自豪之处。前清政府所留给后世的外交成果,几乎只是一大摞屈辱的不平等条约文书,还有来自外国人的根深蒂固的歧视,以及国民对政府日甚一日的咒骂和质疑。因此,从起跑的那一刻,北洋政府就接过了一根烫手的接力棒,而踏上的则是一条荆棘丛生的跑道。

进入 20 世纪以后,中国人又开始意识到,在内政难修的前提下,要想谋取民族利益,如果遵循西方列强的游戏原则,即国际公法,或许可以得到其认可和尊重。的确,在革命思想还没有广泛动员起民众的时期,这未尝不是一种有效的方式。事实证明,中国人开始懂得国际公法并开始尝试使用它时,着实令西方人大吃一惊,以至于"当国际法介绍到中国来时,法国代办就气急败坏地说'谁使中国人了解到我们欧洲国际法?杀死他,绞死他,他将给我们制造无穷麻烦'。"西方人常常使用的武器,中国人被迫借来以抗争西方人。1920 年前夕中国外交领域的新气象,最集中体现在新一代外交官身上。作为近代中国外交史上最具特色的现象,这一大批职业外交官的涌现已为当代学者所关注。

可喜的是,随着教训的增加,经验的积累,中国外交界逐渐出现了一些勇于赶超时代的有识之士。早在清朝末年,洋务大僚们已着意培养精通外文、熟谙外情的人才

第二章 曙光初现

出席巴黎和会的中国全权代表陆徵祥

王正廷

顾维钧

施肇基　　　　　　　　魏宸组

以服务于国家外交。而新式教育的推广及留学热潮的高涨，又使这支队伍到 20 世纪初期更为壮大，这就使得北洋政府在进行外交时，手中握有强于前清时代的底牌。北洋政府时期涌现出了一大批职业外交家，这种现象既不是偶然的，也不是个别的。而以顾维钧等人为代表，不仅在整个国家被动的情况下，做出了一次次力挽狂澜的精彩"扑救"，而且凭此成为了整个民国时期的外交主角。

这批职业外交官，一般都在西方受过良好而系统的教育，对西方所遵循的一整套法理的精通程度，绝不亚于其他任何一个国家的杰出外交官；同时，他们都是坚定不移的爱国者，这一点是绝对毋庸置疑的。正如专门研究顾维钧的学者所说："即使他的政敌也不能否认他是一个忠诚的爱国者，终生致力于在民族之林谋求中国的权利和地位，即'将中国置于地图上'"，"像诸如'毫无任何政治倾向地为中国奋斗工作'以及'废除不平等条约不受任何党派的限制'之类的口号成为他的格言。"他们所具备的外交素质，以及他们不懈的努力，在国际上都得到了很高的评价。

正是在这种氛围中，当时的北洋政府派出的五位全权代表前往巴黎，准备在这个千载难逢的国际舞台上一显身手。由于对此次和会满怀期待，北洋政府派出了几乎

第二章 曙光初现

所有外交精英：以时任外交总长陆徵祥为代表的五人都熟谙国际事务、精通外语而有胸怀壮志，国人也对他们寄予厚望。其中，时年仅30岁的驻美公使顾维钧更可谓意气风发。

顾维钧（1888—1985），上海嘉定人，1901年考入圣约翰书院，1904年入美国哥伦比亚大学，专攻国际法及外交，获博士学位。1912年回国后，任总统秘书、内阁秘书、外务部顾问和宪法起草委员等职。1915年任北洋政府驻美国公使，是当时最年轻的海外使节。自进入外交界以来，顾维钧就以维护国权为使命，一心想使祖国摆脱不平等条约的枷锁。还在1915年日本胁迫袁世凯政府签订"二十一条"时，他就故意向外界透露谈判内容，致使日方未能达到吞并山东的目的。1918年，当接到出席巴黎和会的通知后，顾维钧也认为这对于中国而言是一个讨回主权的良机。为此，他强忍爱妻病逝之痛，毅然接受任命。临行前，他还利用自己在美国各界所建立的良好关系，专程拜访了美国总统威尔逊，后者许诺愿意支持和帮助中国，这也让顾维钧对即将开启的和会多了一份信心和期望。

1918年深冬，顾维钧从美国出发前往巴黎。作为先期抵达的全权代表，他积极准备参加和会的材料，并且草拟了中国在巴黎和会上的要求。他希望和会能够取消列强在华的一切不平等权益，并帮助中国从日本手里收回山东主权。次年1月11日凌晨，外交总长陆徵祥一行经过漫长的旅途，终于到达了巴黎，同行的还有国内各界代表以及新闻界人士。出人意料的是，当陆徵祥走下火车时，发现在前来迎接的人群中，不仅有顾维钧、王正廷等先期抵达的代表，还有中国驻欧洲各国的公使、领事，甚至还包括大批自发来迎接的华侨代表。由此可见，当时的中国民众对和会抱有多大的期望。

然而，一个又一个晴天霹雳很快就将中国代表团的美梦惊醒了。想当初，英、法等国在邀请中国参战时曾经许诺：如果中国参战，战事结束后将在和会上以大国相待。就在代表团临行前，英、法等驻北京使节又以照会的方式对这一许诺进行了确认。因此当北洋政府组建代表团时，便参照英、法等代表团的人数，任命了五位全权代表。但是中国代表团刚到巴黎，就被告知：各个国家被划分为三等，一等的五个大国英、美、法、意、日可以有5席，其他一些国家3席，一些新成立、新独立的国家2席，中国则被划为最末一等，只能有两个席位。尽管中国代表团也曾四处奔走，要求增加席位，但这都无法改变组委会的决定。虽然五位代表可轮流出席，但这样的待遇无异于给中国人民当头浇了一盆凉水。

刚留学回国进入外交界的顾维钧

中国虽然是"参战国""战胜国",但仍是一只被豺虎欺凌伤害的羔羊。实际上,所谓的和会,不过就是列强的一次秘密分赃会议。大会完全把持在由英、美、法、意、日代表组成的"十人委员会"手中,包括中国在内其他国家则基本上没有发言权。所以从一开始,中国就完全处于被动地位,至于谋求收回国权,则只能是水中捞月。事到如今,中国代表团只有将主要目标定在山东问题上。

原来在"一战"中,日本借口对德宣战,竟悍然出兵中国山东,占领了原本由德国控制的青岛等地,并企图以既成事实逼迫中国承认,从而达到其在"二十一条"谈判时未得逞的阴谋。当战争结束后,中国既然同样身为战胜国,自然应理直气壮地要求日本撤军,收回在山东的一切权益。不料,一向狡猾的日本,居然凭借其在巴黎和会上的特权,公开要求继承战前德国在山东的一切特权,简直完全漠视中国的存在。围绕这一棘手的问题,中国代表团不得不在和会上与列强进行周旋与抗争。

正所谓"弱国无外交",在那个强权至上的国际环境下,中国的抗争从一开始就带有几分悲壮色彩。正当中国准备在和会上提出收回山东权益问题,日本方面却先发制人,率先在五大国组成的"十人会"上提出德国在山东的权益应直接由日本继承。

1919年1月27日中午,正当中国代表团代表们在准备共进午餐时,美国国务院远东司司长、美国代表团顾问威廉斯突然来电话悄悄告诉顾维钧:在上午召开的五大国"十人会议"上,日本已提出将由它接替德国在山东的权益;午后的会议将听取中国代表团对山东问题的立场,通知即将发出,中国代表应立即准备发言。顾维钧一看表,离开会只有不过三个小时的时间了。在经过内部紧急磋商后,代表团一致推举顾维钧和王正廷出席下午的会议,并由准备充分的顾维钧发言。

下午二时半,在离会议召开只有半小时时,和会秘书处的正式通知才姗姗而来,声称日本代表已经在上午的会议上阐述了自己要求取代德国在山东的所有权益的观点,希望中国代表能够做好充分阐述自己观点的准备,并要求中国代表团报送出席下午会议的代表名单立刻赴会。下午三时,会议在法国外交部的会议厅召开。法国总理克里孟梭是"十人会议"的主席。右边坐着英国首相劳合·乔治和外相贝尔福,美国总统威尔逊和国务卿蓝辛,意大利总理奥兰多和外长,在主席对面就座的是一大群日本人,包括日本的首席代表西园寺和牧野,中国代表被指定在主席的左边就座。

会议开始后,首先由日本的代表牧野发言。牧野老调重弹,态度非常傲慢地指出:山东租借地早已由德国转移到日本。日本是战胜国,有权处理这个问题,总之这一问题已无须赘言。紧接着,克里孟梭根本就不给中国代表思考的余地,把手向他们一指,问中国代表是否准备发言。顾维钧和王正廷商量后,由王正廷起立发言:"我们代表团的顾维钧博士将予以答复,但应当给予时间准备中国的声明。"好在有威尔逊和蓝辛的支持,克里孟梭这才宣布休会,明天上午复会时听取中国的立场。

1月28日上午十一时,会议仍在法国外交部的会议厅召开。按照昨天的决定,会议主席克里孟梭请中国代表团发言。这时王正廷起身说:"我要求由我的同僚顾维钧先生来阐述中国政府的观点。"只见顾维钧缓缓起身,神色凝重地向四周致意。与会的各国代表还惊奇地发现,顾维钧的手中并没有发言稿。正当所有人都在私下猜测时,顾维钧已开始用流利的英语发言了,他出口成章,用词准确,顿时吸引了所有人的注意力。针对日本代表的无理要求,顾维钧的答复如下:

"中国代表团要求和平会议将德国战前在山东的租借地、铁路和其他一切权益

参加巴黎和会的日本代表，左起：牧野伸显、西园寺公望、珍田舍己

巴黎和会上顾维钧的主要辩论对手，日本代表牧野伸显

参加巴黎和会的日本首席代表西园寺公望

归还中国。因为不愿意虚费会议的宝贵时间,我只愿提出广泛的原则。至于技术细则,我将送至照会,详细说明。"

"有关领土是构成中国领土的一部分,也是山东省的一部分,有三千六百万人口。他们是中国人种,说的是中国语言,信仰的是中国宗教。无疑,大家都知道这片租借地是德国用武力夺去的。德国舰队曾占领山东海岸,其军队随即侵入内地。它敲索租借地,充作撤军的代价。它借口有两位传教士在中国内地遇害,便出此行动。而遇害实非政府所能控制。基于和会接受的民族自决与领土完整的原则,中国实有权利要求归还这些领土。中国代表团认为这是正义的和平条件之一。反之,如和平会议采取不同的见解,将这些领土转让给其他国家,这在中国代表团看来无异以错就错。"

"就经济而言,这是一个人口稠密的省份。在三万五千平方英里的面积上,住有三千六百万人民。人口的稠密产生强烈的竞争,而极不适宜于殖民。外力的侵入足以引致剥削当地人民,而非真正的殖民。"

"就战略而言,胶州控制华北的门户,即控制由海岸至北京的捷径。一条铁路直达济南府,与津浦铁路相接即可通达北京。就中国国防利益而言,中国代表团不能答应任何外国拥有这生死攸关的地段。"

说到动情处,顾维钧站起身面对其他四周代表问道:"西方出了圣人,他叫耶稣,基督教相信耶稣被钉死在耶路撒冷,使耶路撒冷成为世界闻名的古城。而在东方也出了一个圣人,他叫孔子,连日本人也奉他为'东方的圣人'。牧野先生你说对吗?"牧野不得不承认:"是的。"顾维钧微笑道:"既然牧野先生也承认孔子是'东方的圣人',那么东方的孔子就如同西方的耶稣,孔子的出生地山东也就如耶路撒冷,是东方的圣地。 因此,中国不能放弃山东正如西方不能失去耶路撒冷一样!"

接着,他又有礼有节地继续说道:

"中国很明了日本英勇海陆军曾驱逐德国的势力于山东省之外。中国也很感激英国在这方面的协助,虽然当此之时,它自己在欧洲也遭受重大的危险。中国也不忘其他盟国在欧洲的贡献,因为如果没有它们牵制德国,这个敌国很容易调遣援军赴远东,而使山东的战事延长。中国尤其感谢这些协助,因为山东的人民为了夺回胶州的军事行动,曾遭受痛苦和牺牲,尤其在征募人工和各种给养方面。"

"尽管我们满怀谢忱,但中国代表团深感对祖国和世界均难疏职责,如果我们为了感恩而出售同胞的与生俱来的权利,就会种下未来冲突的根源。因此,中国代表团深信会议在考虑处理胶州租借地和德国在山东的其他权益时,必会郑重顾及中国的基本权益,即政治主权和领土完整的权益,以及顾及它力谋世界和平的热忱。"

顾维钧的滔滔雄辩一停,会场顿时响起热烈的掌声。在场的所有代表都为中国代表的风采所折服,他们纷纷上前与顾维钧握手,对他的发言表示祝贺。威尔逊和蓝辛迈着疾步过来跟他握手祝贺,威尔逊还称赞道:"这是阐明中国立场的最好演说。"英国首相劳合·乔治、法国总理克里孟梭等人也跟着走来握手道贺,称他为中国的"青年外交家"。更出人意料的是,日本代表西园寺也从主席对面的位置上过来和顾维钧握手。离开会场时,中国代表们又被守候在门外的记者团团包围。第二天,法国、英国、美国的报纸都以最显著的版面报道了中国代表团的成功,国内各界闻讯也纷纷发来贺电,而而立之年的顾维钧则一举成为巴黎的头号新闻人物。正如历史学家评价的,顾维钧的这次雄辩在中国外交史上地位非凡,堪称中国代表第一次在国际讲坛上为自己国家的主权所作的成功演说。

可惜的是,巴黎和会并不是一场辩论赛,言辞的精彩固然吸引人,但外交必须靠实力说话。事实证明,顾维钧的成功演说并不能扭转局势的不利。在接下来漫长的等待中,巴黎和会又风云突起。到4月时,由于列强分赃不均,意大利宣布退出和会。利用这一形势,日本借机要挟英、法、美等国:如果山东问题得不到满足,就将效法意大利。为了自己的利益,几个大国最终决定牺牲中国的合法权益,先后向日本妥协,将胶州租地和《中德胶澳租界条约》所规定的全部权利划给日本,并强迫中国无条件接受。就连曾被中国舆论界称为"大好人"的美国总统威尔逊,面对中国代表团的求助,也只能耸耸肩表示他的无能为力。

失望之余,顾维钧仍希望通过自己的努力,能够为中国争取哪怕是一丝的颜面。他和其他代表们四处奔走,希望和会能够作出一些修改。就在和会签约的前一天,顾维钧求见了法国外长毕勋。

由于在巴黎和会上的精彩表现,顾维钧一跃成为享誉国际的外交明星

他希望在不允许保留的背景下，中国可以签字，但要在预备会上发表不接受山东条款的声明，同时将此声明记录在案。然而法国外长断然拒绝。修改不成，保留不行，发表声明又被拒绝，留给中国代表团的所有退路都被堵死了。在这样的情形下，顾维钧断然向代表团建议：既然退无可退，只有拒签表明中国的立场。这一建议最终得到了其他代表的支持，尽管当时国内的答复尚没有到达。于是，近代中国历史上最重要的一幕发生了。

1919年6月28日，当巴黎和会签约仪式在凡尔赛宫举行时，人们惊奇地发现：为中国全权代表准备的两个座位上竟空无一人。显然，中国人用这种无奈的方式表达了自己的愤怒。据顾维钧后来回忆，签约仪式举行的同时，他正乘坐着汽车经过巴黎的街头。他在回忆录中说："汽车缓缓行驶在黎明的晨曦中，我觉得一切都是那样黯淡——那天色，那树影，那沉寂的街道。我想，这一天必将被视为一个悲惨的日子，留存于中国历史上。同时，我暗自想象着和会闭幕典礼的盛况，想象着当出席和会的代表们看到为中国全权代表留着的两把座椅上一直空荡无人时，将会怎样的惊异、激动。这对我、对代表团全体、对中国都是一个难忘的日子。中国的缺席必将使和会，使法国外交界，甚至使整个世界为之愕然，即使不是为之震动的话。"

在巴黎和会上，列强之间钩心斗角，而像当时中国那样的弱国只能沦为牺牲品

的确，对于近代中国外交而言，巴黎和会上的拒签绝对具有里程碑式的意义。要知道，自鸦片战争以来，在历次与列强的谈判当中，中国都无法摆脱"始争终让"的宿命。而这次巴黎和会，虽然中国并没能争回多少权益，但却首次没有在最后退让，第一次坚决地对列强说"不"，从而开创了历史的新起点。果然不久后，在1921年华盛顿会议上，经过艰难的谈判，中日签署了《解决山东悬案条约》及附件，日本无可奈何地交出了强占的山东权益。而负责与日方交涉的，正是顾维钧。后来，顾维钧始终活跃在国际外交舞台上，为维护中华民族的权益做出了巨大贡献，得到了几乎所有政治派别的敬佩，被誉为"民国第一外交家"。有人曾问过晚年的顾维钧，搞了一辈子外交，最得意之举是什么？他回答说是巴黎和会。其女儿顾菊珍也曾自豪地说："中国近代史表明，先父顾维钧是在国际会议上对列强说'不'的第一人。"

事实上，中国代表在巴黎和会上的拒签行动顺应了民意，不但得到了国内民众和舆论的支持和欢迎，同时也赢得了国际社会的尊敬和钦佩。正如美国驻华公使芮恩

令列强震惊的是，在和约签字当天，中国代表竟然拒不出席，从而以这种方式表达自己的愤怒

施所说:"顾维钧等人拒绝在巴黎和约上签字,给了中国一个挽救山东的机会。"1919年8月3日,《纽约时报》上刊登了一封读者来信,其中写道:"签字还是不签字,这是个问题。自从英、法、美'三人会议'决定将德国在山东的权益和租借地转让给日本而非归还中国那一天起,中国代表团就面临这一问题。6月28日,当这一历史性的时刻来到时,中国代表团集体缺席,场面十分引人注目。如果我们更深入地仔细思考一下,就很容易看出中国拒绝与德国签署和约的政治智慧。必须承认,中国不签署和约就几乎得不到任何好处。然而,中国也没有什么可失去的了。综上所述,对于中国来说,唯一安全的方法就是现在中国代表团所做的,拒绝在对德和约上签字,由此拒绝承认《和约》中有关山东条款的合法性,通过中国现在正广泛使用的经济手段来纠正这一错误。这可能需要花几个月甚至几年的时间,但只要中国人学会坚持,他们将会赢得最后的胜利。"

二、"愤怒青年"的裂变

据美联社东京1919年5月7日电：星期天（5月4日）晚上，一群中国学生攻击了被控亲日的民国内阁成员宅邸。他们的行动在北京乃至全国都激起了强烈的反响，民众情绪十分激昂。

又据美联社东京1919年5月21日电：今天，东京的中国留学生领袖割破自己的手指，用鲜血联名签署决议，号召在日本的4000名留学生立即返回祖国，共同抗议巴黎和会关于山东问题的决议，抗议日本对华侵略野心。

1919年的春天，当顾维钧在巴黎奋起抗争列强的"丛林法则"时，他并不是一个人战斗。因为就在中国代表的外交努力失败后，世界各地的华人立刻掀起了抗议的浪潮。如前所述，尽管顾维钧等外交代表据理力争，并一度赢得了列强表面的同情，但

在巴黎和会上破天荒地对列强说"不"，顾维钧（前排右三）等新一代外交官在国内也赢得了广泛声誉

是在列强钩心斗角的过程中，中国再度成为牺牲品。最终，英、法等国居然决定将先前德国在山东的权益转交给日本。消息传到国内后，顿时舆论大哗，而反应最强烈的当属北京的激进学生们。几乎没有什么犹豫，这些愤怒的青年便决定以自己的呐喊来唤醒国民，同时向全世界传达中国的声音，此即中国近代史上划时代意义的五四运动。

说起来，五四运动的爆发，其导火索便是"一战"结束之后召开的巴黎和会。如前所述，1917年，段祺瑞控制下的北洋政府克服重重阻力，好不容易搭上了"一战"的末班车，成为协约国的一员。尽管只是"边缘作用"，但十多万华工被派至欧洲战场服务，也算中国对此次战争做出了一定贡献。在战争结束后，中国人首次品尝到作为战胜国的喜悦。按理说，既然同为战胜国，中国理应与协约国其他成员平起平坐，并就此废除以往被强加于身的众多不平等条约。在这样一种社会心理的影响下，中国的知识阶层表现出了空前的兴奋，正如五四运动的干将许德珩曾回忆的，当时"学生们真是兴奋得要疯狂，而各种名流们也勤于讲演……以为中国就这样便宜地翻身了"。然而没过多久，冷酷的现实便打碎了所有人的幻想。

5月2日，时任北洋政府外交委员会事务主任林长民在北京《晨报》上刊文《外交警报敬告国民》，正式宣布中国外交失败的消息。5月3日晚7点，北京各校的学生代表们便在北大法科大礼堂举行了全体学生大会，参会者除了北大学生之外，还包括法政专门学校、高等师范学校、中国大学、朝阳大学等13所大专学校的学生。会上，著名报人邵飘萍以北大新闻学会导师、《国民》杂志顾问、《京报》社长的身份，介绍了中国代表团在巴黎和会上失败的经过，最后振臂疾呼，号召同学们起来抗争："现在民族危机系于一发，如果我们再缄默等待，民族就无从挽救而只有沦亡了。北大是最高学府，应当挺身而出，把各校同学发动起来，救亡图存，奋起抗争。"在接下来的学生发言过程中，北大预科一年级学生刘仁静甚至拿出一把菜刀要当场自杀以激励国人，而法科学生谢绍敏则当场咬破中指，撕裂衣襟，在上面血书了"还我青岛"四个大字！在如此悲壮的气氛中，大家一致决定第二天即5月4日全体上街游行示威。

5月4日上午，北京大学新潮社负责人罗家伦执笔起草了宣言书，并赶在下午1时前印刷了两万份。宣言书以简洁明朗的白话文写道："现在日本在国际和会，要求并吞青岛，管理山东一切权利。他们的外交，大胜利了！我们的外交，大失败了！山东大势一去，就是破坏中国的领土。中国的领土破坏，中国就要亡了。所以我们学界，今天排队到各公使馆去,要求各国出来维持公理。务望全国农工商各界,一律起来,设法开国民大会,外争主权,内除国贼!中国存亡,在此一举!今与全国同胞立下两个信条:一、中国的土地,可以征服,而不可以断送!二、中国的人民,可以杀戮,而不可以低头!国亡了,同胞起来呀!"

下午2时许,13所大专学校的学生约3000多人汇聚在天安门前,他们挥舞着小旗,高举标语牌抗议。标语牌上写着"外争主权,内除国贼""取消'二十一条'""宁为玉碎,勿为瓦全""拒绝和约签字"等字样,有的标语牌上还画着山东省地图或者宣传画。其中最引人注目的标语,便是谢绍敏血书的"还我青岛"四个大字。另外在金水桥前的两个华表下还立起了一副由高师学生张润芝所撰的对联:"卖国求荣,早知曹瞒遗种碑无字;倾心媚外,不期章惇余孽死有头",落款为:"北京学界同挽。卖国贼曹汝霖、章宗祥遗臭千古",将矛头指向当年出卖山东权益的曹汝霖、陆宗舆、章宗祥三人。在行进的过程中,学生们不断高呼口号,并将传单发给沿街的民众。在天安门演讲后,游行队伍又向东交民巷的使馆区列队进发,拟向各国公使请愿并求争取国际公义之同情。由于遭到巡捕的阻拦,愤怒的学生便决定改道前往卖国贼曹汝霖家示威。

下午4时左右,大批游行学生来到长安街东端路北赵家楼的曹宅门口,他们一面高呼"打倒卖国贼"的口号,一面冲击曹宅大门。混乱之中,曹宅大门被打开,学生冲破警察的阻挡蜂拥而入。在痛打了藏匿在曹宅的章宗祥之后,几名学生又放火烧了赵家楼。闻讯赶来的大批巡警最终将学生驱散,并当场抓捕了32人。事后,北大校长蔡元培等教育界人士积极交涉,北京学界又展开罢课运动,最终迫使北洋政府释放被捕学生,一场学生风潮就此渐渐平息。

当时参与游行的学生一定不会想到,他们出于民族义愤而掀起的这场游行,将在近代中国史上留下浓重的一笔,并拉开了五四运动的大幕。而他们中的许多人,将因其独特的身份彪炳史册。

而此时,对于身处巴黎的顾维钧等人而言,北京发生的游行运动无疑使他们更处于内外交困的境地。毫无疑问,五四青年们的举动对中国代表团来说既是一种助力,更是一种压力。

当时的情形是这样的:4月30日,"四人会"对山东问题做出最后裁决,决定在对德和约中将山东问题从中国问题中单独列出,即《凡尔赛和约》第一百五十六至一百五十八款,批准由日本接管德国在山东的所有特权。至此,中国在山东问题上的

第二章　曙光初现　zhaojian beiyang
lishi yingxiang beihou de lishi

1919年，五四运动爆发

照鉴北洋：历史影像背后的历史

当顾维钧等外交代表在巴黎和会上举步维艰时，国内爆发了轰轰烈烈的五四运动

交涉完全失败，而顾维钧等人在巴黎和会上艰苦卓绝的努力也付诸东流。面对如此现实，各位全权代表心灰意冷，于是有的黯然离开了巴黎，而团长陆徵祥干脆称病住进了巴黎郊外的圣·克鲁德医院，只有顾维钧独自担当起了为中国尽最后努力的职责，一直坚持到和约签订前的最后一刻。然而无论他如何努力，中国的正当要求都一再被拒绝。如此情况下，顾维钧深感退无可退，只有拒签以表明中国的立场，更何况"在巴黎的中国政治领袖们、中国学生各组织还有华侨代表，他们全都每日必往中国代表团总部，不断要求代表团明确保证，不允保留即予拒签。他们还威胁道，如果代表团签字，他们将不择手段，加以制止"。

毋庸置疑，无论是巴黎华人的活动还是国内学生们的抗争，都在很大程度上影响了顾维钧选择的走向。尽管当时北洋政府一度训令代表团签字，后来又模棱两可地授权陆徵祥自行定夺，但在做最终决定的过程中，顾维钧却力主拒签，并且表现出了敢于承担责任的气概。据记载，就在巴黎和会签字日的前一天，还发生了一段小插曲：6月27日，当德国前来签约的代表到达巴黎时，在法华工、学生万余人纷纷集会，要求中国代表拒绝出席次日举行的签字仪式，并且宣称，如果代表签字，将会受到像北京学生对待曹汝霖等卖国贼一样的惩罚。当天晚上，顾维钧等人去圣·克鲁德医院看望陆徵祥。代表团秘书长岳昭燏在看完陆徵祥后先行告退，几分钟后

曹汝霖

陆宗舆

章宗祥

民国初年几位北京政坛要人合影。左起：章宗祥、陆徵祥、周自齐、朱启钤、曹汝霖

却又急匆匆返回来，说在医院外面受到了袭击。原来花园里聚集着数百名中国男女，拦住他质问为何要签约。人们将他看作是陆的心腹，认为陆已决定签约，遂威胁说要杀死他。值得一提的是，一位名叫郑毓秀的女留学生，把一个小树枝藏于口袋内假冒手枪对准了岳昭燏，后者吓得战战兢兢，赶紧跑回陆徵祥的病房。顾维钧临危不乱送他返回，当他们与岳昭燏一起走到楼下时，立刻又被人群围住。好在人们看清是顾维钧时，气氛才缓和下来。面对群情激昂的同胞，顾维钧明确表示："中国当然不会签字！"尽管如此，人们依然围在医院外面，一直持续到次日凌晨。而在第二天签字仪式举行之日，另有许多留学生包围了代表团驻地，他们甚至情绪激动地表示，如果有谁敢去签字，将情愿用三个人去偿命把他杀掉，并且当场写好了准备偿命人员的名单。直到下午三点钟签字仪式结束，学生们才陆续散去。

　　关于这段阻止中方签字的公案，一直以来有好几种说法。一说当年顾维钧坚决反对签字，但恐个人之力难以控制局面，于是便在与华侨谈话中故意透风，致使全体旅法华侨闻讯愤然群起，围困陆徵祥所住圣·克鲁德医院，阻止代表签字；一说顾维钧有意把口风透露给当时在法国的汪精卫，汪留法多年，人脉极广，当即以专稿广泛告知旅法华人，致使旅法华人围困医院，陆被逼不得签字，代表团最后签字未成；再有一种说法便是郑毓秀发挥了关键作用。郑毓秀（1891—1959）是广东人，出身于官宦之家，年轻时因反抗包办婚姻而离家出走，后考入天津"崇实女塾"学校接触西式教育，不久东渡日本，经廖仲恺介绍加入中国同盟会。回国后积极开展革命活动，1909年曾协助汪精卫实施刺杀载沣计划。辛亥革命后成为第一批留法勤工俭学的学生，先入巴黎大学主修法律，1917年获巴黎大学法学硕士学位，随即加入法国法律协会，成为该协会有史以来第一位中国人。巴黎和会期间，郑毓秀因说得一口好法语，被任命为巴黎和会中国代表团负责会议联络和翻译工作的成员，她当时还是留法学生组织的负责人。会议中，她得知代表团有签字的意向，便将该消息转给留法学生，并积极组织学生和华侨游行请愿，要求代表团拒绝签字。当时陆徵祥躲进巴黎郊区的圣·克鲁德医院装病，巴黎和会签字前一天，郑毓秀组织数百名华人和学生包围陆徵祥所住医院。据说当时旅法华人一部分围在医院外，一部分由郑毓秀带领进入医院与陆徵祥谈判，此时陆徵祥已经接到北京密电，准备次日在和约上签字。郑毓秀进屋前，急中生智，从花园里顺手折了一段玫瑰枯枝，藏在衣袖里面，趁陆徵祥不注意，顶在他的腰上，严厉告诫陆徵祥："你如果签字，我手中的枪不会放过你。"当天晚上，华侨和留学生日夜守候在医院外，最终成功阻止了代表团签字。这件事当年在巴黎轰动一时，号称"玫瑰枝事件"。据说后来郑毓秀获巴黎大学法学博士学位回国，这段枯枝曾许多年挂在她的客厅里。回国后，郑毓秀先担任北京女子师范大学校长，后在上海法租界开设律师所，成为中国第一名女律师。南京国民政府时期，她曾出任国民政府立法院立法委员、建设委员会委员、教育部次长等职。

就在五四青年们掀起抗议浪潮时，国内许多社会名流乃至地方实力派军阀也纷纷"亮剑"，从而进一步给远在巴黎的中国代表团施加压力。例如当时的日本内阁就曾在会议纪要中感慨道："目前在中国最具势力的，是由全国中等以上学校学生所组织的所谓学生团体。这些学生多少有些新知识，节操、志向较为纯洁，其努力固不可忽视，今后我方亦应需给予相当的考虑。虽然他们的运动'努力'是基于本身的自动而发，但除此之外，仍有林长民、熊希龄、汪大燮等政治家的唆使，乃至英美二国人的煽动。"虽然日本人是站在自己的立场上说话，但事实确也如此，因为在1919年巴黎和会交涉以及五四运动的背后，始终活跃着一些著名政治家的影子，其中最典型的莫过于梁启超了。

郑毓秀（右三）在法国留学时与友人合影

  第一次世界大战结束时，梁启超虽然并没有担任官方职务，属于"在野名流"，但他却利用自己的威望为中国参加和会进行了多方面的策划。他向当时的总统徐世昌建议，成立了以政界元老、前外交总长代理国务总理汪大燮为委员长，进步党主要领袖、前司法总长林长民为事务长的总统府外交委员会，负责和会特定期间的外交事务。他又筹措了10万元经费，挑选了刘杰、丁文江、张君劢、蒋百里、徐新六等一批著名专家学者作为随员，于年底动身前往欧洲。关于此行的目的，梁启超说得很清楚："想拿私人资格将我们的冤苦向世界舆论申诉，也算尽一二分国民责任。"临行前，他还建议国内报界紧密配合和会上的外交努力，希望全国舆论保持一致。1919年2月18日，梁启超一行抵达巴黎，随即便展开了他在欧洲的国民外交活动。他作为中国参加和会代表的会外顾问，先后会见了美国总统威尔逊及英法等国的代表，请他们支持中国收回德国在山东权益的立场。此外，他还作为"民间代表"进行了频繁的游说活动,发挥了出席和会的中国外交代表所起不到的作用。

遗憾的是,就如同顾维钧的遭遇一样,尽管梁启超等人进行了一切努力,但仍然无济于事。4月30日,在听到列强关于山东问题的决议后,梁启超当即致电汪大燮、林长民,建议警告国民和政府,拒绝在和约上签字。而接到梁启超的电报后,林长民于5月1日连夜写成《外交警报敬告国人》一文,第二天便刊登在北京《晨报》上。不仅如此,当天的《晨报》还特地刊登了国民外交协会发给巴黎和会英、法、美诸国和中国代表的电文。国民外交协会按照梁启超的建议,严词警告中国专使:"和平条约中若承认此种要求,诸公切勿签字。否则丧失国权之责,全负诸公之身,而诸公当受无数之谴责矣。……诸公为国家计,并为己身计,幸勿轻视吾等屡发之警告也。"接下来,事态进一步向激化的方向发展。5月2日,北大校长蔡元培从汪大燮处得知有关巴黎和会的最新消息,立即返校告诉了学生领袖许德珩、傅斯年、罗家伦、段锡朋等人。5月3日晚7时,北京大学全体学生和十几所其他学校学生代表在法科大礼堂召开大会,决议联合各界一致力争,通电巴黎专使坚持不签字,定于4日齐集天安门举行学界之大示威,通电各省5月7日举行游街示威运动,而中国近代史上划时代性的五四运动由此便爆发了。

青年学生与社会名流们的抗议刚刚进入高潮,来自北洋政府体系内的实力派军阀也开始"呛声"。顾维钧回忆说:"当时国内公众团体以及某些省份的督军省长们甚为焦急,纷纷致电代表团,坚请拒签",要求"代表团应采取明确的爱国立场,拒绝签字,以符民意"。尤其是直系军阀吴佩孚,更是由于对五四青年们的强力支持而人气飙升。

当时,吴佩孚正率所部在湖南衡阳与南方政权作战。五四运动爆发后,身为山东人的吴佩孚公开与北京的中央政府唱反调,他不断通电指责总统徐世昌和总理段祺瑞同意签字的决定,同时对闹事的学生表示支持和同情,并首先呼吁罢免曹汝霖、陆宗舆和章宗祥三人。事隔多年,当我们阅读吴佩孚的这些电文时,依然会感到热血沸腾:"窃维天视自我民视,天听自我民听,民心即天心也。士为四民之首,士气即民气也""此次外交失败,学生开会力争,全国一致,不约而同。民心民气,概可想见""大好河山,任人宰割,稍有人心,谁无义愤""彼莘莘学子,激于爱国热忱而奔走呼号,前仆后继,以草击钟,以卵投石,既非争权力热中,又非为结党要誉;其心可悯,其志可嘉,其情更有可原。确要求立即释放学生,收回青岛,并准备对日抗战到底,请政府对日宣战,愿效前驱""此后如再有勾结外人,仍请签字割地者,以卖国论"……关于吴佩孚等实力派军阀对五四青年们的支持,学者胡适也曾发出这样的惊呼:"现在中国专使居然不签字了。将来一定有人说这是'电报政策'的功效。"

令人遗憾的是,由于那个年代特殊的中国国情,导致以顾维钧为代表的外交官们同五四青年们之间产生了难以言说的纠葛。而各种言辞激烈的舆论,又在这当中扮演了重要的角色。

在巴黎和会期间,《大公报》总编辑胡政之就亲自赶赴巴黎进行采访,并发回了大量报道。为了引起国内民众的关注,《大公报》报刊登了许多新闻漫画,以幽默讽刺的形式来分析当时的态势,尤其是五四运动开始后的一个月时间里,关于巴黎和会形势及中国政府态度的漫画尤为突出。例如在2月份,该报发表了一幅题为《国内外形势将如此》的新闻漫画。在这幅漫画中,一个人贴着"专使"的标签,嘴被日本国旗给封住,它暗示了作为"专使"的中国外交代表将被日本所收买。不难想象,这类报道定然会对顾维钧等外交官形成巨大的压力。

一时之间,在中国国内迅速出现了"国民外交"的高潮。所谓国民外交,是指国民通过外交舆论、民众运动等手段,监督、支持、影响政府的外交决策和对外交涉,以实现自身的外交意愿和要求的活动。关于这种"国民外交"对当时中国政府的影响,当时的旁观者可能认识是最清醒的。1919年9月,美国驻华公使芮恩施在卸任前就曾深有感慨地说:"今年中国发生了一种国民舆论的大警觉,即以这事本身而论,已是一大进步……这一次中国民意的大觉悟,总括看来,可以使我们断定中国将来的重要国事必须要先得国民的意见,必须要合乎国民的需要……一个政府若没有国民的公意与帮助做一个基础,决不能做一个强有力的政府。"后来他在回忆录中还谈道:"从巴黎和会的决议的祸害中,产生了一种令人鼓舞的中国人民的民族觉醒,使他们为了共同的思想和共同的行动而紧密地结合在一起。全国各阶层的人民都受到了影响。……中国在历史上第一次奋起,并且迫使它的政府屈服。这个教训非常深刻。"而当时和芮恩施有同感的法国驻华公使波勃也说:"我们正面临着一种前所未有的、最令人惊异的事情,那就是中国为了积极行动组织了一种全国性的舆论。"

不过同时我们也应该看到,由于诸多因素的影响,"国民外交"也必然存在自身的弱点和缺陷。实际上在五四运动期间,一些舆论就客观地指出,国民"盲从而好动,于事之真伪,不肯细为研究,只需稍稍传布流言,肆其挑拨"。在缺乏信息资源的情况下,一些媒体对外交事件未经核实的报道,往往会导致"国民行为贻误外交"的后果。

就在巴黎和会尚未结束时，北京许多学生听信一些坊间谣言，居然认定陆徵祥和顾维钧都属于北洋政府派入和会专使团内的"卖国贼"。更有流言说，刚刚丧偶不久的顾维钧即将与曹汝霖的三女儿订婚。因此，即便顾维钧在和会期间一心为国，并在外交舞台上以精彩的演讲打击了日本代表，有时却仍然要蒙受不白之冤，成为一些五四青年责骂的"卖国贼"。因此，即使在巴黎和会之后的一段时期内，以顾维钧等为代表的外交官仍时不时面临尴尬的境地。

1920年春，在巴黎和会上结束使命的王正廷、陆徵祥等人自欧洲返国。由于中国代表团断然拒绝签字，因此他们在所到之处都受到了当地群众的热烈欢迎。特别是力主拒签的王正廷，更是得到了国内知识界人士的称赞。著名言论家叶楚伧甚至在《欢迎王正廷博士》一文中写道："我国欧洲议和专使王正廷博士，昨天于万众欢迎声中，到了上海，从王正廷博士列席欧会后，国内的人民，每天向往着，祝他的健康，并祝中国依据公理所提出各条的胜利。"然而仅过了两年，由于在同日本交涉山东问题时的策略不合国内激进民众的心意，曾经被视为"英雄"和"救星"的王正廷，却立刻成了社会舆论中的"民族的罪人""卖国贼"。在举国唾骂声中，只有"老好人"胡适挺身而出为王正廷打抱不平："我们当这个时期，不能不对山东人士贡献一次忠告：山东人监督王正廷，是应该的，山东人在这个时候仇视王正廷，是应该慎重的，到了这个时候，鲁案督办公署已渐渐地成了一个专门的技术机关了。接受之期已近，即使山东人此时能把王正廷攻倒，试问赶走王正廷之后的第二步又该是什么？"结果可想而知，以胡适当时巨大的威望，居然也因此遭到嘲讽："未吃得羊肉，反惹一身膻气，王正廷是什么一种人，胡适还要和他说话，恐怕人家未必因此而相信王正廷，却更因此而怀疑胡适了。"

与王正廷相比，顾维钧的处境也好不到哪里去。1922年5月初，由于在华盛顿会议上成功从日本人手中索回了山东的绝大多数权益，当顾维钧返回国内时，所到之处，无不受到民众的热烈欢迎，并且一度成为众多青年学生学习崇拜的偶像。6月6日，北大校长蔡元培为顾维钧到北大讲演刊登启事，就称赞后者为"青年外交大家，实我国大学生之模范人物也"。然而仅过了一年，由于顾维钧接受了"贿选总统"曹锟的邀请出任外交总长，民众对他的看法立刻来了个一百八十度大转弯。与北京政权对立的南方革命阵营纷纷指责顾维钧与曹锟等同流合污，劝其弃职南下，与北京政府脱离关系，《民国日报》也指责他"还是不成器的青年"。有趣的是，就连顾维钧那没有受过教育的母亲也打电报称："儿不来，此生勿复相见。"

不过发人深思的是，若干年后，当当年的"青年"站在亲历者的立场上回首往事时，却有着不同的解读，由此也决定了他们各自不同的人生轨迹。事实证明，尽管同样参与了五四运动，但这些青年却在日后发生了裂变：有的成为民国体制之内的中坚分子，有的走上了教育救国之路，有的将毕生精力投入了学术，有的成为革命者，有的则迅速堕落为反面人物……如果我们进入他们的世界，一定会有别样的感慨。

我们先来看两位当年的学生领袖——罗家伦和傅斯年。作为当时学生游行的发起者和领导者，这二人在五四运动史上占据重要地位，然而不久之后，他们对于学生运动的态度却来了急转弯，并逐渐融入国民党体制之内，走上了一条风光的人生道路。

罗家伦(1897—1969)，江西人。1917年考入北大文科，主修外国文学。1918年与傅斯年等人发起"新潮社"，出版《新潮》杂志，得到李大钊等人的支持。在五四运动中，他曾负责召集社团代表举行会议，并作为学生代表向各国使馆递交声明书。不过令罗家伦名扬天下的，要算那份脍炙人口的白话文宣言了。后来，这份五四当天唯一的印刷品广为流传，其中"外争主权，内除国贼"这八个字更成为五四运动的代表性口号。鲜为人知的是，就连"五四运动"这个名词也是由罗家伦最早提出来的。他在1919年5月26日的《每周评论》上发表了一篇文章，题目就叫《五四运动的精神》。不过在五四运动的高潮过后，身为主要领袖的罗家伦对此次运动的态度却发生了改变。特别是在胡适的影响下，他逐渐形成了这样的观点：学生谋求救国应以学术研究为途径，而不是大搞学生运动。当1920年五四周年纪念时，罗家伦专门写了一篇回顾性文章，认为"五四运动是一次失败的运动"，而学生们的罢课、请愿、游行等举动，都是"无聊的举动"，其懊悔之情溢于言表。

罗家伦态度的急剧转变，使得五四那批青年发生首次裂变。当时一度有传言说罗家伦与北洋政府关系密切，因此遭到外界的严厉批评，甚至被游行学生围住当面质疑，而他的北大同学还讽刺其"一身猪狗熊，两眼官势财；三字吹拍骗，四维礼义廉"。1920年从北大毕业后，罗家伦与另外几名五四干将赴美留学，攻读历史和哲学。虽然他留学期间辗转各国大学，最终却没有获得任何学位。不过由于他在政治上选对了靠山，反而在仕途上如鱼得水。1926年，罗家伦返回国内后，便开始与广州国民党政权紧密合作，曾在北伐期间担任国民革命军司令部参议、编辑委员会委员长、战地政务委员兼教务处处长。南京国民政府成立后，他又在蒋介石的支持下出任法制委员会委员。1927年，罗家伦先是与张维桢结婚，次年又被任命为清华大学校长，可谓

"爱情事业双丰收"。不久，蒋介石又将罗家伦调到南京，命他接掌由东南大学与江苏境内其余8所大专学校合并改组的中央大学。任职10年间，罗家伦使中央大学超越北大、清华，成为当年中国院系最完整、规模最大的高等院校。然而在很多人看来，官场上风光无限的罗家伦已不再是五四时期那个意气风发的革命青年了，他已彻底沦为国民党官僚体系中的既得利益者了。

与罗家伦相比，同样曾是五四运动学生领袖之一的傅斯年虽然后来也融入了体制之内，但他身上的学者色彩更加浓厚。傅斯年（1896—1950），字孟真，山东聊城人，近代著名历史学家。后世的人们肯定难以相信，学究气十足的傅斯年居然曾经是五四学生运动总负责人。当年，为了保证游行示威有序进行，北大学生领袖傅斯年出任总指挥。然而在当天，随着形势的变化，学生游行渐渐脱离了傅斯年的初衷。当激进的学生向赵家楼围攻时，傅斯年曾极力劝阻，但无济于事。因此在"火烧赵家楼"事件发生后，他对学生运动的看法也发生了急剧转变，从此成为一名保守主义者。有趣的是，当学生运动如火如荼地开展起来后，作为总负责人的傅斯年反而很少再抛头露面。到毕业前夕，他曾撰文向同辈中人提出三

五四运动期间抵制日货之学生

五四运动期间充满爱国激情的学生

五四运动期间被捕后又获释的学生

点希望：一是切实地求学，二是毕业后再到国外读书去，三是非到 30 岁不在社会服务。

从北大毕业后，这位昔日的学生运动领袖考取了官费留学的资格。1919 年至 1926 年间，他先后留学英、德，专心致力学术，并在历史学、语言学、考古学及教育等多个领域有所建树。1928 年，傅斯年辞去在中山大学的职务，专任中央研究院历史语言研究所所长。他提出"科学的东方学之正统在中国"的口号，延揽国内第一流人才，使该所在短时间内成为世人瞩目的研究中国历史、考古、语言的学术重镇。作为学者和教育家，傅斯年立志"以教书匠终其身"，以全部热情投身于学术和教育事业，在这方面，他与罗家伦有所不同。而作为一名独立意识浓厚的知识分子，傅斯年与罗家伦所走的道路也稍有不同。他相信只有站在政府之外，保持知识分子的独立性，才能充分发挥舆论监督的作用。因此 1946 年蒋介石邀请其出任国民政府委员时，他极力谢绝，表示自己只是一个"愚憨书生"。所以终其一生，他都是一个无党无派的知识分子，但却因敢于弹劾孔祥熙、宋子文而赢得了"傅大炮"的美名。据说有一次蒋介石在请傅斯年吃饭时说："你既然信任我，那么就应该信任我所任用的

罗家伦　　　　　　　　　　　傅斯年

人。"而后者的回答居然是:"因为信任你也就该信任你所任用的人,那么砍掉我的脑袋我也不能这样说。"透过这样的告白,我们是否依然能够感受到五四那代人的气魄?

不知道是什么原因,后人往往会惊奇地发现,在五四运动中表现抢眼的那拨学生,后来有相当一部分都投身到了教育救国的实践中,似乎在刻意与政治保持距离。例如当年与罗家伦、傅斯年等人地位相当的段锡朋、方豪等人。方豪(1894—1955)曾经是北京学生联合会和全国学生联合会首任主席,但他后来却既没有出国深造,也没有选择政治,而是远离喧嚣,默默无闻地投身教育事业。1921年从北大毕业后,方豪应邀出任安徽第一中学校长,1924年又应邀任浙江省立第五中学校长,1927年回到家乡金华任浙江省立第七中学校长,并且一干就是20年。

实际上像段锡朋、方豪一样,有相当一部分五四运动中的青年才俊选择了教育救国、学术救国之路,最著名的如许德珩、俞平伯、顾颉刚等人。号称"大炮"的许德珩(1890—1990),字楚生,当年五四运动中被捕的32名学生之一,后来成为著名政治活动家、教育家、学者。据其本人回忆,实际上他对于五四运动的结果并不满意,也从不以五四运动的学生领袖自居。当年8月,他甚至曾这样感慨道:"这回运动,好时机,好事业,未从根本上着手去做,致无多大的印象于社会,甚为咎心。个人的学识不足,修养不到,以后当拼命从此处下手。"正是在这样一种情绪之中,许德珩于1919年12月前往法国勤工俭学,而他的夫人劳君展(1900—1976)则是居里夫人的学生。1927年北伐期间,许德珩独自回国,曾先后担任武汉中央政治学校政治教官、国民革命军总政治部秘书长等职。不过在大革命失败后,他便远离了政治,转而将主要精力倾注到教育中。虽然在中华人民共和国成立以后曾先后担任全国政协副主席和全国人大常委会副委员长等显要职位,但他却最看重自己的教师身份。

段锡朋

第二章 曙光初现

在五四大潮中，还有一批最为激进的青年最终选择了革命道路，如张国焘、高君宇等人。不管他们后来的结局如何，但都曾在中国社会上产生了很大影响。然而还有一种情况：当年的个别革命青年后来居然沦为了汉奸，最终被钉在历史的耻辱柱上。

1939年12月15日，浙江温州一位名叫梅爱文的女学生在当地报纸上刊登了一篇文章——《我不愿做汉奸的女儿，我要打倒我的爸爸》。这位年仅13岁的女孩写道："我的年纪虽小，对于在艰苦战斗中的祖国，我是怀着最热情的爱的。而对我那做了汉奸的父亲，我却怀着切齿的仇恨。今天我要公开宣布同梅思平脱离父女的关系，我要公开宣布我父亲梅思平的汉奸罪状，我要打倒我的爸爸！"而文中所提到的梅思平，当时已投靠汪精卫政权，后来曾担任伪中央的执行委员、常务委员、组织部部长、工商部部长、实业部部长、浙江省省长、内政部部长等要职，抗战胜利后作为大汉奸被枪决。然而谁又能想到，这梅思平当年在五四运动中可曾是响当当的青年才俊，并且是"火烧赵家楼"的主力之一。短短20年的时间，就使一位满怀救国壮志的青年堕落成为虎作伥的汉奸，任谁也难以预料。

1941年，汪伪政权的大员们。后排左二为曾经的五四激进青年梅思平

历史往往就是充满了戏剧性，就在五四干将梅思平走向汉奸之路时，当年他所讨伐的"卖国贼"曹汝霖却在日本人的威逼利诱面前保住了晚节。

说起在五四运动中被视为三大"卖国贼"的曹汝霖、章宗祥、陆宗舆，当年本也算是北洋政府的外交精英，不过由于职务的关系，他们先后参与了对日卖国条约的签订：曹汝霖作为外交总长在"二十一条"上签字；陆宗舆则在签订"二十一条"时任驻日公使；章宗祥则在任驻日公使时经办了"中日军事秘密换文"。所以说，他们在五四运动中成为讨伐的焦点也不算冤枉。章宗祥与陆宗舆不但在五四风潮中身败名裂，甚至被家乡父老开除乡籍。而对于此次事件的反省，曹汝霖（1877—1966）可能是最深刻的了。当晚年回忆五四运动时，这位历史的见证者曾这样意味深长地说："此事距今四十余年，回想起来，于己于人，亦有好处。虽然于不明不白之中，牺牲了我们三人；却唤起了多数人的爱国心，总算得到代价。"

自从在五四运动中结束了自己的仕途后，曹汝霖便选择了另外一条生活道路：他不再过问政事，将相当一部分精力投入到慈善事业。据说每年冬天，曹家都向拉洋车的车夫施舍100套棉衣。施舍的方式也比较特别，为避免棉衣被人冒领，每次都由家里当差的抱着几套棉衣出门，看见街上有衣不蔽体的车夫，便雇他的车，拉到僻静的小胡同，叫车停下来，施舍给车夫一套，然后再去物色下一个对象。此外，曹汝霖还联络其他人在北京建了一所中央医院。该医院属于慈善性质，用曹汝霖提供的20万元支撑医院的开支，穷人来看病，一概不收医疗费。曹汝霖一直担任中央医院的院长、名誉院长等职，经费方面都由他筹措，但他本人不从医院拿任何薪水。最难得的是，在抗战爆发后，素来被认为是"亲日分子"的曹汝霖却公开表示要以"晚节挽回前誉之失"，不在日伪政权任职。据说日军在筹组华北伪政权时，一度曾把曹汝霖看作首脑的理想人选，但曹始终不为所动。后来，大汉奸王克敏曾

晚年曹汝霖

第二章 曙光初现

给他挂上"最高顾问"的虚衔,王揖唐出任伪华北政委会委员长时,又给曹挂了个"咨询委员"的空衔,但曹汝霖从不到职视事,也未参与汉奸卖国活动。对于曹汝霖的不合作,日军特务机关长喜多诚一曾当面斥责:"为什么我们'皇军'来了,你不出头帮忙,你究竟做什么打算?"

就这样,近代中国最具讽刺性的一幕发生了。曾被视为"卖国贼"的曹汝霖在民族大义面前没有沦为汉奸,而当年的在"火烧赵家楼"事件中冲在前面的激进青年梅思平却堕落成一个大汉奸。面对这样的结局,不禁让人唏嘘万分。

三、"武夫"原来是秀才

1924年9月8日，在大名鼎鼎的美国《时代》周刊封面上，赫然出现了一位中国人的面孔，照片下面还配有文字说明："GENERAL WU"（吴将军）。这位"吴将军"，便是当年北洋直系军阀的核心人物吴佩孚。众所周知，创刊于1923年的美国《时代》周刊是具有世界影响力的新闻媒体，而封面人物的创意也是其一大特色。那么，在20世纪20年代初，一向被置于边缘地带的中国为何会博得《时代》周刊的青睐，而作为"一介武夫"的吴佩孚又是如何成为封面人物的呢？

回顾历史我们会惊奇地发现，虽然北洋军阀在后世人的心目中口碑很差，但实际上，在众多的"武夫"当中，的确还有不少另类的人物。如果对他们的人生轨迹进行梳理，恐怕以往存在于我们脑海中的结论就会被彻底颠覆。

吴佩孚（1874—1939），字子玉，山东蓬莱人。幼时家贫，6岁入私塾，14岁时因父病故而虚报年龄进入登州水师营当学兵。就在这样一种困难的条件下，吴佩孚仍坚持求学，并于22岁那年考中秀才，从而也成为北洋军阀地方首脑中的为数不多的秀才之一。可惜的是，秀才的功名似乎并没有给吴佩孚带来什么转机。1897年，由于同当地豪绅发生冲突，他遭到官府的通缉，被迫连夜逃往北京。穷困潦倒之际，他决定投笔从戎，加入淮军聂士成部，从此开始了武夫生涯。

俗话说得好，是金子到哪里都会发光的。凭着自己良好的文化底子，吴佩孚入伍不久便遇到了一位叫郭梁丞（绪栋）的贵人，后者时为军中幕僚，因赏识吴佩孚的才学而极力保荐他去上军校。1903年，吴佩孚以优等成绩从保定陆军速成学堂毕业，任北洋督练公所参谋处中尉，由此

第一位登上《时代》周刊封面的中国人——吴佩孚，1924年9月

正式进入了北洋体系。在日俄战争中，吴佩孚参加了中日混合侦探谍报队，因屡次立功被日本授予六等"单光旭日勋章"。之后他被派到北洋陆军主力第三镇，在这里结识了曹锟并逐渐得到后者的器重。进入民国后，吴佩孚历任第三镇第三标标统、第六旅旅长等职，护国运动中被授予陆军中将，成为曹锟的心腹大将。1917年张勋复辟闹剧后，段祺瑞控制了北洋政权并试图以武力统一全国。1918年2月，吴佩孚以代理第三师师长身份任前敌总指挥，连克岳州、长沙、衡阳等湘中重镇，被称为"常胜将军"，段祺瑞也封他为"孚威将军"。不久，随着直、皖两系矛盾的加剧，段祺瑞与冯国璋一起下台，北洋元老徐世昌被推选为中华民国第五任大总统。以此为转折点，曹锟、吴佩孚替代冯国璋逐渐成为直系阵营中的实力派人物，而吴佩孚的声望则远远超过老上司曹锟，成为北洋军阀的中心人物。

就在吴佩孚驻守衡阳时，全国爆发了五四爱国运动。在对巴黎和会如何决策的问题上，吴佩孚的举动再度吸引了全国民众的眼球。他直接通电大总统徐世昌："青岛得失，为吾国存亡关头。如果签字，直不啻作茧自缚，饮鸩自杀也。"以此表明明确反对在和约上签字的态度。他甚至慷慨激昂地宣称："卫国是军人天职，与其签字贻羞万国，毋宁背城借一。如国家急难有用，愿率部作政府后盾，备效前驱。"难得的是，作为军阀中少有的读书人，他对爱国学生的态度也很让人钦佩。当听说许多学生遭政府逮捕的消息后，他竟亲自出面为这些爱国青年说情，为他们辩解称"其心可悯，其志可嘉，其情更有可原"。无意之间，吴佩孚身上笼罩了一层巨大的爱国光环，他的声望及实力与日俱增。在如此有利的局势下，直系开始向皖系发起了挑战。

1920年7月，直皖战争开始。由于得到了张作霖奉系的支持，直、奉两军仅用了5天时间就打垮了皖系，曾经不可一世的段祺瑞被迫通电辞职。据说在当时，山东一带流传不少关于"吴小鬼"（吴佩孚）的民谣，像什么"曹锟打老段，

吴佩孚的老上司曹锟

吴小鬼儿上前线""机关子枪，嘎嘣儿脆，吴小鬼儿打段祺瑞"等等。直皖战争结束后，曹锟改任直鲁豫巡阅使，吴佩孚为副使，张作霖任东三省巡阅使，北洋政府进入到由直、奉两系军阀共同控制时期。而在此期间，虽然仍只是一名师长，但吴佩孚却已引起国际观察家的重视。一位美国外交官在拜访了吴佩孚后，曾这样评价说："直系首脑中最杰出的是吴佩孚……他的行动是一个真正爱国者的行动，他是为国家利益而不是为个人利益而工作的。"从1920年到1922年初，吴佩孚率部驻扎在洛阳，积极扩充实力，其地位实际已不在曹锟之下。1922年4月，第一次直奉战争爆发。吴佩孚全权负责军事指挥，最终打败了张作霖的奉军，而他也凭借这次胜利达到了人生的顶峰。

第一次直奉战争结束后，直系完全掌握了北京政权，但吴佩孚与老上司曹锟之间却出现了裂痕。原来，曹锟在春风得意之际，竟执意要过一回当大总统的瘾，而心气更高的吴佩孚则希望乘势用武力统一全国。虽然兵权在握，但对于老上司的一意孤行，颇重情义的吴佩孚也只得任其胡来，自己则返回洛阳，一门心思巩固自己的地盘。1923年，曹锟用5000大洋一张选票的代价，如愿以偿买来了总统的宝座，而吴佩孚则在洛阳呼风唤雨。在其最鼎盛时期，拥兵数十万人，手下有五个师和一个混成旅十余万人，控制着直隶、陕西、山东、河南、湖北等省地盘。1924年4月，当吴佩孚50寿辰时，全国各地来洛阳向他祝寿的达官显贵、文化名人及各国驻华使节就有六七百人之多。老牌政客康有为不但亲往祝寿，还写了一副有奉承之嫌的寿联："牧野鹰扬，百岁勋名才半纪；洛阳虎视，八方风雨会中州。"眼看这位昔日的手下已成为北方实力最大的军阀，就连曹锟都曾带着酸溜溜的口气感慨："只要洛阳打个喷嚏，北京天津都要下雨。"

作为拥有秀才功名的军阀，吴佩孚在许多方面都有不同凡响之举，而这些举动也无不显示出其文化人的一面。例如在1923年，由于嫌原来的国会会场狭小，北洋政府中的当权者居然想出了一个馊点子：拆掉紫禁城三大殿改建为西式议院。试想一下，如果在今天的故宫大院内赫然矗立着一座西式建筑，21世纪的国人会作何感想？尽管当时国人的心目中还没有多少"人类文化遗产"的概念，但与那般纯粹的武夫军阀相比，身为秀才的吴佩孚却有着高人一等的见识。听到该消息后，他立即给大总统、总理、内务总长、财政总长发电报痛斥这个馊主意："据云，百国宫殿，精美则有之，无有能比三殿之雄壮者。此不止中国之奇迹，实大地百国之瑰宝。……若果拆毁，则中国永丧此巨工古物，重为万国所笑，即亦不计，亦何忍以数百年故宫，

第二章 曙光初现 zhaojian beiyang
lishi yingxiang beihou de lishi

鼎盛时期的吴佩孚

供数人中饱之资乎？"严厉警告中央政府不要搞这个拍脑门工程，否则将成为民族罪人。他的表态，当即引来了国内外舆论的一致喝彩，社会各界纷纷表示拥护他的立场，从而最终保全了紫禁城三大殿。从这个意义上说，我们今天的中国人要特别感谢吴佩孚。

就当吴佩孚的个人事业走向顶峰时，各方政治力量都开始对他展开公关，无论是国内的军阀派系，还是南方孙中山领导下的政权，抑或是国外政治势力，都希望能与他结成政治联盟。1922年8月，一位名叫越飞的苏俄特使来到中国，他的主要任务是与南方孙中山领导下的政权商讨合作事宜。然而在前往广州之前，越飞却出人意外地在北京给吴佩孚写了一封极尽奉承的信："我们都怀着特别关注和同情的心情注视着您，您善于将哲学家的深思熟虑和政治家的老练果敢以及天才的军事战略智慧集于一身。"同时，他还派军事顾问格克尔前往洛阳拜会吴佩孚，格克尔在报告中也充满了溢美之词。可以说，在当时，刚刚站稳脚跟的苏俄政权在开展对华外交时，最希望结交的便是手握重兵、思想开明的实权人物吴佩孚。

到1924年时，直系已完全掌握了北洋政权，其地盘北至山海关，南到上海，继袁世凯之后再度获得了对大半个中国的控制权，而吴佩孚则是直系的真正首脑。接下来，雄心勃勃的吴佩孚将准备用武力统一全国。正是在这种形势下，嗅觉灵敏的美国《时代》周刊将目光转向了吴大帅，使其成为首次亮相该杂志封面的中国人。

在1924年9月8日出版的这期《时代》周刊封面上，吴佩孚的照片拍得很有水平，这也很可能是他本人最钟爱的一张照片了。照片中，光头的吴佩孚身着戎装，脸微微朝左，两眼炯炯凝望前方，看上去踌躇满志。在杂志的正文中，还对这位来自中国的封面人物进行了简要介绍："他是中国最杰出的军事家，统治着除满洲之外的整个中国北方和中原各省。他的头衔是直鲁豫巡阅使，北京也在其管辖之内。他赞成民主制，但其目的是用武力统一中国。……他不仅是一位军事天才，还精通文化、科学和文学。他学习很刻苦，近来开始学习英语，并聘请了一位家庭教师。"可以想象，当时西方人的想象中，一名中国实力派军阀居然如此的有"文化"，无疑会激起广大读者的好奇。

实际上，《时代》周刊并没有夸大其词，因为秀才出身的吴佩孚的确堪称军阀中的另类。与许多土匪出身、满嘴土话、吃喝嫖赌的军阀不同，吴佩孚的文化层次已经很高了。关于这一点，几乎每一位接触过吴佩孚的外国人都深有体会。美国著名女作家安娜·路易斯·斯特朗当年在汉口曾采访过吴佩孚，她回忆说，在谈话中，吴佩孚引用孔子的话来说明外国对中国的影响，并在扇子上题写了一首诗赠给她。或许正是由于这些与众不同的表现，当时的西方观察家普遍看好吴佩孚的前途，上海著名英文杂志《密勒氏评论报》的主编、美国人约翰·鲍威尔就直言不讳地指出，吴佩孚"比其他任何人更有可能统一中国"。那么，"儒将"风度十足的吴佩孚最终能决定中国的未来吗？可惜的是，接下来所发生的事情，再次令西方人大跌眼镜。

就在吴佩孚登上《时代》周刊封面的当月，第二次直奉战争爆发。10月，当吴佩孚亲率10万大军正在前线与奉军激战之时，早已对其心怀不满的部将冯玉祥突然率军倒戈发动"北京政变"，囚禁了吴佩孚的上司、靠贿选上台的总统曹锟，直系中央政权随即垮台，此次战争也以直系惨败告终，吴佩孚也从人生的顶峰跌落下来。而此时，距离他登上《时代》周刊的封面也就一个月的时间。

第二次直奉战争结束后，曾经叱咤风云的吴佩孚率残部两千余人从天津登船出逃。在南下途中，又遭到各路军阀的落井下石，一度被迫逃至鄂豫交界的鸡公山中避难。虽然有手下建议他到租界保全性命，但吴佩孚却以"堂堂军官，托庇外人，有伤国

第二章 曙光初现

体"为由拒绝。好在经过了半年的颠沛流离之后，他的命运再次迎来转机。1925年春，为了抵制奉系军阀，浙江、江苏、湖南三省督军孙传芳、齐燮元、赵恒惕联名致电吴佩孚，愿一如既往地跟随其后。于是吴佩孚率"决川"号和"睿蜀"号两艘军舰前往岳州赵恒惕处，10月又应孙传芳之邀赴武汉出任"十四省讨贼联军总司令"。1926年7月，南方国民革命军开始北伐，据守两湖的吴佩孚又成了北伐军打击的头号目标。

在与北伐军对峙期间，吴佩孚虽然作为"讨贼联军总司令"，但已完全没有昔日的霸气了。在汉口，《密勒氏评论报》主编鲍威尔最后一次采访了他。鲍威尔带着无尽的感慨回忆道："尽管他的头衔大得吓人，其实地位已岌岌可危，事实上，他是北军抵抗从广东开来的国民革命军的最后一道防线。吴把他的总部设在一座古典式的中国庭院里，我就在那里见到了他，并共进早餐。他似乎比先前喝酒更多，显得精神沮丧，情绪低落。由于部队受到先于北伐军出发的受俄国训练的宣传队的影响，士气尽丧，河南一战已是溃不成军。共产党人也竭尽全力为击败吴佩孚而工作……以图不战而屈人之兵。等到激烈的武昌战役后，孤注一掷的吴佩孚彻底失败，全线溃退。"尽

直系重要将领冯玉祥，直接导致了吴佩孚的落败

在吴佩孚失势后对其进行资助的张学良

管处境不妙,吴佩孚仍试图保持自己的"儒将"范儿。在接见鲍威尔时,他手里拿着一本已翻得破旧的线装书——《吴越春秋》,谈话过程中还不时看一看。败给北伐军之后,吴佩孚前往军阀杨森控制的四川避难。直到1931年初,在蒋介石的许可下,他应张学良之邀定居北平,后者赠送一座位于东四什锦花园胡同的大宅院供他居住,每月还另外馈赠4000元作为生活费用。

尽管从此退出了政治舞台,但吴佩孚的余生并不平静。九一八事变后,日本开始加快侵略中国的步伐。为了拉拢曾经在中国政坛上威望极高的吴佩孚,他们处心积虑地对其展开策反活动。早在吴佩孚避居四川时,日本方面就曾派人前去接洽,表示愿意援助大量军火和经费供其支配,但均遭到严词拒绝。对于日本侵略者的种种行径,素有爱国之心的吴佩孚表示深恶痛绝。甚至当张学良邀请其去北平定居时,对于亲自到火车站迎接的这位小辈,吴大帅依然毫不客气地质问他为何在九一八事变中不抵抗。当张学良辩解说因为实力不够时,吴佩孚当即表示,现在我来了就是实力,军人只要不怕死就是实力。抗战中,当得知南京大屠杀的消息后,为表示哀痛,吴佩孚曾整整绝食一天。对于吴佩孚的民族气节,日本方面始终忌恨于心。1939年11月底,吴佩孚因吃羊肉饺子被骨屑伤了牙齿,随后引起牙疾复发、高烧不退。不久,日本特务芳太郎为他介绍一名日本医生,结果在12月4日,吴佩孚竟猝然去世。尽管没有足够的证据,但外界一致猜测是日本人下了毒手。令人唏嘘的是,虽然早已沦为凡人,但吴佩孚之死却在当时的北平引起了巨大轰动。在他出殡当天,北平万人空巷,从东口大街一直到神路街口都挤满了自愿送行的百姓。抗战胜利后,为表彰其保持晚节,国民政府追赠吴佩孚为陆军一级上将。

毫无疑问,吴佩孚在很大程度上颠覆了以往我们对于北洋军阀的认识。虽然由于各种复杂的原因而导致他最终

晚年的吴佩孚。从这个老人身上,很难看到当年"头号军阀"的影子

成为一名失败的历史过客,但其所秉承的做人原则却足以令后人肃然起敬。就在第二次直奉战争惨败后避居四川期间,吴佩孚曾写了这样一副著名的对联:"得意时清白乃心,不纳妾,不积金钱,饮酒赋诗,犹是书生本色;失败后倔强到底,不出洋,不进租界,灌园抱瓮,真个解甲归田。"了解他的人都知道,吴佩孚绝非在为自己涂脂抹粉,因为他是这么说的,也是这么做的,而这副对联百分之百就是其人生的写照。

先说这不纳妾。环顾当时的民国社会,一夫多妻制依然根深蒂固。但凡有些经济实力的男人,三妻四妾者并非新鲜。至于北洋军阀集团中的大小督军,妻妾成群者更不在少数。像著名的张宗昌,所收罗的姨太太简直堪称"多国部队"。早在虚报年龄参军的第二年,母亲便为他定了一门亲事,可惜没多久这位王氏夫人便早逝了。后来吴佩孚又娶了一位李夫人,纳张佩兰为妾(李夫人死后扶正),还曾在年过半百时纳一丫鬟为妾。但实际上,他之所以违背自己"不纳妾"的誓言,主要是因为一直没有生育儿女,在老母的逼迫下做出的无奈之举。或许是秀才的文化背景起了一定作用,吴佩孚一直想做个道德完善的真君子,对淫欲更是深恶痛绝。吴佩孚在这方面是如此坚定,据说还曾惹出了一场国际笑话。据说在1921年时,一位名叫露娜的德国小姐来到中国,非常偶然地在洛阳遇到吴佩孚,不料这位年轻貌美的小姐居然对他一见钟情。尽管露娜小姐多番表白,可他竟不解风情地予以断然回绝。后来痴情的露娜又给吴写了封信,内容无非是:我爱你,你爱我吗?令人捧腹的是,后者知道后,大笑着叫翻译回信:老妻尚在!可以说,仅凭这一点,吴佩孚就值得很多同时代许多人学习一辈子。再说这不积金钱。巧合的是,另一位北洋军阀曾经的首脑段祺瑞也以清廉著称。作为段祺瑞的死对头,吴佩孚在这方面可一点都不差。他一向自比关、岳,因此对贪官污吏十分痛恨。终其一生,吴佩孚做到了不置产、不贪污、不索贿、不受贿。他衣食俭朴,起居简单,吃面食、米饭,每餐只喝少许山东黄酒和绍兴酒。由于没有积蓄,因此在失势后,吴佩孚不得不靠别人的资助维持生计。至于不出洋,不进租界,吴佩孚也执行得很彻底。尽管他曾登上过《时代》周刊的封面,在国外可以说有不错的口碑,但即便是最困顿的时刻,他也没有产生过出洋或者入租界避祸的念头。

可以说,吴佩孚绝对不是一位简单的"武夫"。他不但拥有秀才的功名,而且具有某种知识分子的气质,因此成为北洋军阀中最杰出的人物之一,并且一度成为整个中国走向未来的希望。虽然其人生的结局带有几分悲壮,但其身后却得到了各方的高

湖北军阀萧耀南　　　　　　广东军阀陈炯明

度评价。吴稚晖评价人物向来刻薄,但在论及吴佩孚时也承认:"子玉先生的品格,不论你政见如何,都是应该表示钦佩的。"当他去世后,陪都重庆的报纸上甚至一致誉其为"中国军人的典范"。即使是在共产党方面,对吴也有过中肯的评价。董必武曾在一篇文章中这样写道:"作为军阀,吴佩孚有两点却和其他的军阀截然不同。第一,他生平崇拜我国历史上伟大的人物关、岳,他在失败时,也不出洋,不居租界自失。第二,吴氏做官数十年,统治过几省的地盘,带领过几十万的大兵,他没有私蓄,也没置田产,有清廉名,比较他同时的那些军阀腰缠千百万,总算难能可贵。"

细算起来,其实吴佩孚这种类型的军阀在北洋时期并非孤例。就在1920年的中国,社会上曾流行一句话:"三个秀才携手合作,可以统一中国!"而这里所指的"三个秀才",除了吴佩孚之外,还包括两位响当当的军阀:萧耀南和陈炯明——萧耀南是当时的湖北军政府首脑,陈炯明则是广东军政府首脑。令人唏嘘的是,尽管这些"秀才军阀"当时都曾烜赫一时,但最终只不过沦为了历史的匆匆过客。

萧耀南(1875—1926),出生于黄冈县孔埠镇萧家大湾,早年参加科举中秀才,但因家境贫寒无力继续应考,只能在家乡当私塾先生,后赴省城武昌投笔从戎,才一步步发迹,到北洋时期历任第二十五师师长、湖北督军、两湖巡阅使、湖北省省长等职。值得一提的是，在北洋军阀派系划分中，萧耀南也算是直系干将，因而与曹锟、吴佩孚关系密切，甚至著名的京汉铁路工人大罢工，就是萧耀南与吴佩孚联手制造的。不过在第二次直奉战争之后，萧、吴二人之间却渐生嫌隙乃至反目。以至于当1926年2月14日萧耀南暴病身亡后，外界竟纷纷传说其是由吴佩孚暗中指示人下毒致死的。至于陈炯明（1878—1933），民国初年曾长期担任广东军政府首脑。作为一名颇有思想的军阀，他大力提倡教育，积极响应新文化运动，甚至一度因坚持联省自治主张而闻名全国，可惜在1922年因与孙中山产生政见分歧而决裂，在纷争失败后黯然下野，1933年9月病逝于香港。

四、教授的黄金年代

要说这北洋时期的民国，可真是一个有意思的时代。虽然一方面军阀林立，政局混乱，国势衰微，因此被后人视为"五代式的民国"，但是在另一方面，这一时期却堪称文化史上的盛世，甚至可与"百家争鸣"的春秋战国时期比拟。当时国内的社会经济水平虽然落后，但高等教育却获得了空前的发展。至于生活在大学校园中的教授们，更是经历了一段令后人羡慕无比的"黄金年代"。即便在近百年后的今天，每当他们的后辈同行提起这段往事来，仍无不感慨万分。

1917年5月，北洋政府教育部公布了《国立大学职员任用及薪俸规程》，其中明文规定了大学教师的月薪标准：学科学长分为四级，一级450块银圆、二级400块银圆、三级350块银圆、四级300块银圆；正教授分为六级，一级400块银圆、以下各以20块银圆等差为一级，直到第六级300块银圆；本科教授和预科教授也各分六级，月薪级差也为20块银圆，本科教授从280块银圆到180块银圆，预科教授从240块银圆到140块银圆；助教分六级，月薪从120块银圆到50块银圆不等；讲师为非常设教席，课时酬金视难易程度从2块银圆到5块银圆不等。尽管北洋时期政局混乱，中央财政经常入不敷出，但就是这样一个政府，居然能很好地落实自己拟定的教育政策。据有关研究者考证，1919年前后北京大学教员的薪金待遇就可以说明这一点。当时，北大的一级教授如胡适、辜鸿铭、马叙伦、蒋梦麟、刘师培、沈尹默、马寅初等人的月薪皆为280银圆，而其他各等级的教员也都能如实拿到规定的薪金。

那么，这些大学教授们拿到手的薪金到底是一个什么样的概念呢？根据一些人的研究，当时北大教授的最高月薪280块银圆约合今天的人民币30000元以上。更重要的是，当时中国的社会消费水平并不高。正如一位研究者发现的，即使在北京，"一个小家庭的用费，每月大洋几十元即可维持。如每月用一百元，便是很好的生活，可以租一所四合院的房子，约有房屋二十余间，租金每月不过二三十元，每间房平均每月租金约大洋一元。可以雇用一个厨子，一个男仆或女仆，一个人力车的车夫；每日饭菜钱在一元以内，便可吃得很好。有的教授省吃俭用，节省出钱来购置几千元一所的房屋居住；甚至有能自购几所房子以备出租者。"

第二章 曙光初现

20世纪20年代的清华大学校园

等到了1927年6月,同样是北洋政府,又公布了新的《大学教员薪俸表》。按照新政策的规定,当时的教授最高月薪可达600元,与中央政府部长的薪资基本持平;一级教授月俸500块银圆,约合今天人民币30000元以上。而相比之下,当时上海一般工人的月薪约为15块银圆,普通巡警则只有2块银圆,即便县长也只能领到20块银圆,还不如国小老师的40块银圆。耐人寻味的是,虽然当时北洋政府的统治已摇摇欲坠,但其出台的《教育宪法》居然有这样的规定:"国家应保障教育、科学、艺术工作者之生活,并依国民经济之进展,随时提高其待遇。"也就是说,政府将充分考虑物价上涨的因素而视情况给教师涨工资。实际上,在整个20世纪20年代,由于中国社会经济发展相对稳定,大学教授收入的成色也自然十足。

可以毫不夸张地说,北洋时期的教授堪称名副其实的"三高"人士:收入高、地位高、学识高。在当时,但凡是高学历的知识分子,最先选择的职业首推大学教授,或者是出版社编辑、报人等,至于做官和经商,虽然也有一定的吸引力,但却相形见绌。当然话说回来,北洋政府虽然在许多后人的心目中口碑不佳,但即使国家财政再困难，也很少拖欠教授们的工资。正是由于这样，那一代教授基本都有非常优越的物质生活，其幸福指数绝对高得令人羡慕。

空言无凭，我们还是以一些名人的实际情况来证明吧。

话说在1917年8月，刚刚从美国留学归来的胡适来到北京大学，应校长蔡元培之聘出任文科教授，讲授中国哲学和英文修辞学课程。而此时，胡博士年仅26岁。26岁是什么概念？如果按照常规，今天许多人根本没读完博士。即使博士毕业有幸进入一所大学，也不可能一下就获得教授职称。当时刚参加工作的胡适，不但一入北大即被聘为教授，居然还能拿到260块银圆的月薪。这还不算，生活在北京这样的大城市里，他的工资基本是净赚，因为他不但能享受免费的教员宿舍，还能吃到极廉价而丰盛的饭菜。结果，没几个月，胡适便用结余下来的钱购置了一辆500元的小汽车。试想，有了如此丰厚的待遇，还有什么理由不好好工作，为国家的文化教育事业的发展繁荣尽心尽力？事实上，在北大任教期间，胡适完成了一项又一项学术成果，而且都是精品。

与胡适一样，享受优厚待遇的知识分子几乎比比皆是。例如辅仁大学（今北京师范大学的前身之一部）的教授英千里（著名演员英达的祖父）可算是名门之后，其父乃《大公报》的创始人。在留洋归来后，他选择进入辅仁大学当教授。当时英文水平极高的英千里还另外在北京大学和北京高师兼课教授英国文学。结果这三份薪水加起来，他最多时一月竟能挣到一千多块大洋。后来，由于喜欢清静，英教授索性在郊区（也就是现在的四环至五环之间）买地皮自建了一栋别墅。每年夏天，他便携家人来这里度假。由于当时公交系统不发达，他又买了一辆福特轿车。不但北京如此，外地的大学教授待遇也一点不差。像著名作家梁实秋，曾在国立青岛大学担任外文系主任兼图书馆馆长，其月工资也达到了400元。

工资高是一方面，当时的大学教授福利也好得令人羡慕。例如著名文学家闻一多，在34岁那年进入清华大学任教，月薪为340块大洋。而不久后，清华又在新南院专门建了一批西式住宅，闻一多便分得了一套。据说，这套寓所有卧房、客厅、餐厅、储藏室、仆役卧室、厨房、卫生间等大小房间共14间；电灯、电话、电铃、冷热水等设备一应俱全；房前甬道两侧有绿茵草坪，周围是冬青矮柏围墙，草坪中央放置一大鱼缸；书房宽敞明亮，四壁镶上顶天花板的书橱，窗下是书桌。有了如此优越的条件，教授们自然将全部心思花在教学和学术研究上。

如果要深入了解北洋时期教授们的收入情况，鲁迅无疑是最典型的例子了。在

第二章 曙光初现

自美国留学归来后到北大任教的胡适与同事们合影

后世许多人的心目中，鲁迅先生是一位安贫乐道、嫉恶如仇的知识分子，与当权者处处格格不入。然而在事实上，他的生活方式非常"小资"：在北京工作期间拥有自己的四合院，雇有女仆和车夫；后来在上海生活住着三层楼房，家里雇有两名女佣，并且经常带全家乘出租车看电影、兜风、赴宴席。这样的生活方式自然开销很大，需要稳定的高收入才能维持。不过我们不必眼红，因为鲁迅所有的收入都是他的劳动合法所得。

根据鲁迅留下的有关文字记录，后世一些研究者对其收入状况进行了认真研究，并得出了较为翔

闻一多，曾在清华大学任教授

照鉴北洋：历史影像背后的历史

第二章 曙光初现 zhaojian beiyang
lishi yingxiang beihou de lishi

20 世纪 20 年代的清华大学

实的数据。研究表明，从 1912 年在北京教育部任职到 1936 年去世的 24 年间，鲁迅总共收入 12 万多银圆。正是由于这样的高收入，鲁迅才能维持较为优裕的生活。在北京站稳脚跟后，为了把母亲、原配夫人朱安以及胞弟周作人一家接到北京合住，鲁迅又与周作人共同出资，花 3500 块银圆在北京新街口八道湾买下了一套大四合院。这笔钱对于当时普通工薪阶层而言虽然是巨款，但对于周氏兄弟实际上并不算多重的负担，因为兄弟两人的月工资总共已有 600 元左右（还不算额外收入），也就是说购房款仅相当于他们 7 个月的工资，压力并不算太大。1931 年年初，周作人仅靠出版译著就获得了 400 元稿酬，随即便用这笔钱在北京西郊买了两亩地，上面还有三间瓦房。他将此处作为自家的墓地，而鲁老太太后来就葬在那里。

都说经济基础决定上层建筑，这话一点不假。北洋时期的教授们既然有如此高

照鉴北洋：历史影像背后的历史

在厦门大学任教时的鲁迅

在北京任教时的鲁迅

第二章 曙光初现　zhaojian beiyang
lishi yingxiang beihou de lishi

鲁迅在北京旧居之一

周作人

的收入，生活自然无比惬意。工作之余，他们常常品茶听戏看电影，更是各大饭馆的常客。要知道，当时就是鱼翅席每桌总共也花不到20元呢。有趣的是，在当时教授最集中的北京，餐饮界还派生出好几道与他们相关的著名菜肴，并且直接以他们的姓氏命名，如"胡博士鱼""马先生汤"，据说就是胡适、马叙伦二位教授发明的。更重要的是，充足的经济实力也足以使人的腰杆硬起来。当时的大学基本上游离于政府体制之外，因此拿着高薪的教授们便敢于秉笔直书，在当权者面前保持自己独立的人格。

北洋时期之所以成为教授们的黄金时代，不仅表现在丰厚的经济收入上，每位教授高度的独立性也是很值得后人深思的。

提起北洋时期的高等教育，便不能不提到蔡元培。正是在蔡先生的倡导和坚持下，北京大学率先实行"教授治校"，开创了中国教育的新纪元。1912年，蔡元培出任南京临时政府教育总长。上任后，他便极力主张效仿德国大学制度，实行教授治校、民主管理。为此，他亲手起草《大学令》，其中明确规定"大学设评议会，以各科学长及各科教授互选若干人为会员，大学校长可随时召集评议会，自为议长""大学各科各设教授会，以教授为会员，学长可随时召集教授会，自为议长"。1917年1月，蔡元培出任北大校长，开始践行其"教授治校"的办学理念。上任后，他先是极力邀请陈独秀加入北大，出任文科学长，随后又先后聘请了胡适、梁漱溟、鲁迅等一大批社会精英。

在对北大的管理上，蔡元培也贯彻"教授治校、民主管理"的原则。他主持制定了《北京大学评议会规则》，同时组建了大学评议会，作为学校最高立法机关和权力机关，以让更多的教授议决立法方面的事。凡学校法规、学科的设立与废止、课程的增减与改革、聘请新的教授等重要事项，均须经评议会审核通过后，方可实施。评议会由评议员组成，校长为议长。评议员包括各科学长和主任教员、各科教授每科2人，由教授自行互选，任期1年。从1918年起，为让更多的教授参与学校事务，蔡元培根据《北京大学学科教授会组织法》，在北大各学门（系）设立教授会，规划各学科的工作。学科教授会主任由各学科教授互选，任期2年，无论教授、讲师、外国教员，都是会员。当时，北大共成立了11个学科门类的教授会，教授会对学科内部事务有很大的自主权，不受他人干涉。到1920年9月，蔡元培已在北大建构了颇为成熟的教授治校管理体系。当时数千人规模的北大，只有一位校长，没有副校长，校长办公室也只设秘书一人，处理日常往来函件。行政会议、教务会

蔡元培，近代中国高等教育的领导者之一

议、总务处三足鼎立，职责分明，各司其职，形成了民主高效的管理机制。由于享有高度的自由空间，因此当时的教授都敢于抵制政府、官僚对大学事务的横加干涉。1919年五四运动中，蔡元培因不满北洋政府对学生的态度而愤然辞职。6月15日，他发表《不肯再任北大校长的宣言》，其中提到："我绝对不能再做那政府任命的校长，为了北京大学校长是简任职，是半官僚性质……天天有一大堆无聊的照例的公牍。要说稍微破点例，就要呈请教育部，候他批准？我是个痛恶官僚的人，能甘心仰这些官僚的鼻息么？"

正是由于享有高度的办学自由，因此那个时代的北大能够容纳各路"神仙"，重用人才不拘一格，提高待遇毫不含糊，从而创造了近代教育史上的一个个神话。例如梁漱溟（1893—1988），他能进北大任教就堪称一个奇迹。起初，梁漱溟曾当过记者，并曾多次接近并采访过蔡元培。1917年蔡元培出任北大校长后，梁漱溟拿着自己的论文《穷元决疑论》登门求教。蔡元培告知："我在上海时已在《东方杂志》上看过了，很好。"让梁漱溟没有想到的是，蔡元培接着提出请他到北大任教并负责教授"印度哲学"的课程。梁大吃一惊，谦虚地表示，自己何曾懂得什么印度哲学呢？印度宗派那么多，只领会一点佛家思想而已，"要我教，我是没得教呀！"蔡先生回答说："你说你不懂印度哲学，但又有哪一个人真懂得呢？谁亦不过知道一星半点，横竖都差不多。我们寻不到人，就是你来吧！"梁漱溟总不敢冒昧承当。蔡先生又说："你不是喜好哲学吗？我自己喜好哲学，我们还有一些喜好的朋友，我此番到北大，就想把这些朋友乃至未知中的朋友，都引来一起共同研究，彼此切磋。你怎可不来呢？你不要是当老师来教人，你当是来共同学习好了。"蔡先生的这几句话深深打动了梁漱溟，他便应承下来。那时，梁漱溟年仅25岁，没有任何学历，只是司法部的一个小秘书。蔡元培却有这样的眼光和魄力，当即拍板将其延聘到北大担任教职。后来，梁漱溟动情地回忆了自己在北大七年的生活："七年之间从蔡先生和诸同事同学所获益处，直接间接，有形无形，数之不尽。总之，北京大学实在培养了我。"另一方面，梁漱溟也对北大早期的哲学教育贡献良多，他虽然年轻，所授之课在北大却是独一无二的，也颇受学生欢迎，听课者多达二百多人，由小教室换为大教室，学生中有冯友兰、朱自清等后来名动一时的学者。梁漱溟感叹说："年轻后辈如我者，听课之人尚且不少，如名教授、新文化运动代表人物如陈独秀、胡适之、李大钊等先生，听课者之踊跃，更可想而知了。由此可见，蔡元培兼容并包主张的实施和当时新思潮的影响，共同形成了追求真理的浓厚氛围，不仅感染北大师生和其他高校，且影响及于社会。生活在

近代著名思想家梁漱溟　　　　　　　　以"守旧"闻名的北大教授辜鸿铭

此种气氛中怎能不向上奋进呢！"后来，梁漱溟果然成为著名思想家，被视为现代新儒家的早期代表人物之一，有"中国最后一位儒家"之称。

至于北大历史上另一位著名教授辜鸿铭（1856—1928）的故事，则更是体现了当时知识分子们的幸运。辜鸿铭号称"生在南洋，学在西洋，婚在东洋，仕在北洋"，其人一生共获得13个博士学位，精通英、法、德、日、俄、拉丁、希腊、马来等9种外语，年过花甲还能背诵6100多行的无韵长诗《失乐园》并且一字不错，曾为六国使节充当翻译，被孙中山先生誉为"中国第一"。然而这位学贯中西的教授却反对西方的共和，热衷中国的帝制；视妇女缠足为国粹，把"一夫多妻"当作天理加以辩护；长年一副灰白小辫、瓜皮小帽和油光可鉴的长袍马褂。1917年，辜鸿铭接受了蔡元培的邀请，来到北京大学教英国文学和拉丁文。同时受到邀请的多数是一些"新派人物"，如陈独秀、李大钊、胡适、钱玄同等人。辜鸿铭和新派人物之间理念不同，经常打嘴仗。据说在上第一堂课时，学生们突然看见一个留黄色小辫、貌似洋人的老夫子登上讲台，顿时发出一阵爆笑。不料辜鸿铭却慢条斯理地说："你们笑我，无非是因为我的辫子，我的辫子是有形的，可以剪掉，然而诸位同学脑袋里的辫子，就不是那么好剪的啦。"由于孤僻古怪、行事出人意表，因此当时北大师生都称其为"辜疯子"。有意思的是，狂放不羁的辜鸿铭虽然喜欢骂人，包括慈禧太后、袁世凯、徐世昌等当权者，但却一直尊重北大校长蔡元培。据说在五四运动中蔡元培要辞职时，北大师生开展了挽留活动，辜鸿铭竟站出来高声喊："校长就是我们学校的皇帝，不能走！"林语堂曾这样评价说："英文文字超越出众，二百年来，未见其右。造词、用字，皆属上乘。总而言之，有辜先生之超越思想，始有其异人之文采。鸿铭亦可谓出类拔萃，人中铮铮之怪杰。"毫无疑问，蔡元培的认识是非常独到的。

客观地讲，北洋时期的民国的确战乱频仍、政治混乱，但同一时期的大学和教授却找到了空前绝后的乐土。无论是物质上还是精神上，这十多年绝对是他们的"黄金时代"。然而今天的人们千万不要以为，那时的民国真就值得向往，事实上，那只是极少数人的盛世，而对于绝大多数人来说，都绝对是噩梦般的境地。时隔百年，当今天某些"民国粉"想当然地歌颂那个时代的所谓"经济自由""社会开放""文化发达"时，殊不知这一切与绝大多数老百姓都是无关的。当那些教授们领着数百元大洋的月薪时，广大的男工一月收入仅大约是20元，女工只有13元左右，而童工则只有10元，至于农村贫民则更是食不果腹。更令人讽刺的是，尽管那个年代看起来是教授们的"黄金年代"，但其大背景无非是因为民国整体教育水平的极度落后。有数据显示，在1949年中华人民共和国成立之初，全国的文盲率竟高达80%，而另20%中又有很大部分属于仅认识几百个汉字的半文盲人！对这种社会状况颇为了解的陶希圣也感慨地承认，从小学到大学的基层等级，逐渐把贫苦子弟剔除下来，最贫苦的农工子弟们没有接受初等教育的机会。其中升入中学的少数青年，大抵处于中资或富裕的工商业、地主、官僚家族，大学则是所谓的上层社会，即大地主、金融资本家、工业资产阶级的领域，他们的子弟是最能进入大学的。

事实证明，北洋时期的大学教授们之所以能够享受所谓的黄金时代，无非是因为那时的高等教育只是少数人的权利。据统计，1912—1935年间，全国所有大学生、大专生、中专生加起来，一共也不足8万人。如此看来，跻身于大学教授之列的少数知识分子，能够享受短暂的"黄金时代"，也就不足为奇了。

五、新文化的痛与痒

1917年1月，《新青年》杂志的读者发现，在该杂志第2卷第5号上刊登了一篇题为《文学改良刍议》的文章，作者署名"胡适"。在这篇文章中，作者系统阐述了对文学改良的八条建议。从内容上看，这些建议可能在今人看来并无太多新意。然而在当时，这篇文章的发表却无异于一声惊雷，而作者本人也因此名声大震。一夜之间，国内几乎所有知识圈里的人都在互相打听，胡适是谁？此人现在何处？

不错，上面提到的胡适，正是近代中国最著名的知识分子，同时也是新文化运动主力之一的胡适。而在发表《文学改良刍议》时，26岁的胡适还在美国哥伦比亚大学杜威教授门下攻读哲学博士。血气方刚的胡适肯定不会料到，他在《新青年》上的这次亮相，不但将对自己的人生产生巨大影响，更成为新文化运动史上最重大的事件之一。

新文化运动的主力胡适（前排右一坐者）在美国留学时与同学的合影，1917年

说起来，从1915年9月陈独秀创办《青年杂志》（1916年9月第2卷第1号开始改名为《新青年》）起，新文化运动的序幕就算拉开了，而陈独秀本人所写的发刊词《敬告青年》则堪称新文化运动的宣言书。1917年春，随着陈独秀与《新青年》编辑部由上海来到北京，加上一大批进步知识分子聚集，《新青年》和北京大学成为新文化运动的主要阵地。这场运动高举"民主"与"科学"的大旗，即所谓"德先生"与"赛先生"，从政治观点、学术思想、伦理道德、文学艺术等方面向封建复古势力进行猛烈的抨击。在这场影响深远的运动中，涌现出一大批著名的文化界人士。可以说，在新文化运动天空中，闪烁着众多耀眼的明星。而在这些明星中，胡适无疑是最光彩夺目的那颗。

在中国近代文化史上，胡适绝对是知名度最高的人物之一，许多读者对于其简要生平也有较多了解。而其一生中的各个关键点，对于我们深层次认识新文化运动也有相当意义。

胡适（1891—1962），安徽人。近代著名学者、诗人、历史学家、文学家、哲学家。幼入私塾，后到上海新式学堂求学，初步接触西方思想文化，1910年考取"庚子赔款"第二期官费生赴美国留学，在康奈尔大学先读农科，1915年入哥伦比亚大学研究院，师从唯心主义哲学家杜威，接受了杜威的实用主义哲学观点。1917年回国后，任北京大学教授，同时加入《新青年》编辑部，积极提倡"文学改良"和白话文学，成为当时新文化运动的重要人物。

毋庸置疑，胡适在毕业前夕发表的那篇《文学改良刍议》为他赢得了一个极高的起点。当时他尚未毕业，正忙于博士论文的写作。然而在此文于《新青年》上刊登后，原本默默无闻的留学生胡适顿时暴得大名，一跃成为国内知识界谈论的话题。尽管他还没有拿到博士学位，但时任北京大学校长的蔡元培已急不可耐地破格聘其为教授。就这样，时年仅26岁的胡适不经意间成了空前绝后的"海归"。回国后，他出任北大教授，后又任文学院院长，并迅速成为新文化运动领袖级的人物。

不过，胡适的成功并不是只靠幸运。实际上，他之所以能在近代文化界长期屹立不倒，绝非浪得虚名。想当年，由于他振聋发聩地将文言文称作"半死文字"，极力提倡白话文，并在对旧文化的批评中发表了很多影响一代青年的文章，因此被誉为"青年导师"。在北大期间，胡适还培养了傅斯年、罗家伦等青年才俊，这些人在稍后的五四运动中都成为得力干将。受胡适的影响，《新青年》从1918年1月出版第4卷第1号起改用白话文，采用新式标点符号，刊登一些新诗。而在《新青年》的影响下，国内许多报刊纷纷改用白话文。所有这一切，都对新文化运动的全面推进起了重要作用。正因如此，人们一般将胡适与蔡元培、陈独秀并称为"新文化运动的领军人物"。在他们之下，则是李大钊、钱玄同、鲁迅、陶孟和、高一涵、周作人、刘半农等干将。

胡适之所能成为新文化运动的领军人物之一，很大程度上缘自他在白话文方面的贡献。他不但是白话文运动的大力倡导者，而且是亲身实践者，为此还专门创作了许多白话诗歌。1917年2月号《新青年》杂志上，就刊登了他创作的一首题为《蝴蝶》的白话诗："两个黄蝴蝶，双双飞上天。不知为什么，一个忽飞还。剩下那一个，孤单怪可怜。也无心上天，天上太孤单。"这首诗据说是近代中国第一首白话诗，不过即便在今人看来，其诗意也过于浅露。

对于胡适所大力倡导的白话文运动，当时的一批大牌学者如黄侃、林纾、章士钊等人纷纷表示反对。尤其是黄侃，更是经常对胡适冷嘲热讽。说起这黄侃，此人乃国学大师章太炎的大弟子，向来以恃才傲物、尖酸刻薄闻名。有一次，黄侃对胡适说："你提倡白话文，不是真心实意！"胡适问他何出此言。黄侃正色回答道："你要是真心实意提倡白话文，就不应该名叫'胡适'，而应该名叫'到哪里去'。"还有一次，黄侃在讲课中赞美文言文的高明，举例说："如胡适的太太死了，他的家人电报必云：'你的太太死了！赶快回来啊！'长达11字。而用文言则仅需'妻丧速归'4字即可，仅电报费就可省三分之二。" 对于此类攻击，胡适也曾予以反驳。有一天在课堂上，当他大讲白话文的好处时，有位学生不服气地问："胡先生，难道说白话文一点缺点都没有吗？"胡适微笑说："没有"。这位学生想起黄侃关于文言文电报省钱的论调来，反驳道："怎会没有呢，白话文语言不简洁，打电报用字就多，花钱多。"胡适说："不一定吧。要不我们做个试验。前几天，行政院有位朋友给我发信，邀我去做行政院秘书，我不愿从政，便发电报拒绝了。复电便是用白话文写的，而且非常省钱。同学们如有兴趣，可代我用文言文拟一则电文，看看是白话文省钱，还是文言文省钱。"于是学生们便纷纷拟稿，最后胡适从电稿中挑出一份字数最少的且表达完整的，其内容是"才学疏浅，恐难胜任，恕不从命。"胡适念毕，不无幽默地说："这份电稿仅12个字，算是言简意赅，但还是太长了。我用白话文只需5个字：干不了，谢谢。"随后胡适解释道："干不了"已含有才学疏浅、恐难胜任的意思，而"谢谢"既有对友人费心介绍表示感谢，又有婉拒之意。可见，语言的简练，并不在于是用白话文，还是用文言文，只要用字恰当，白话也能做到比文言文更简练。

作为新文化运动的旗手，胡适还以批判中国传统文化而著称。五四运动前后，一

照鉴北洋：历史影像背后的历史

在美国留学时的胡适

大批忧国忧民的知识精英痛切地感到，中国古老的文化中有许多落后、封闭甚至是野蛮的东西。中国文化与西方文化在本质上是迥然不同的：中国传统文化中存在腐朽和没落的部分，而当时的西方文化展示出来的多是人类的文明和进步。在这方面，胡适表现得相当激进。他曾在许多场合表明我们百事不如人，中国的几千年、几百年之久的固有文化，是不足迷恋的，是不能引我们向上的，是与现代文明相脱节的，甚至发表过一些惊人言论。总而言之，在新文化运动期间，胡适是国内主张全盘西化的代表人物之一。然而随着时间的推移，在不同的场合，他又表现出一种令人难以理解的矛盾性。特别是在国外，他又大讲特讲中国传统文化的好处："虽说西方文明有那许多令人敬慕的美德，但儒学及新儒学哲学大师所教导的旧道德仍构成中国民族、中国文化的脊梁，不能贬弃。"

巧合的是，新文化运动期间，胡适的情形并不是孤立的个案。有些知识分子，在批判传统文化方面，态度甚至远比他激进，而他们本人身上所体现的矛盾性同样发人深思。在这方面，钱玄同无疑是最具代表性的一位。

钱玄同（1887—1939），浙江吴兴人，号疑古，新文化运动的代表人物。在1918—1919年间，钱玄同曾出任《新青年》杂志的编辑。正是在这期间，由于他的极力鼓动，鲁迅才写出了著名的白话小说《狂人日记》。当该小说在《新青年》1918年4月号发表后，顿时在国内引起了巨大反响，而鲁迅本人也由此成为新文化运动的主将。而若论在学术上的功力，钱玄同无疑是新文化运动众多干将中最深厚的。他早年赴日留学，曾加入中国同盟会，后与鲁迅、黄

陈独秀

刘半农

鲁迅

作为新文化运动反对派学者的
黄侃

进入中年后，当年作为新文化运动干将的
胡适在思想上发生了很大变化

第二章 曙光初现

侃等同入国学大师章太炎门下，主要研究音韵、训诂及《说文解字》。然而就是这样一位语言文字学大家，却在回国后开始不遗余力地反对文言文，提倡白话文。在以他和胡适等人为代表的倡议和影响下，《新青年》于1918年第4卷第1号始用白话文出版。

与性情温和的胡适不同，新文化运动中的钱玄同给人的第一印象便是刚猛而偏激，并因此而时常招致非议。关于这一点，就连他本人也承认。由于大力提倡白话文，年轻气盛的他甚至鼓吹过"废除汉字"，称"汉字不死，中国必亡"，并直言不讳地说："我再大胆宣言道：欲使中国不亡，欲使中国民族为二十世纪文明之民族，必以废孔学、灭道教为根本之解决，而废记载孔门学说及道教妖言之汉文，尤为根本解决之根本解决。"而当与保守派论战时，钱玄同居然曾在报纸上宣称："人到40岁就该死，不死也该枪毙。"正因如此，他成了一个"走到哪里，哪里就会响起了叫骂声"的争议人物。

然而，就是这样一位偏激的文化改革家，却在某些方面表现得比传统人士还传统。钱玄同出身于一个旧官吏家庭，因此对"三纲五常"等旧礼教最痛恨，反对也最坚决。但在屡屡发表激烈言论的同时，他自己却是一个极守礼法的人。虽然他公开表示反对包办婚姻，主张自由恋爱，但其本人却与由哥哥包办的妻子关系非常和谐。妻子身体不好，他关心体贴，照顾周到。当有人以其妻子身体不好为由劝钱玄同纳妾时，他严词拒绝。可以说，钱玄同一生在思想上极为前卫，但其本人在行动上却非常严谨。对于自己身上的这种"矛盾"，他曾这样解释："三纲像三条麻绳，缠在我们的头上，祖缠父，父缠子，子缠孙，一代代缠下去，缠了两千年。新文化运动起，大呼解放，解放这头上缠的三条麻绳。我们以后绝对不许再把这三条麻绳缠在孩子们头上！可是我们自己头上的麻绳不要解下来，至少新文化运动者不要解下来，再至少我自己就永远不会解下来。为什么呢？我若解了下来，反对

钱玄同

钱玄同与另一位新文化运动干将刘半农一起在编辑《新青年》

新文化维持旧礼教的人,就要说我们之所以大呼解放,为的是自私自利,如果借着提倡新文化来自私自利,新文化还有什么信用?还有什么效力?还有什么价值?所以我自己拼着牺牲,只救青年,只救孩子!"的确如此,到中年时,他果然大力支持长子秉雄自由恋爱,并表示做父母的绝对不干涉。

如果说钱玄同言语上的偏激与行动上的传统还可以理解的话,那么另一位新文化运动风云人物吴虞的故事则令许多人感到费解。

1921年6月,胡适在《吴虞文录·序》一文中曾热情洋溢地写道:"我给各位中国少年介绍这位'四川省只手打孔家店'的老英雄——吴又陵先生!"这也是新文化运动首次提出"打孔店",后来又阴差阳错地被说成是"打倒孔家店"。那么,这吴又陵究系何人,竟能引得胡适如此钦佩呢?

吴虞(1874—1949),字又陵,四川人。早年留学日本,归国后任四川《醒群报》主笔,鼓吹新学。1910年任成都府立中学国文教员,后来到北京大学任教,并在《新青年》上发表《家族制度为专制主义之根据论》《说孝》等文,猛烈抨击旧礼教和儒家学说，在五四时期影响颇大，曾被胡适誉为"中国思想界的清道夫""四川只手打孔家店的老英雄"。

作为民国初年反旧礼教和旧文化的著名人物，吴虞最重要的思想就是批判儒学，揭露吃人的"礼教"。他批判儒学中"以孝为中心"的封建专制和家族制度，认为中国要得到真正的共和，就必须除去君主专制与家族制度，而儒家伦理学说、社会组织上的家族制度，和政治上的君主专制制度联系在一起，必须加以批判。五四运动前后，他在《新青年》上发表《吃人与礼教》《家族制度与专制主义之根据》等文章，大胆抨击封建礼教和封建文化，被称为是攻击"孔教"最有力的健将，在当时曾引起了巨大的反响。另外，吴虞还对封建专制礼教对妇女的压迫进行了批判和揭露，1917年6月1日，他以妻子吴曾兰名义发表文章《女权平议》，主张男女平等，为中国妇女解放而呐喊。

遗憾的是，言论上的进步是一方面，生活中的做人又是另一方面。就吴虞而言，他毫无疑问是新文化运动中人格最分裂的典型代表。在成都教书期间，由于所发表的一系列激烈言论，加上与父亲之间恶劣的关系，吴虞遭到四川教育界的围攻。危难之际，新文化运动的堡垒北大向他伸出了援手。1921年夏天，在陈独秀、胡适等人的力荐下，吴虞前往北京，任教于北京大学，同时在其他几个大学兼课，这段时间可以说是吴虞人生最为辉煌的时期。刚到北大授课之时，学生们慕其盛名，选课者最多，为北大国文系前所未有。不过由于他的才学毕竟有限，结果这种座无虚席的情况并未维持多久，因为他的课讲得实在令人不敢恭维。而就在这时，吴虞本人身上自私、专制、封建守旧的性格却开始暴露出来。

首先是他与女儿的关系迅速恶化，双方的矛盾几乎无法调和。若单从对家庭关系的处理上来看，吴虞本人要承担

新文化运动中激烈反对旧礼教和旧文化的著名人物吴虞

最大的责任。因为一个正常的中国知识分子，怎么可能既与自己的父亲势同水火，又与自己的女儿形同陌路呢？而在矛盾面前，他却总是抱怨别人不为他着想。他曾在日记中这样说自己的女儿："玉方不甚解事，字尤恶劣，以此程度来京留学，将来未知何如，恐徒累老人耳。"心情糟糕时，他甚至这样概括骨肉亲情："当自觉悟，宁我负人，毋人负我，不仅曹孟德为然，恐世上骨肉亦多不免。"或许，这种情形也正是导致他激烈反对儒家礼教的原因吧！

　　再说个人作风方面。五四时期的知识分子虽然曾掀起过离婚热潮，但人家起码是建立在新式爱情基础上的，在品德上可挑不出大毛病。而在这方面，吴虞却与旧式的文人没有什么两样，甚至有过之而无不及。到北大任教后，吴虞（当时已40岁）一下子过上了优裕的生活。当时他的月薪为200块大洋，在老家还有大量田产，属于典型的"白领兼地主"。然而即便如此，他却对亲生女儿极其刻薄，拒绝出钱供其读书。与此同时，来到北京这样的大都市后，吴虞似乎焕发了"第二春"。他一方面派人监督老家的妻子是否恪守妇道，另一方面自己却经常去"红灯区"逍遥快活。为了赢得一位名叫娇玉的妓女的欢心，他甚至写了几十首《赠娇寓》的破诗，不但印成诗单供妓院散发，还恬不知耻地投稿在《顺天时报》等报纸公开发表。对于这样的导师，学生自然不再信任。最后，当原本颇为欣赏他的胡适等人也表示失望之后，吴虞只好灰溜溜地返回成都。在老家，他为了完成生一儿子的夙愿，竟在59岁之年纳了一个16岁的小妾，结果名声扫地，最终在寂寞寥落中度过了自己的余生。正因如此，后世一些研究者毫不客气地将吴虞归为不可理喻之流。

第三章 三教九流

身逢"乱世",自然会出现各路"英豪"。20世纪最初的20年,无疑是中国近代历史上最富戏剧色彩的一个时代。除了那些唱主角的军阀、政治家、文人之外,另有形形色色的传奇角色出现在这个舞台上,而他们的出现,也在很大程度上使这个时代显得更加多姿多彩。

一、乱世督军

如果仔细琢磨，相信许多人都会发现，中国历史的发展似乎总有轮回：一大段时间的政治太平之后往往会迎来短暂的混乱，然后又是一大段时间的太平。提起北洋军阀时期，人们通常会将其与历史上的东汉末年、五代十国相提并论，最主要的原因便是军阀混战局面的出现。而结合北洋时期诸位军阀的个人特点，有学者甚至干脆称这一时期为"五代式的民国"。的确，五代十国期间，众多出身微贱的大老粗居然能割据一方，称王称霸，而北洋时期的许多军阀也有类似的情况，例如卖布出身的曹锟、穷秀才出身的吴佩孚、"胡子"出身的张作霖、土匪出身的张宗昌……

所谓军阀者，即以武力作为政治资本、拥兵自重，占有土地和资源的军人集团，其主要目的则在于扩充地盘。整个北洋时期，自袁世凯死后，中央统治集团便再没有出现过拥有实质控制力的首脑，因此地方实权便最终落入各路督军手中。而随着袁世凯的死去，这班督军便陷入无休止的混战之中。在整个北洋时期，最主要的军阀便

北洋时期的督军们

有皖系、直系、奉系、晋系、浙系、桂系、粤系、湘系、黔系、滇系、川康军阀、新疆军阀等14个集团。除此之外,在各省区内还存在着大大小小的地方军阀武装,他们时而依附甲派,时而又投靠乙系,时而又另立山头,此类的军阀更是数不胜数。

生逢乱世,谁不想做英雄?为了结束这种混乱的政治局面,当时也曾出现一两位雄心壮志者,试图凭借自己的实力完成民国的统一。想当初在袁世凯死后,段祺瑞成为北洋集团内实力最强者,然而一场直皖战争,不但使他"武力统一"的梦想成为泡影,其本人也从此元气大伤,再也没有翻身。段祺瑞之后,秀才出身的直系军阀吴佩孚一度也大有统一全国之势,甚至还因此成为美国《时代》周刊的封面人物。然而好景不长,他的"武力统一"蓝图也在第二次直奉战争中毁于一旦。随着这些北洋大佬的相继覆灭,下面的那些大小督军们自然可以各显神通了。由于这个群体鱼龙混杂,所产生的历史影响也不尽相同。

在北洋时期数以百计的大小军阀中,奉系集团的张宗昌无疑要算名声最差的一位。此人没上过一天学,大字不识几个,基本属于文盲级别的主。由于从小即嗜赌如命,山东当地人称玩牌九叫"吃狗肉",因此人送绰号"狗肉将军"。因为他盘踞山东期间祸害百姓尤甚,所以百姓都视其为"混世魔王"。尽管人品极差,声名狼藉,但在

张宗昌,北洋军阀中名声最差的一位

张宗昌手下的白俄兵

那个乱世,张宗昌居然能在军阀群体中混迹20年,也算是近代中国的一大悲剧了。

张宗昌(1881—1932),字效坤,山东掖县人,因家境贫寒,从小便跟着土匪头子混饭吃。16岁时与同乡去闯关东,曾参与修建中东铁路,后又返回家乡当土匪,并拉起了自己的队伍。辛亥革命爆发后,张宗昌带着自己的队伍投靠山东民军都督胡瑛,不久随军到上海,在陈其美部下任光复军团长,1913年升任江苏陆军第三师师长。二次革命时,张宗昌在前线倒戈,投靠北洋将领冯国璋,从此成为直系军阀的一部。1916年冯国璋出任代理总统时,张宗昌曾任侍卫武官长。1918年出任江苏第六混成旅旅长,改任暂编第一师师长,1921年被江西督军陈光远打败后又去投靠曹锟,被拒绝后转而远赴东北投靠奉系军阀张作霖。自从为奉系效力后,张宗昌时来运转。先是被任命为吉林省防军第三旅旅长兼吉林省绥宁镇守使,又凭借吸纳大批白俄逃兵而成为实力派人物。说实话,这个小混混能够多次化险为夷,一步一步成为拥兵自重的中号军阀,还真有些非同凡响之处。据说有一次,张作霖听说张宗昌的部队军纪散漫,胡作非为,便派亲信郭松龄前去整肃。正规军校毕业的郭松龄,早就对匪气十足的张宗昌看不惯,一心要借机拿他开刀。因此在视察后者的军队时,郭松龄张口便骂。谁知张宗昌居然舔着脸说了几句不知羞臊的话,随即便给郭松龄跪了下来,害得比张宗昌年轻好多岁的郭松龄顿时面红耳赤说不出话来。随后张宗昌又向他"发射"了许多糖衣炮弹,竟使郭松龄复命时在张作霖前为其大说好话,而张作霖也从此对张宗昌更加信任。仅凭这厚脸皮的绝招儿,张昌宗可傲视群雄了。

张宗昌还有一个绝招儿,便是打造了一支极具特色的"国际部队"。原来当时恰逢俄国十月革命,大批白俄军队逃亡至中国东北地区。但张宗昌却独具慧眼,不惜血本将这批流亡军人收罗至麾下,其人数将近一万左右,成功创造了一项"变废为宝"的案例。虽然他本人实际上对治军一窍不通,但却看准了中国军人多年来存在的"惧洋"心理。所以每逢交战时,他便让这些高个子蓝眼睛的白俄大兵冲在前面,而对方一看这阵势,无不望风而逃。

在北洋那个特殊的年代,张宗昌愣是凭借这"一招鲜"吃遍天下。1924年9月,第二次直奉战争爆发,张宗昌被张作霖提升为第一军副军长,率部向关内进击。10月,直系冯玉祥发动北京政变,囚禁贿选总统曹锟,奉军乘势进占华北。不过令张宗昌郁闷的是,虽然奉系大获全胜,但自己所捞到的好处却实在有限。因为他虽然当上了第一军军长,但却始终没有自己的地盘。在张作霖的支持下,张宗昌一度南下进逼江浙,迫使江苏军阀齐燮元(属皖系)仓皇逃离南京,随后又率部进入上海。眼看形势不妙，浙江军阀孙传芳赶紧投其所好，派人赶往上海，把所有妓院、赌场、酒市都包下来，供张宗昌天天花天酒地、寻花问柳，这才使后者放弃了攻取浙江的打算。不久后，经过张作霖与段祺瑞执政府的一番讨价还价，张宗昌于1925年4月回到老家山东，出任山东省军务督办并自兼省主席，终于踏踏实实做了一回地方军阀。

在其势力鼎盛时期，张宗昌堪称名副其实的"三不知将军"：不知自己有多少兵，不知自己有多少钱，不知自己有多少老婆。所谓"三不知"，实际上指他这三样东西特别多。

不知自己有多少兵，是因为张宗昌作为老牌土匪，总有无数弟兄不断投奔，致使其军队规模日益膨胀。据说他管理军队的原则就是多一千人就增加一个团，多一万人便增加一个师，以这样的速度发展，其手下自然不知有多少兵了。由于兵员太多，军费开支也随之上涨。虽然张作霖不断增加他的拨款，但依然入不敷出。为了解决军费问题，张宗昌竟在自己的地盘内公开种植罂粟，大肆从事鸦片买卖；不知自己有多少钱，是因为他在搜刮百姓方面极为在行。特别是在山东统治期间，张宗昌更是将这块富庶之地当成自己的钱袋子。与大多数老观念颇为浓厚的军阀不同，此人毫无心肝。在山东短短的三年间，他制定了各种苛捐杂税，横征暴敛。为了敛财，他专门设计了一种"军用票"，他手下的士兵买东西时可以不付钱，拿这种票就当现金使用，但又规定老百姓找零时必须找现金。依靠这些强盗一样的手段，张宗昌前后捞了多少钱，他自己肯定不知；至于第三个不知，也算得上北洋时期的著名段子了。假如有人问张宗昌有多少个老婆，他自己的确不知。这位土匪军阀可谓标准的吃喝嫖赌抽，一个都不能少，无论走到哪里，碰到中意的女人便收为己有。由于这种做派，他随身"携带"的小老婆就很多，甚至还有好几个"洋女人"，真称得上是"八国联军"。不管走到哪里，他都乐意将一干姨太太带上，甚至出入外国使馆也不例外，仅这一点就使他享有广泛的"国际声誉"。在收罗姨太太之余，张宗昌还喜欢到处逛窑子，看上哪个女人就带走，然后租间房子，外面挂上"张公馆"的牌子，再派上个卫兵，就算又多了一位姨太太。不过几天以后这个姨太太就被忘记了，卫兵也自然开溜了，该张氏"姨太太"便重操旧业。于是当地男人来光顾时便会互相招呼：走，跟张宗昌老婆睡觉去！而宽宏大量的张宗昌即便知道了此事，也只是一笑了之。

令人好笑的是，张宗昌这样一位粗鄙之人，居然也常常大发雅兴，甚至还留下了许多草根诗，结果无意间留下了一段"经典"的民国笑谈。据说在盘踞山东期间，张曾经花重金请出清末状元王寿彭做山东教育厅厅长，并拜王为师，让这位状元公教他作诗。功夫不负有心人，在王的精心辅导下，张宗昌当真出了一本名为《效坤诗抄》的诗集（效坤为张宗昌的字），并在亲友间内部发行。问题是，如果读者翻开这本诗集，相信所有人都会笑得岔了气的。如若不信，就请欣赏其中流传最广的几首：

《笑刘邦》
听说项羽力拔山，吓得刘邦就要窜。不是俺家小张良，奶奶早已回沛县。
《俺也写个大风的歌》
大炮开兮轰他娘，威加海内兮回家乡。数英雄兮张宗昌，安得巨鲸兮吞扶桑。
《游泰山》
远看泰山黑糊糊，上头细来下头粗。如把泰山倒过来，下头细来上头粗。
《咏闪电》
忽见天上一火镰，疑是玉皇要抽烟。如果玉皇不抽烟，为何又是一火镰？
《大明湖》
大明湖，明湖大，大明湖里有荷花。荷花上面有蛤蟆，一戳一蹦跶。
《游蓬莱阁》
好个蓬莱阁，他妈真不错。神仙能到的，俺也坐一坐。靠窗摆下酒，对海唱高歌。来来猜几拳，舅子怕喝多！
《下雪》
什么东西天上飞，东一堆来西一堆，莫非玉皇盖金殿？

行文至此，不由人感慨万分。这样一位不学无术、祸害百姓的主，也算是民国史上的一大"奇迹"了吧？幸运的是，这样的人物注定要成为历史的匆匆过客。对张宗昌的所作所为，山东百姓无不恨之入骨。据说山东在民国年间曾流传这样一首民谣："张宗昌，坐济南，中华民国十五年。抓大车，拉子弹，抓小车，推洋面，抓壮丁，上前线，阎王不知小鬼怨……"没过几年，随着国内局势的突变，这"混世魔王"的好日子也就到头了。

1926年夏，南方国民革命军开始北伐。年底，张作霖进驻北京任安国军总司令，张宗昌为副司令。其间，匪气成性的张宗昌还干了杀害著名记者林白水的勾当。1927年初，在北伐军打击下，张宗昌率领的直鲁联军节节败退，5月，北伐军攻下了蚌埠、徐州，张宗昌率残部退回济南。后来，在与冯玉祥部的交战中，他又不顾江湖规矩，枪杀了冯军第八方面军副总指挥郑金声。1928年6月4日，张作霖在皇姑屯被日军炸死，失去了靠山的张宗昌被迫流亡日本，几年后才回到济南。1933年9月3日下午，当他准备在济南乘火车去天津时，突然遭到刺客的枪击，当即死亡，而刺客正是郑金声的儿子郑继成。

在北洋时期，姓张的军阀似乎尤其多。早在张宗昌成名之前，中国的南方也出现了一位臭名昭著的张姓军阀，此人便是祸害湖南好几年的军阀张敬尧。

张敬尧（1880—1933），字勋臣，安徽霍邱人。与张宗昌同样出身贫寒，没读过书。有趣的是，张敬尧的父亲显然望子成龙心切，竟分别为四个儿子起名叫敬尧、敬舜、敬禹、敬汤，将上古圣人全都占全了。不过由于家境贫寒，改变张家命运的重担便落在了老大身上了。好在那是一个不按常规出牌的时代，因此张敬尧虽然不可能靠知识改变命运，但却可以走其他的门道光宗耀祖。与张昌宗类似，张敬尧从小就不是个善茬儿。他在粮店当过学徒，因不甘做童工而独自到社会上去闯荡。虽然不务正业，但他却在赌博方面显示出过人的天赋。据说此公虽不识字，记忆力却好得惊人。一副扑克牌，只要让他摸两次就认得每一张牌，以至于每逢赌博时根

曾祸害湖南百姓的军阀张敬尧

本不用看牌就能赢。后来，有人劝他去参军，说不定能混出点名堂来呢。就这样，张敬尧于1896年跑到天津，参加了袁世凯的北洋新军，并凭借着小聪明在军校混了张文凭，由此成为一名北洋军官。到辛亥革命时，他已成为第三镇十一协二十二标标统，后被提升为团长。到1914年时，由于安徽同乡段祺瑞的提携，升为陆军第七师师长，调驻北京。1917年段祺瑞出任国务总理，其被任命为苏鲁豫皖边境剿匪督办。

对于北洋时期的军阀而言，最宝贵的是什么？是地盘。为了获得属于自己的地盘，踏踏实实经营自己的"小王国"，张敬尧积极支持段祺瑞的武力统一政策。1918年年初，直系军阀吴佩孚进军湖南的湘潭、衡阳，而张敬尧则乘机率第七师进驻长沙。不久，心存偏袒的段祺瑞任命张敬尧为湖南督军兼署省长，却把进攻湖南

立功最大的吴佩孚晾在一边，气得吴直骂段祺瑞瞎了狗眼。

别看张敬尧没什么文化，这老兄倒是一肚子的地域观念。身为安徽人又属于皖系的他，一向自视为北方人，因此对南方人怀有很深的偏见。在入驻湖南后，他便放纵自己的手下杀人放火，无恶不作，以至于湖南百姓都私下里称他为张"毒菌"（督军）。可以说，在当时的北洋军队中，张敬尧的第七师是纪律最坏的一支。既然好不容易成了"湖南王"，张敬尧又想尽一切办法进行搜刮。他不但巧立名目，横征暴敛，还公然侵吞国有资产，大肆倒卖湖南的矿产资源。就连他的几位兄弟，也仗着哥哥的势力在湖南称霸一方，大发横财。对于他们的恶行，湖南百姓极为愤怒，曾有人写了这样一副对联予以讽刺："堂堂手张，尧舜禹汤，一二三四，虎豹豺狼。"为了敛财，张敬尧几乎什么招儿都想得出来。在盘踞湖南期间，他最大的政绩便是开了许多家赌场、烟馆和妓院，闹得长沙乌烟瘴气。

1919年9月，张敬尧忽然心血来潮，要为自己大办40岁寿辰，而实际上意在借机收受红包。为此，他还厚着脸皮让自己的兄弟张敬汤开设了一个"大庆筹备处"。接下来，张敬汤便派人通知各大饭店，令其选派最佳厨师限时报到，并报上各自的拿手绝艺，以便统一调遣。敛财有道的张敬汤还把400桌寿筵分为4个等级，分别是1000元、500元、300元、200元的标准。随后，"大庆筹备处"就广发请柬，据说前后共发出三千多份。粗略算一下，如果这场寿辰办成了，张敬尧将有多少银子进账？

更可恶的是，张敬尧居然大肆克扣湖南的教育经费，从而引起了公愤。要知道，在北洋时期，虽然军阀中有不少混账，但即使如张宗昌之辈也对教育事业颇为热心，在社会各界的观念中，"再穷不能穷教育"这句口号可不是空喊的。更何况，自晚清以来，湖南可是全国著名的教育发达之地，一向开风气之先。而今，蛮不讲理的张敬尧不但把湖南的教育经费削减了大半，后来还规定发经费时，要搭发贬了值的裕湘银行纸币，到最后索性把教育经费提充军饷，兼饱私囊，以至于湖南各校校长被迫借债度日，教师们则多日领不到薪水。忍无可忍之下，长沙全城教职员于1919年11月发起了总辞职活动，学生也发起罢课运动。12月2日，为了抗议日本人在福州的侵略行径，长沙学生又展开了抵制日货运动。不料混账的张敬尧竟派兵前来干涉，对学生进行武力镇压。

面对张敬尧的胡作非为，湖南人民再也不能保持沉默了。湖南是什么地方？要知道，这里可是晚清以来历次革命的主要策源地。为了脱离苦海，湖南各界联合起来，发起了声势浩大的"驱张运动"。"驱张运动"爆发后，长沙各界派出代表团分赴京、沪、衡阳等地扩大宣传。在学生们的感召下，湖南籍的社会名流熊希龄、谭延闿、范源濂等人也愤而加入"驱张运动"。湖南请愿代表团到达北京后，一部分主要向政府控诉张敬尧侵占学校，停发教育经费，驱逐教育界名人等罪行；一部分则陈述张敬尧纵兵殃民及贪污搜刮种种事实。北洋教育界元老范源濂还亲自向大总统徐世昌呈交了书面材料，其中愤慨地写道："如以湘省为中华民国之土地，湘人为中华民国之人民，则请先去祸湘之人，更施福湘之政。"对于湖南人民的呼声，当时的北洋政府也表示同情。然而由于张敬尧受到段祺瑞的庇护，就连内阁总理靳云鹏也只能无奈地表示，政府虽然也想撤换张敬尧，但实在无能为力。

既然北京的中央政府也动不了张敬尧，湖南各界便将希望寄托在两方面，一是直系军阀吴佩孚的干涉，一是湖南本土军队湘军的武装斗争。当时吴佩孚驻扎在湖南衡阳，而他与张敬尧之间向来矛盾重重。因此，当湖南代表前来衡阳诉苦时，吴佩孚表示，自己对湖南百姓深表同情，会尽快将代表团的"驱张"愿望上报政府。不过他表示，自己对于向南发展并无兴趣，更无意入主湖南。如果湖南人实在有决心驱逐张敬尧，届时湘军与其交战时他将不予过问。于是在吴佩孚撤军衡阳后，湘军便向张敬尧发动了进攻。虽然他们只有3000人左右的兵力，装备也很落后，但却是主场作战，占据了天时、地利、人和。在赵恒惕的率领下，湘军果然势如破竹，而张敬尧则灰溜溜地逃离湖南。

被湖南人民轰下台后，张敬尧又在北洋军阀圈内混迹了一阵子，1920年走投无路时居然觍着脸投奔了当年的死对头吴佩孚。不过在第二次直奉大战中，随着吴佩孚的惨败，张敬尧又沦为国民军的俘虏。虽然国民军司令冯玉祥最终饶其一命，但恶性不改的张敬尧在九一八事变中又投靠了日本人，结果于1933年5月7日被南京国民政府的"锄奸救国团"击毙，结束了其罪恶的一生。

如果您以为北洋时期的督军个个都是祸国殃民的主儿，那就有失偏颇了。实际上在这个群体中，既有像张宗昌、张敬尧这样的混账角色，却也有保境安民、造福一方者，山西军阀阎锡山无疑就是最典型的代表。

阎锡山（1883—1960），字百川，山西五台人，民国时期历任山西省都督、督军、省长，堪称"百年不遇的政治不倒翁"。阎锡山早年留学日本，毕业于陆军士官学校，后加入中国同盟会，1911年组织与领导了太原的起义，随即被推为都督。由于他总能在关键时刻站好队，因此在此后近40年间始终控制着山西。袁世凯出任大总统后，身为中国同盟会会员的阎锡山却被任命为山西都督，此后历经二次革命、袁世凯称帝、护国战争、"府院之争"等政治风波，他都能屹立不倒。1916年7月，改任山西督军，1917年9月兼任省长，从此山西的军政大权完全掌握在了他手中。

在民国初年那个军阀混战的年代，身为晋系军阀首领的阎锡山逐渐摸索出一条具有"山西特色"的发展道路。在政治上，他奉行"三不二要"主义，即"不入党、不问外省事、不为个人权力用兵，要服从中央命令、要保卫地方治安"，即所谓"保境安民"。与张宗昌、张敬尧等人在统治地盘内胡作非为、祸害百姓不同，阎锡山算是一个素质较高的军阀，他充分认识到山西就是自己的立足之本，而想要求生存、谋发展，首先就必须认真经营这片土地。因此在大多数情况下，他都拒绝参加军阀混战，从而使

山西军阀阎锡山，一位与张宗昌、张敬尧之流截然相反的地方军阀

山西维持了较长时间的和平与安定。对内以"兴利除弊"为施政大要，于1917年10月发表"六政宣言"，成立"六政考核处"，推行水利、蚕桑、植树与禁烟、天足、剪发（男人剪辫子），后来又增加种棉、造林、畜牧，合称"六政三事"。1918年4月以后，阎锡山又推行积极发挥民众作用的"用民政治"，提倡发展民德、民智和民财。他认为行政之本在村，又推行"村本政治"，即改编村制，以5户为邻设邻长，25户为闾设闾长，村设村长，代行警察职务，加强行政管理；颁布《人民须知》和《家庭须知》，宣扬以儒家思想为中心内容的封建伦理道德；又整理村政，颁布《村禁约》，设立村公所、息讼会、监察会、人民会议等机构，对有贩卖和吸食毒品、窝娼、聚赌、偷盗、斗殴、游手好闲、忤逆不孝等行为的人进行感化教育和处罚；成立"保卫团"，对青壮年进行军事训练。经过阎锡山的一番苦心经营，山西暂时出现了社会比较安定、生产有所发展的局面，并吸引河南、山东、河北等邻近省份的灾民大量涌入山西。

与此同时，阎锡山还大力发展山西的教育事业，并一度领先于全国。难能可贵的是，他很早就推行国民义务教育。到1916年，山西每万人中有小学生290名，居各

徐树铮

省之首。从 1924 年起，山西适龄儿童入学率每年都在 80% 以上。以阎在家乡创办的川至中学为例，该中学设附小，硬件也属一流，共 7 排 140 间瓦房，礼堂、会议室、生化研究室、标本陈列室、运动场等一应俱全，并且头 4 年不收学费，每年还给学生发一身校服、一双皮鞋。至于学习中一切所需的费用，都全部由阎锡山承担。一时之间，山西也获得了"模范省"的美誉，就连胡适、潘光旦等著名学者前来考察时，都曾留下赞美之词。而在北洋军阀统治刚刚结束的 1930 年，美国《时代》周刊曾这样评价阎锡山与他的山西："作为山西省的'模范督军'，阎实际上耸立在一个'独立王国'之中——处于各军阀的包围之中。尽管目前晋西南地区还存在粮食短缺，但阎为 1100 万人带来了繁荣，在中国，他们最富裕，因而使他显得出类拔萃。阎的嗜好不是女人、酒、鸦片，甚至也不是金钱，而是优质的道路、纺织、防御部队、维持秩序的警察，发展优良的牛、马、耕具、家禽、肥料……所有能为他的乡亲直接带来好处的事物。"

还有的北洋"督军"，除了在国内政坛耀武扬威之外，甚至在国际上也曾风光一时，成为后世热议的焦点。皖系军阀之一，被封为"远威将军"的徐树铮在这方面可谓无出其右。

却说在 1911 年清朝分崩离析之际，外蒙（原属中国版图）分裂派王公贵族乘机蠢蠢欲动，图谋"独立"。中华民国建立后，在沙皇俄国的策动和支持下，外蒙宗教首领哲布尊丹巴呼图克图八世在分裂势力的支持下宣布"独立"，成立"大蒙古国"，并自封"皇帝"，年号"共戴"。虽然当时中国国内局势动荡，但哲布尊丹巴的分裂活动仍遭到一部分外蒙王公的反对，结果分裂分子竟将反对分裂的图盟墨尔根王囚禁在库伦（今乌兰巴托）。

针对外蒙分裂势力的猖獗活动，当时的民国政府虽然刚刚成立，但也在第一时间采取了行动。1912 年 1 月，刚刚就任临时大总统的孙中山就致电外蒙王公和喇嘛，揭露沙俄政府的狼子野心，请他们速派代表来南京参与政要，但都没有得到回应。3 月 10 日，孙中山宣布辞职，袁世凯继任临时大总统。即位之初，袁世凯就必须处理外蒙这个棘手的问题。他很清楚，当此内忧外患之际，自己所要做的，首先就是维护国家的统一和领土主权，对于分裂分子不但要"晓之以理，动之以情"，更要立场明确，态度坚定。

3 月 15 日，就任临时大总统 5 天后，袁世凯就致电哲布尊丹巴，内称："外蒙同为中华民族，数百年来，俨如一家。现在时局阽危，边事日棘，万无可分之理……" 4 月 22 日，为向全世界表明中国政府的态度，袁世凯发布大总统令，强调"现在五族共和，凡蒙、藏、回疆该各地方，同为中华民国领土，则蒙、藏或回疆各民族，即同为我中华民国国民……将来地方的一切政治，俱属内政。"

1912 年 10 月，沙俄驻华公使廓索维慈居然背着中国政府擅自与"大蒙古国"当局谈判。尽管袁世凯政府通过多种外交途径抗议沙俄干涉中国内政的行径，但后者仍于 12 月 3 日同"大蒙古国"签订了《俄蒙协约》和《俄蒙协约专条》，完全忽视中国在外蒙的主权。《俄蒙协约》签订的消息传出后，中国国内顿时舆论哗然，外交总长梁如浩被迫辞职，袁世凯下令由老牌外交家陆徵祥继任，同时强烈要求沙俄政府召回廓索维慈。1913 年 5 月，陆徵祥与新任沙俄驻华公使库朋斯齐展开谈判，但是他们所达成的协议《解决蒙事条文六款》又被北京政府的参议院否决。无奈之下，陆徵祥也被迫辞职，由孙宝琦接任并继续同库朋斯齐谈判，最终达成俄国承认"外蒙为中国领土"的声明文件。

中俄在外蒙主权问题上达成妥协后，眼看执意搞分裂不得人心，"大蒙古国"处于风雨飘摇之中，加上 1914 年第一次世界爆发后沙俄无暇顾及蒙古事务，最终在中央政府压力下,哲布尊丹巴被迫答应双方各派人员进行谈判。趁着有利时机,袁世凯当即派北京蒙古王公联合会会长那彦图为交涉代表前往库伦。中、俄、外蒙三方商定,从1914年9月8日起在恰克图举行会议具体讨论外蒙事务。1915年6月7日,三方代表签订《恰克图协约》。就在协约签订的当天,袁世凯宣布册封哲布尊丹巴呼图克图汗,所有外蒙王公喇嘛的爵职名号照旧,并赦免所有参加"独立"的人员。两天后,哲布尊丹巴致电北京,宣布正式取消"独立"及国号年号。根据协约,北京政府在库伦设办事大员公署,任命都护使,在恰克图、科布多、乌里雅苏台设佐理专员公署,任命佐理员,从而在法律意义上恢复了对外蒙的主权。

但没过多久,随着国际国内局势突变,外蒙问题再度成为国民关注的焦点。1917年俄国发生十月革命后,眼看在政治和经济上都失去了靠山,原本还存有分裂念头的哲布尊丹巴集团终于决定彻底回归中国。在他们的请求下,北京政府派驻库伦都护使陈毅前往谈判,并达成了《改善蒙古未来地位六十四条》,外蒙方面答应完全取消"自治"。却不料当该条约在外蒙"议会"表决时,竟遭到强硬分裂势力的否决,于是当时的北京政府决定以更强硬的政策解决外蒙问题。而完成这一艰巨任务的,正是当年袁世凯最反感的徐树铮。

徐树铮是段祺瑞最信赖的心腹,此人颇具才干和计谋,人称北洋集团中的"小徐"。1914年5月,当段祺瑞出任陆军总长时,就执意由年仅34岁的徐树铮任次长。不过由于袁世凯对"小徐"一向不感冒,结果闹得同老部下段祺瑞也很不愉快,二人在袁世凯复辟帝制期间双双离职。好在随着袁世凯败亡,段祺瑞再度崛起,出任黎元洪政府的国务总理,随即便任命徐树铮为陆军次长兼国务院秘书长。1917年,在黎元洪同段祺瑞的"府院之争"中,徐树铮巧妙施展手腕,先诱使张勋搞复辟赶走黎元洪,而后又协助段祺瑞策划"讨逆军"赶走张勋。在段祺瑞复任总理兼陆军总长后,立刻任徐树铮为陆军次长兼西北筹边使,晋升上将军衔。不久,由段祺瑞控制的北京政府正式宣布参加第一次世界大战。在派出十万劳工赴欧的同时,段祺瑞政府还积极谋划组建军队参战。为此,段祺瑞任命徐树铮为参战处参谋长兼西北国防筹备处处长,并从日本借得巨款和武器供其编练参战军。不过随着1918年德国战败,已经编练好的参战军又改名为西北边防军,徐树铮任西北筹边使兼西北边防军总司令。恰在此时,外蒙的顽固派搞起了分裂,于是徐树铮麾下的精锐之师便有了一展身手的机会。

1919年10月,徐树铮率领步兵二旅,骑兵一团,挥师出塞,向库伦进发。徐树铮一到库伦，立即把外蒙古的"内阁总理"巴德玛多尔济"请"到了自己的司令部，并将其他王公及哲布尊丹巴活佛加以软禁。11月17日，外蒙古正式上书中华民国总统徐世昌，呈请取消"自治"，废除中俄"蒙"一切条约、协定，回到中华民国怀抱。同时为了保卫国家主权和领土完整，徐树铮将军队派驻外蒙各地，如买卖城（恰克图）、乌里雅苏台、科布多、唐努乌梁海等地，完成了对外蒙古的统一。尤其是唐努乌梁海，被沙俄侵占达七年之久，终于回到中国怀抱。至此，不仅外蒙，西北内蒙各盟旗及西北陕甘新疆皆在徐树铮统辖之下，进一步遏制了地方分裂及外国列强渗透势力！对于徐树铮的贡献，孙中山曾予以极高的评价："比得来电，谂知外蒙回心内向。吾国久无班超傅介子其人，执事（指徐）于旬日间建此奇功，以方古人，未知孰愈？外蒙纠纷，亦既七年，一旦归复，重见五族共和之盛，此宜举国欢欣鼓舞者也！"

二、"匪"比寻常

当年有一部名叫《让子弹飞》的电影，一度引起热议，并且曾勾起许多人对"土匪"这个词的强烈兴趣。影片说的是，北洋时期，张牧之率领着一伙麻匪，公然在鹅城干起了冒充县长、智斗恶霸的营生。据说，这个故事原型发生在20世纪30年代的一个南方小城。而实际上，在整个北洋时期，"土匪"对于中央及地方的统治者而言，始终是一个绕不开的话题。可以说，在民国的前半期，"土匪"就一直是中国社会的主要痼疾之一。甚至可以说，在中国历史上，民国初年堪称土匪最为猖獗的年代。这背后既有政治动荡的原因，也有社会经济方面的原因。而从某种意义上讲，土匪是军阀统治的衍生物，而军阀又是土匪的变种，二者之间有很多共同之处。在北洋军阀群体中，大约有二十多人在早年曾当过土匪，比较著名的如张作霖、张宗昌、陆荣廷等。而在整个民国时期旅长以上的将领中，竟约有200人做过土匪。正如有人一提起"土匪"，人们首先想到的无非是杀人放火、打家劫舍、绑架勒索等行径。不过在政局混乱的民国前期，各路土匪无论从组织、生存方式乃至行事风格方面，都有鲜明的时代特色。从规模上看，民国各路土匪存在较大差异，小的仅有数十人，大的则与正规军队无异。在组织纪律上，虽然有不少土匪为害百姓，但也有许多土匪自我约束甚为严格。例如河南鲁山土匪秦椒红，就专找富户作对而很少惊扰穷人，据说有一次他的表侄"海里怪"在向农民强索了一筐红薯后不服管教，竟被其处死。而在一般老百姓眼中，这样的土匪大有梁山好汉之风，是侠客，是义士。这些被称为"义匪"的队伍号称"杀富济贫""替天行道"，因而格外注重纪律的严明。例如有"中州大侠"美誉的河南老牌土匪王天纵，他为手下定了三条禁令：一禁奸淫妇女；二禁在保护区和公道范围内劫抢；三禁私吞公财。而另一位活跃于河南西部的叫丁老八的大土匪，还常常将抢来的粮食送给本地贫苦百姓。值得一提的是，在那个年代的大多数土匪队伍中，大多都严禁手下奸淫妇女，违者将严惩不贷。特别是丁老八，只要发现此种现象，就会立即将犯事土匪斩首，以至于当地曾流传这样的民谣："只要一采花，脑袋就搬家；只要你采花，难瞒丁老八。"

概括起来，民国时期的土匪主要集中于东北、河南、湘西以及广西的十万大山中。而在各路土匪中，最有影响的要数河南土匪。早在民国初年袁世凯担任大总统后不久，由"白狼"率领的好几万土匪曾一度闹得中央政府坐卧不安。

说起这"白狼"，其实既不白，也并非长相凶残。其人本名白朗（1873—1914），河南宝丰县人，因其身材高瘦，腿长行快，故因其名谐音而绰号"白狼"，政府则因痛恨而称其为"狼匪"。据说他出身农家，青年时代曾投巡防营当兵，枪法颇精，后因犯事潜逃回乡。民国初年，河南农村连年荒旱，加上河南都督张镇芳（此人系袁世凯表弟）横征暴敛，导致民不聊生。于是走投无路之际，许多河南人便铤而走险，结成土匪组织打家劫舍，俗称"拉杆"，为首则称"杆首"或"架杆"。正是在这种背景下，从巡防营回到家乡后的白朗"拉杆"起事成为绿林头目。由于他性情豪爽，颇有组织才能，加之疏财仗义，因此队伍发展很快，到1913年已有两三千人马。随后，借助有利形势，白朗先后攻占唐县、禹县、鲁山等地，势力有了很大发展。

据说白朗最崇拜的便是梁山好汉，并把这种思想贯彻到队伍建设中，当时他们还编创了一首军歌："好白朗，白朗好，劫富济贫，替天行道，人人都说白朗好！"1914年初，白朗军由西向东，横越京汉铁路，接连攻下了光山和固始等地。而面对这支部队，北洋政府虽然投入重兵，甚至派出段祺瑞这样的重量级

土匪出身的奉系军阀张作霖

曾任河南都督的张镇芳

白朗部与官军交战的村镇

人物前去剿灭，仍迟迟没有效果。情急之下，袁世凯甚至为剿灭白朗开出了12万元的赏格。更令袁世凯不爽的是，眼看北洋政府剿匪不力，外国驻华使节竟表示愿意出兵帮忙。感到受了极大侮辱的袁世凯一方面赶紧向外国人表示有能力摆平这伙土匪，另一方面又加大剿匪力度。

就在白朗的势力达到顶峰时，远在南方的革命党人也将目光转向了这伙河南土匪。而白朗本人可能也受到了他们的影响，在组织及行动上比寻常土匪高了些层次。1914年春，鉴于袁世凯政府不断向河南增兵，白朗决定避实击虚，伺机向其他省份发展。临行前，他将队伍改称"公民讨贼军"，又称"扶汉军"，自称"中原扶汉军大都督"。据一些资料显示，孙中山曾亲自致信白朗，并向其部队中派遣了一些人员。可能是受此影响，白朗在发布的告示中肯定辛亥革命的功绩而斥责袁世凯"窃国卖国"。

4月，白朗突破陕西督军张凤翙的阻截西上，攻克周至、乾县、户县、彬县、凤翔、陇县、通渭等地，此后乘胜入甘肃，攻占宁远、天水、岷县、西固等地。然而由于长期奔袭作战，缺乏休整补给，加上后有追兵，白朗军的处境也越来越艰难。更雪上加霜的是，随着形势的不断变化，这支队伍的纪律性和战斗力都开始削弱，暴露出其作为土匪的某些弱点。在5月攻打岷县和洮州时，由于没有处理好与当地少数民族的关系，白朗军遭到了顽强反抗，队伍死伤惨重，元气大伤。在以往的征战中，白朗军占领城镇后一般只劫官家及富绅财物，并严禁烧民房，严禁奸淫妇女。如果某地主动投降并表示欢迎，那么白朗军不但秋毫无犯，有时还会给当地人带来惊喜。例如他们到达武功县时，由于地方官员闻风而逃，各界商民便选择杀牛宰猪羊欢迎白朗军。而后者在此地停留了一夜即行离开，出发前还赠送了当地数千两银子。到通渭时，手中无人的县令陈鸿宝只好率当地绅民出城欢迎。大喜过望的白朗便命手下居住在城外，自己则仅带着百余名亲信住在城内的高等小学校。因看到当地教育条件艰苦，他还慷慨地捐赠两千两白银交给县令作为办学经费。不过土匪通常都是吃软不吃硬的角色，一旦碰到硬钉子，他们就会狂性大发。特别是在攻占洮州后，当时有目击者称，经过白朗军的洗劫后，"城中所有房屋大半已付之一炬，葬身火窟者不计其数。人民以争欲出城，互相践踏而死者不可计数，各城门积尸高至数尺。城外商店被焚者亦伙，然死者则较城内多至数倍"。更可悲的是，白朗部队的纪律也开始成了问题。本来，白朗最忌讳欺负女人，凡欺负女人的，就地正法。然而随着队伍规模的不断扩大，他对手下的约束也越来越困难，到后来似乎干脆不闻不问了。这可真应了那句话："人心散了，队伍不好带了。"据当时媒体报道，当白朗军攻下陕西彬县和河南栾川之后，当地凡年逾10岁的女子，竟无一不遭奸污。

既然离人心越来越远，这样的部队也就走到了尽头。在进军甘肃、四川的计划受挫后，白朗的部队开始军心涣散。由于大多数手下强烈要求返回河南老家，白朗也只好率军东归。7月3日，白朗率领鲁山、宝丰籍部属约千人回到宝丰，此后队伍进一步分崩离析，已基本上成不了气候了。7月20日，白朗及其部众五六十人被官军围困。经多番激战，至26日拂晓，白朗在突围中中弹身亡，时年41岁。不过在他死后，其许多手下如王天纵、张志公、张庆等又再接再厉，相继成为著名的土匪首领。

在民国初年这场声势浩大的剿匪运动中，白朗无疑扮演了一个极为神秘的角色。在那种特殊的情形下，他没有留下任何影像，因此后人对他真实面目几乎一无所知，仅能从报纸、公文上一些字句间揣测关于他的各种信息。这样一个谜一样的土匪首领，一度横扫河南、湖北、陕西、安徽、甘肃诸省，令袁世凯的政府军疲于应付。另一方面，他的种种作为也如同谜一样令人琢磨不透。他究竟是什么样的人？是心狠手辣的土匪头子？是侠骨柔肠的民间好汉？还是革命精神的起义领袖？这些似乎都不足以对他进行评判。而他的最终结局也是一个谜。为何在势力最鼎盛时期迅速败亡？他究竟死于谁手？所有这些谜团，恐怕永远都无法解开了。

河南出了白朗这样一位"明星"，邻省的山东也不甘落后，同样在北洋时期制造出了大动静。民国以来，山东地区匪患发展到了空前严重的程度，土匪活动之猖獗，分布之广泛，仅次于河南。据当时的调查显示，山东一百多个县几乎都有土匪活动。例如1913年《顺天时报》的统计就表明，省内有十几股著名股匪。他们行踪不定，打家劫舍、杀人放火，为害百姓。如其他省区一样，土匪猖獗历来是山东地方政府最头疼的问题。特别是民国十二年（1923年）间的一起绑架案，更是令山东土匪名声大振，一

山东土匪孙美瑶部属，1923年

度成为国际媒体关注的焦点。

那是在1923年5月6日凌晨两点半左右,由上海开往北京的第2次特别快车正沿着津浦铁路向北疾驰。这趟列车又称"蓝钢车",是从国外进口的全钢列车,据说在当时是亚洲最豪华的列车,其地位丝毫不逊色于今天的京沪高铁,而列车上的头等车厢内还有数十名外国旅客。当时,"蓝钢车"刚刚驶出山东临城站约三公里。不料,列车司机突然发现,前方的铁轨竟被拆除了一段。虽然司机采取了紧急制动,但为时已晚,在一阵刺耳的刹车声中,列车前半部分轰然出轨倾覆。紧接着,周围又响起一阵密集的枪声。正当人们陷入一片恐慌时,只见漫山遍野的土匪蜂拥而来。他们纷纷冲进卧铺车厢,一面劫掠财物,一面用枪威逼旅客下车。在混乱中,一位名叫罗斯曼的英国旅客因试图反抗而被土匪当场击毙。最终,列车上的所有乘客,除几十人趁着夜色逃跑外,其余两百多人都成了土匪的"肉票",其中包括十余名外国人。事后据一些被俘乘客回忆,当他们被押下列车时,土匪曾提醒他们要保留好车票,以便将来按车厢等级交纳赎金。按照土匪预先开出的价码:头等车厢每人3万元,二等车厢每人1万元,三等车厢每人2000元,洋人每人5万元,如果遗失车票则一律按头等车厢论。

临城劫车案发生后,北洋政府立即陷入一片慌乱。这不仅因为当政者没有料到山东的土匪势力竟如此嚣张,更因为被俘乘客中还有数十名外国人,而且大都还颇有些背景。其中比较显赫的有:美国石油大王小洛克菲勒的妻妹露希·奥尔德里奇小姐、著名参议员纳尔逊的女儿、美国陆军军官艾伦少校和平格少校、意大利著名律师墨索、墨西哥著名企业家威瑞阿以及上海外文报纸《密勒氏评论报》的记者鲍威尔。当各国驻华公使接到消息后,他们立即给北洋政府施加了巨大压力,要求后者妥善解决绑架案,全力保障所有外国人质的安全。由于对北洋政府缺乏信任,西方舆论界又开始起哄,有些人甚至提出了"国际联军共管中国铁路"的要求。5月9日,各国公使限北洋政府于三日内将全体被俘外侨救出,否则每隔24小时加赔款若干。一时之间,北洋政府不得不停下所有政务,转而集中全力营救外侨。

由于对山东当地的实际情况缺乏了解,当时中外各大媒体虽然一度将临城劫车案炒得沸沸扬扬,但实际上几乎对策划绑架行动的土匪一无所知。经过多方打听,人们才听说,这支土匪队伍的首领名叫孙美瑶。那么,这孙美瑶究系何人,竟敢作下这桩惊天大案?据说这孙美瑶乃是山东本地人,1898年生于枣庄康宅村,也就是说作案时才26岁。与许多土匪首领相比,孙美瑶倒没有那么苦大仇深,他家原本是滕县

临城劫车案中被俘的"洋票"们，1923年

参与调停临城劫车案的各方代表

一带有名的富户，家中有粮又有钱。不过由于那时山东各地土匪横行，孙家为了自保，曾向土匪队伍提供过经济援助，因而多次遭到官府的勒索。面对这种两难的境地，年轻气盛的孙美瑶便与大哥孙美珠一道拉起了自己的队伍，干脆痛痛快快地吃"土匪"这碗饭。

经过一番闯荡，孙氏兄弟逐渐拉扯起四五百人的队伍。眼看孙氏兄弟的队伍势头强劲，当地另外几股土匪也纷纷前来入伙，并一致推举孙美珠为首领。到临城劫车案发时，这支土匪队伍号称有四千多人，实际不到三千人。而他们的大本营，则是一个名叫"抱犊崮"的小山头。说起这抱犊崮，着实有点意思。此地本在山东峄县（今山东省枣庄市峄城区）境内，从远处看就像一个倒挂的葫芦，山顶是一块平地，山腰十分狭小，只能由一道陡峭的山壁上攀援而上，两旁凿有攀石或者嵌以木桩。根据当地的传说，由于大牛无法上山，而山上又有可耕之地，因此人们只好把小牛抱上山去饲养，因此此山便被称为"抱犊崮"。土匪们驻扎在这里之后，又在山顶周围挖掘壕沟，并在山上准备了三个蓄水池和不计其数的大小缸用以蓄积雨水。

自从孙家兄弟拉起队伍后，基本上也如其他土匪一样开展活动，无非是劫些"肉票"勒索赎金、向富户强征些粮食，勉强维持数千名手下的生计，并没有闹出什么大的动静。更何况，虽然孙美珠名义上是"大寨主"，但实际上的当家人却是其叔父孙桂枝。由于孙桂枝一向躲在幕后发号施令，并不在前台活动，因此外界对其了解甚少。据说他当时大约五十岁，长得又矮又瘦，其貌不扬，穿着也很破旧，与普通老农民并无多大区别。不过因为他读过几年书，年轻时还曾闯过江湖，入过帮会，与黑白两道中人都有交往，所以在抱犊崮上威望很高，即便孙美珠、孙美瑶兄弟也对他唯命是从。在1922年7月一次与官军的交战中，孙美珠被时任山东第六混成旅旅长兼兖州镇守使何锋钰的部队擒获，随即被处决，其首级也被砍下来挂在津浦铁路的临城车站上。官军的本来意图是通过此举震慑山东的各路土匪，却不料这反而激起了孙美瑶的复仇之心。孙美珠死后，孙美瑶接任大寨主，他决心要替兄长报仇，准备与官军大干一场。要不是孙桂枝的劝阻，他们早就采取行动了。过了一段时间，孙美瑶的手下郭琪才想出了一招儿妙计——在津浦铁路上劫持"肉票"。这一招儿如果能够成功，既不会让部队遭受损失，又能沉重打击官军，顺带向政府勒索一批军火和饷款。闻听此计，孙美瑶大喜过望。在孙桂枝的默许下，一场震惊中外的劫车案就这样上演了。

经过周密部署，孙美瑶在临城干了漂亮的一桩买卖。在得手后，他立即下令将所有"肉票"押送至"大本营"抱犊崮山麓,接下来便开始与北洋政府讨价还价。在孙桂枝的授意下,孙美瑶先把四名外国女乘客释放,同时让她们向政府转达本方的三项条件:将围山官兵撤出;收编土匪为一旅并以孙美瑶为旅长;补充军火。这样一来,土匪们的真实意图就很明白了:只为"招安",不为钱财。为了取得舆论界的同情,孙美瑶曾在媒体上发布了一则告示,其中说:"吾同人等素具爱国热忱,原不以抢架为本能,然值此无信用之政府,不正当之时代,不得不铤而走险,借以扬眉而吐气也……"借以表明自己之所以走上黑道完全是政府"官逼民反",才将他"逼上梁山"。但是对于政府而言,如果以这种方式对土匪妥协,那就太没面子了,他们宁可拿钱赎人,也不愿将一群土匪收编为政府军。就当政府头疼之际,从山下又送来一封信。信是由被俘的《密勒氏评论报》记者鲍威尔写的,他在信中劝告政府军切勿强攻,而希望和平解决此事,以保证所有外国人质的安全。当获悉土匪开出的条件后,外交使团立即召回北洋政府,极力要求与土匪讲和。由于得罪不起这些"洋大人",北洋政府当即派出各路大员赶赴山东。从5月20日起,山东督军田中玉、省长熊炳琦、交通总长吴毓麟、曹锟派出的代表杨以德、徐海镇守使陈调元、江苏交涉员温世珍等要人纷纷抵达临城,与此同时,商界、新闻界以及各国驻济南的领事等人员也接踵而至。那一阵儿,这座偏远小城可谓热闹非凡,顿时成为全世界所关注的焦点。

面对如此大的动静,就连孙美瑶本人也有些慌乱了,而他手下的头目也是争执不下,有的因恐惧而主张适可而止,有的则认为可趁此良机从政府那里大捞一把。5月15日,通过有关人士的牵线搭桥,北洋政府与土匪进行了第一次正式谈判。为了显示政府的诚意,当时的山东督军田中玉和山东省省长熊炳琦亲自出马,而孙美瑶则指派手下周天松作为代表。谈判中,土

上海《密勒氏评论报》记者鲍威尔,当年也是"洋票"之一

匪的三项条件基本没变：政府军解除包围，撤回原防；收编匪军为一旅，以孙美瑶为旅长；补充军火。本来双方已初步达成协议，不料孙美瑶又突然变卦，继而提出更苛刻的条件，甚至包括要求任命张敬尧为山东督军这样的要求。关于张敬尧此人，我们在前面已经介绍过了。具有戏剧性的是，在国人眼中劣迹斑斑的张敬尧，在山东土匪心目中却享有很高的威望，而原因就是当年张敬尧对这一带的土匪几乎放任不管。25日，作为临时信使的鲍威尔带来了土匪的新条件：发给土匪六个月的军饷；收编匪军1万人；以张敬尧为山东督军。又经过了多日讨价还价，特别是在徐海镇守使陈调元等人的协调下，官匪双方总算达成了协议，孙美瑶同意释放全部中外"肉票"，而政府也答应收编土匪为正规军，震动全世界的临城劫车案终于被平息。

6月2日，在陈调元的陪同下，孙美瑶走下抱犊崮，与政府代表郑士琦签订和平条约。12日，最后一批外国"肉票"全部释放，于13日回到上海。27日，土匪部队被正式改编为山东新编第十一旅，孙美瑶则如愿当了旅长，他手下的干将周天松、郭天才都当上了团长，而老当家孙桂枝则保持低调行事，仅当了旅部的军需长。然而，事还没完。为了替兄长孙美珠报仇，孙美瑶曾经提出要杀掉山东第六混成旅旅长兼兖州镇守使何锋钰，尽管未能如愿，但后者也因此次事件而被撤职查办。遗憾的是，就像当年梁山好汉们的下场一样，这伙被"招安"的土匪也没高兴太久。仅过了半年的时间，孙美瑶在旅长的位置上屁股还没坐热，就遭遇到灭顶之灾。1923年12月19日，新任兖州镇守使张培荣在中兴煤矿公司摆下宴席，把孙美瑶及其弟弟孙美松骗去，然后令声一下，当场把孙氏兄弟打死，随后又将其部属解散或改编。倒是老谋深算的孙桂枝侥幸躲过了一难，他带领一批残部趁乱逃走，继续在鲁南山区重操旧业，政府也始终是束手无策。

与十年前的大土匪头目白朗相比，尽管无论从规模还是活动范围而言，孙美瑶都逊色得多，然而仅仅凭借临城劫车案，他所产生的影响甚至要超过前辈。通过这次事件，不但暴露了当时中国底层社会存在的痼疾，也昭示了北洋政府在处理这类危机时的两难困境。而在许多人眼中，像孙美瑶这样的草莽却被视为难得的英雄豪杰。鲁迅在一篇文章中甚至这样赞扬他："西洋人初入中国时，被称为蛮夷，自不免个个蹙额，但是，现在则时机已至，到了我们将曾经献于北魏，献于金，献于元，献于清的盛宴，来献给他们的时候了。出则汽车，行则保护；虽遇清道，然而通行自由的；虽或被劫，然而必得赔偿；孙美瑶掳去他们站在军前，还使官兵不敢开火。何况在华屋中享用盛宴呢？"至于一些革命者，更称赞其绑架外国"肉票"的行动是对野蛮列强的坚决打击，他手下的土匪部队也属于"革命团体"。孙美瑶如果地下有知，是否也会感到受宠若惊呢？

　　深入考察不难发现，北洋时期许多地方的匪患之所以非常严重，其主要根源是因为中央权威衰落，吏治腐败，社会动荡，而各地当政者往往横征暴敛，加之战乱不已，天灾不断，致使农村经济凋敝，许多被迫离开土地的农民成了饥民、游民、难民，部分人最终铤而走险，沦为盗匪。这是时代的悲剧，也是北洋时期难以根治的痼疾。

三、风尘传奇

1934年7月14日,北京大学的师生为该校教授刘半农举办了一场隆重的葬礼。当天,前来送殡的除了校长蒋梦麟外,还有胡适、杨仲子、马裕藻等刘半农生前的同事和好友。正当人们怀着沉痛的心情追思这位英年早逝的著名学者时,一位神秘的老妇人披着黑纱悄然来到现场吊唁,她恭恭敬敬地向逝者送上一副挽联:"君是帝旁星宿,下扫浊世秕糠,又腾身骑龙云汉。侬乃江上琵琶,还惹后人挥泪,谨拜手司马文章。"挽联的末尾处还附有一段小注:"不佞命途崎岖,金粉铁血中几阅沧桑,巾帼须眉,愧不敢当,而于国难时限,亦曾乘机自效,时贤多能道之。半农先生,为海内文豪,偶为不佞传轶,其高足商鸿逵君助之,未脱稿而先生溘逝,然此作必完成商君之手。临挽曷胜悲感。魏赵灵飞拜挽。"现场来宾不由暗自猜测,这位自称"魏赵灵飞"的老妇人究系何人?身为北大教授的刘半农与她有什么交情?经知情人透露,这老妇人其实还有一个更响亮的名字——赛金花。而如果倒退至民国初年,"赛金花"这个名字当时在上层社会那可是如雷贯耳,真可谓无人不知、无人不晓。尽管赛金花本来的身份只不过是一名妓女,但她的命运却见证了清末民初一段特殊的历史。

众所周知,作为一种最古老的职业,娼妓在中国已经延续了好几千年,而在清末民初更是一度出现了畸形繁荣。在当时作为政治中心的北京和商业中心的上海,娼妓业尤其发达。1917—1918年是北京娼妓业最鼎盛的时期,据有关方面统计,北京当时有妓院406家,妓女3880人,而私娼也不下7000人。她们主要集中在所谓的"八大胡同",即

赛金花

照鉴北洋：历史影像背后的历史

李蘋香

己未花选色科博士李金翠　　己未花选才科博士花君

第三章　三教九流

清末民初的风尘女子

前门外韩家潭一带，这里也成为北洋时期最著名的"天上人间"。上海的情况更胜一筹，1920年时约有娼妓六万余人。值得一提的是，清末民初的一些人还发明出所谓的"妓女评花榜"，由圈里人采取投票的方式评选出妓女中的佼佼者，颇有些类似如今的选秀。为了迎合这股潮流，许多报纸纷纷刊登有关花榜评选的新闻，就连一些照相馆也争先恐后免费为上榜的妓女们拍摄艺术照，然后悬挂在橱窗里招徕顾客。或许是审美角度的不同吧，就流传至今的许多照片来看，当时这些所谓的"花魁"长相实在一般，她们大多穿着臃肿，面容平板，目光呆滞，几乎谈不上有什么美感。然而就是这样一个特殊的群体，却曾在民国初年出过一些传奇角色，赛金花和小凤仙无疑是其中最典型的代表。

说起赛金花，恐怕是中国近代最著名的妓女之一。她身历清末与民初两个时代，其事迹虽然不能与古代的柳如是、苏小小、李师师、陈圆圆等人相比，却也算是别具特色。由于其颇具传奇色彩的经历，赛金花不但被写入清末四大谴责小说之一的《孽海花》，成为该书的女主人公，而且许多同一时代的笔记和小说也曾涉及她的故事。综合各种虚虚实实的资料，后人也仅能对这位世纪之交的名妓有大概的了解。

赛金花（约1872—1936，其中出生年份说法颇多），初名赵彩云，又名傅彩云，安徽黟县人。幼年被卖到苏州的"花船"上为妓，1887年，适逢前科状元洪钧回乡守孝，对她一见倾心，遂纳为妾，并为之起名"梦鸾"。洪时年48岁，而她年仅15岁。洪钧（1839—1893）乃是清末外交家，字陶士，江苏吴县人，内阁学士，官至兵部左侍郎。婚后不久，洪钧奉旨为驻俄、德、奥、荷四国公使，因其原配王夫人畏惧华洋异俗，原本只是小妾的傅彩云竟得以身穿诰命夫人的全套服饰陪同洪钧出洋。据赛金花本人叙述，在到达柏林后，年轻美貌的她不但善于交际，而且学会了德语，因此很快就闻名于欧洲上流社会，就连德国皇帝和皇后都曾召见她。在德国期间，赛金花还为洪钧生了个女孩，取名德官。

1892年，洪钧结束公使任期回国，不料次年竟因病去世，时年54岁。如此一来，赛金花便成了无依无靠的女人。在那个时代，但凡给人家做小妾的女人，如果不是为夫家生了儿子，通常情况下是很难立足的。于是在1894年陪送洪钧棺柩南返苏州后，赛金花即将女儿德官交给洪家人，随后只身返回娘家。为了继续生活，她又前往上海重操旧业，在彦丰里租下门面，挂起"曹梦兰"的名牌接待高级客人。与7年前的"傅彩云"相比，此时的"曹梦兰"无论从姿色、阅历、身价而言都大为不同了。此时的她正处于二十出头的黄金年龄，而"状元夫人""公使夫人""出洋女子"

等一系列头衔，无疑使她在圈内成为独一无二的人物。按照上海娼妓业的规矩，妓院通常分为若干等级，最高一级叫"书寓"，其次叫"长三"，再次叫"幺二"，再往下就是"烟花馆"和"野鸡"，而赛金花就属最高的"书寓"一级，基本上是卖艺不卖身，接待的不是达官贵人便是富商巨贾。从现存的一些老照片来看，赛金花本人似乎并没有令人惊艳的倾国之色。然而仅凭其不同寻常的经历，这个女人就变得格外不简单。一时之间，全上海有头有脸的男人都知道有这样一位大名鼎鼎的妓女，其生意也火爆异常。有好事者，还曾将其列为上海名妓之首。坊间甚至有传闻说，赛金花当年曾接待过显赫的李鸿章大人，当然无非就是陪酒唱曲而已。

如果洪钧地下有知，看到自己心爱的小妾居然转眼间再度堕入风尘，会有什么感触？实际上，当年还真有一些文人替他操过心，并以他们的故事为原型，演绎出一幕虚虚实实的传奇。例如在曾朴在《孽海花》中是这样说的：男主人公金雯青在未发迹之前曾辜负了一位名叫小青的女子，致使其上吊自尽。结果此女子冤魂不散托生为"花榜状元"傅彩云，后者为报复金雯青，私通幼仆、玩弄戏子，最终将其活活气死。

1898年，或许是厌倦了上海的卖笑生活，赛金花北上天津，在江岔口胡同组成南方风味的"金花班"，自己当鸨母，并正式亮出"赛金花"的名号。不久，赛金花结识了户部尚书杨立山。在后者的鼎力支持下，赛金花又带着她的"金花班"来到京城，无意间也为北京的娱乐业注入了新的活力。此后几年，赛金花的生意进入了最鼎盛的时期。冲着她那独一无二的名头，许多达官贵人纷纷前来捧场。这些人中除了老主顾杨立山外，还有浙江巡抚德晓峰等。这些大人出手格外慷慨，据说德大人有一次就送了一千两白银。不仅如此，赛金花还经常应邀去庆王府、庄王府等贵族家做客。因她经常身穿男装、结发辫、戴草帽、足蹬缎靴，因此当时京城中都称其为"赛二爷"。到1900年，一场突如其来的政治风云又进一步增添了赛金花的传奇色彩。

在1900年，北京城闹起了义和团。紧接着，八国联军气势汹汹地杀进北京，慈禧太后则携带着光绪皇帝仓皇逃亡。却不料这伙侵略者进入北京城后，到处奸杀掠抢，无恶不作。危难之际，曾在德国闯荡多年的赛金花，此时的身份虽然是一名风尘女子，却发挥了意想不到的作用。不过当时的情形究竟如何，历来众说纷纭。如果按照那些文人的描述，那可算是相当的传奇了：有一天赛金花外出时，恰巧碰见一群德国士兵正在抢劫百姓，便上前用德语去劝阻。她还告诉德国士兵：我是你们德国皇帝威廉二世和皇后维多利亚的好朋友，并拿出了她当年同德国皇帝和皇后的合影。德国士兵认出了他们的皇帝和皇后，立即举手行礼。第二天，德国士兵便开来一辆轿车接赛金花去见她在西洋时就相好的八国联军总司令瓦德西。这次旧情复燃，亲密异常。而凭借这层特殊关系，赛金花借机为慈禧求情，又劝瓦德西整肃军纪，少侵扰百姓，下令安民。在赛金花"枕头风"的作用下，瓦德西果然下令士兵遵纪守法。当中外谈判开始后，德国人提出要慈禧太后赔克林德公使的命，还要皇帝亲自道歉。无奈之下，中方全权代表李鸿章和庆亲王只得恳请赛金花出手相助。于是赛金花奉命又再一次展开外交手段，她对瓦德西动之以情、晓之以理，并成功说服了克林德夫人，最终使八国联军同意议和。鉴于其对辛丑议和成功的功劳，当时京城人都充满感激地称赛金花为"议和大臣赛二爷"，民间还称她为"护国娘娘"。

实际上稍加分析就会明白，关于赛金花的这段野史太过于"戏说"了。因为真实的情形是，当年瓦德西已经68岁了，而赛金花只有28岁，另据说瓦德西与其夫人感情极好，因此二人显然不大可能有什么私情。更重要的是，以赛金花风尘女子的身份，怎么可能对严肃的国家外交施加如此强大的影响？如果真是那样的话，国际政治也太儿戏了吧。但不知为什么，大众似乎偏偏乐意看到一个"草根英雄"的诞生，于是便有了"议和大臣赛二爷"之名。而经过一些文人的艺术加工，赛金花居然用自己的身体拯救了清朝。对于中国民间的这种丰富现象，被卷入事件的德国人自然是非常反感的。因此在德国对八国联军时期的历史记载中，从不曾提及"赛金花"这个名字。

那么真实的情况又是怎样的呢？不妨听听赛金花本人后来的追述吧：当年八国联军进入北京后，进行了分区占领，而赛金花所在的石头胡同当时正好归德军管辖。有一天夜里，一群德国士兵闯进石头胡同，敲响了赛金花的房门，他们本来是前来八大胡同寻欢作乐的，却不料开门的这个中国女人居然能说一口流利的德语，正当他们面面相觑之际，赛金花又很镇定地向一个小军官问起了德国的某某先生和夫人，而那某某先生和夫人都是德国的上层人物，并且家喻户晓。她还顺手拿出了和这些德国要人的合影照片来给这德国大兵看。惊愕之

八国联军总司令瓦德西

下，搞不清其来历的德国士兵赶紧打道回府。第二天清晨，石头胡同便来了两名德国士兵，并直接用一辆轿车将赛金花接至德军司令部。在那里，赛金花才第一次见到了瓦德西。凭借着当年"驻德公使夫人"的身份，加上能说德语，赛金花从此便成了瓦德西的座上客。她常常身着男装，脚蹬皮靴，同瓦德西一起，骑着战马在大街上并辔而行，还曾到皇家园林西苑（即中南海）游玩，而"赛二爷"的大名由此迅速蹿红，传遍了整个北京。既然与德国人有这层关系，赛金花完全可以充分利用。作为一名生意人，她精明地承担了为德军采购粮饷的任务，并在琉璃厂罗家大院内设立了采购粮秣办事处，此外还为德国军官找来妓女，自己则坐收渔利。在从事这些营生的同时，她也利用自己独特的身份劝告瓦德西，希望后者能约束德军的纪律。另外据赛金花本人声称，在中德谈判的过程中，她的确曾发挥过一些作用。原来在当年，由于德国驻华公使克林德被义和团所杀，其夫人伤心至极，扬言要用慈禧太后的命来抵，因而议和的先决条件变成了"光绪赔罪，慈禧抵命"。僵持之下，据说还是靠赛金花出面说服了克林德夫人，后者最终同意由中国政府为克林德竖立一座牌坊道歉。1902年，当"克林德碑"立于东单牌楼的时候，赛金花还应邀参加了揭牌仪式。

  无论是民间传言还是赛金花本人的叙述，我们都应该持客观的态度看待。因为按照常理分析，以赛金花这样的身份，她当时确实有可能见过瓦德西，并和德军做过生意，也可能劝过联军不要随意杀戮，但以上种种描述就显得过于传奇和夸大了。有趣的是，老百姓，包括一干文人在内，他们可不管这一套分析推理，而是宁愿相信赛金花是一个成色十足的"草根英雄"，在当年国家民族危亡之际曾发挥过重大作用。且不说《孽海花》中有鼻子有眼的"戏说"，与赛金花同时期的许多文人大多认可上述传奇的存在。例如在被胡适称为"嫖界指南"的清末小说《九尾龟》（张春帆著）中，就曾有这样的记载：赛金花到紫禁城与瓦德西相见，看到国人眼中神圣的皇家宫苑被联军占领，面目全非，爱国之心油然而起："我虽然是个妓女，却毕竟是中国人，遇着可以帮助中国的地方，自然要出力相助。"或许是受这些演义的影响，后世许多文人也对赛金花的救国传奇深信不疑。林语堂在他著名的小说《京华烟云》中就曾出现这样的话语："北京总算得救，免除了大规模的杀戮抢劫，秩序逐渐在恢复中，这都有赖于赛金花。"在那一代人中，大约只有鲁迅等少数人对赛金花的故事表示质疑，他在《这也是生活》中写道："连义和团时代和德国统帅睡了一些时候的赛金花，也早已被封为九天护国娘娘了。"

  然而好景不长，随着国家秩序再次恢复，赛金花的命运也发生了巨变。1903

年，因涉嫌虐待幼妓致死，赛金花被打入监牢。尽管得到了一些故交的救助，但她仍被勒令离开京城返回原籍。更糟糕的是，随着小说《孽海花》的问世及畅销，赛金花在大众心目中的形象也变得扑朔迷离起来，从而又引出她与曾朴之间的一段公案。

曾朴（1872—1935），清末民初小说家、出版家，江苏常熟人，光绪举人，民国初年曾任江苏省咨议局议员、财政厅厅长、政务厅厅长等职。1905年，他在别人创作的基础上出版了《孽海花》，该小说的主线之一便是妓女傅彩云与状元金雯青的故事。巧合的是，曾朴在早年还曾与傅彩云的原型赛金花有过交往呢。原来，金雯青的原型洪钧乃是曾朴父亲的义兄，还是曾朴科场中老师的老师。由于这层关系，曾朴早年常出入洪宅，并由此结识了赛金花。然而时隔多年，当创作《孽海花》时，曾朴却将赛金花写成一个放浪无羁、手腕翻新、奸诈无度、忘恩负义、道德沦丧的令人爱恨交织的妓女形象。其中特别提到，主人翁傅彩云在跟随丈夫出使欧洲时便与"金发赤颜"的德国军官瓦德西打得火热，从而为后来庚子年时的重逢埋下了伏笔。在获悉小说所描写的情形后，赛金花自然愤愤不平。她曾对登门采访的《申报》记者表示，曾朴之所以如此"埋汰"自己，全是因为二人年幼时即很亲热，但由于洪钧的出现而导致他情场失意，后者遂在通过小说泄愤。对于赛金花的指责，曾朴也极力辩解过，不过他也私下里承认，说赛金花在德国即与瓦德西私通纯系胡扯，小说中的一切都属于艺术加工和虚构。这样一来，总算为赛金花恢复了名誉。

不过在离开北京后，赛金花的命运似乎再也不可能恢复到从前的鼎盛了。回到苏州后，风韵犹存的她再度来到上海干起老本行，挂起"京师赛寓"的牌子，但生意却大不如从前了。后来她先是嫁给了沪宁铁路的总稽查曹瑞忠，然而在辛亥革命后不久，曹便因病身亡。再度开始漂泊的赛金花此后又遇到了曾经的相好、时任民国政府参议员的魏斯灵，后者将她再次带回北京，二人一度居住在前门外的樱桃斜街。1917年，他们专门在上海举行了隆重的新式婚礼，魏斯灵还为赛金花取了"赵灵飞"的新名字。然而好景不长，1922年，魏斯灵也因病身故。由于被夫家视为红颜祸水，赛金花不得不搬出魏家，在天桥附近居仁里一处平房内闭门寡居，与一名仆人相依为命。一代传奇风尘女子，渐渐被人们淡忘。幸运的是，就在赛金花生命的最后时刻，一位北大教授的出现，再度唤醒了她对往事的回忆。

1932年冬的一天，原本偏僻萧条的居仁里突然来了两位文化人。来人自称刘半农，是北大教授，同行的是其学生商鸿逵。说起刘半农（1891—1934），虽然赛金花

赛金花结婚时的场景

并不知晓，但在当时中国的知识界却相当有名。他是著名的文学家、语言学家和教育家，曾参加《新青年》编辑工作，后出洋留学，获法国国家文学博士学位，1925年回国后任北京大学教授。令赛金花纳闷的是，堂堂的北大教授，为何会屈驾光临自己这寒酸的住处呢？毕竟她这时已是年过花甲的老太太，早已不是当年名震京城的"赛二爷"了。原来，刘半农一向对民间文化抱有兴趣，对赛金花的事迹也有所耳闻。这一年，他听说有好事的外国人要给赛金花写一部法文版的传记，便决定"抢先一步"。于是他便偕学生商鸿逵一起与琉璃厂的"星云堂"书店谈妥，决定由后者负责出书，条件是对方先支付500元的前期投入，作为给"传主"赛金花的费用。随后在中间人的介绍下，他们拜访了赛金花。经协商，赛金花同意每周抽出两个半天的时间接受刘半农和商鸿逵的采访，每次访谈时刘半农都派汽车接送。虽然赛金花此时不过是一名没落的老太婆，但刘对她的态度极为尊敬，这使赛金花深受感动。尽管在写这部传记时，刘半农尽量避免不合实际的推理和过分的夸张，力求保持传记的真实性，但由于多方面的原因，赛金花的口述仍有许多不可信的地方。不管怎么说，在仔细听了赛金花的叙述后，刘半农曾这样感慨："中国有两个'宝贝'，慈禧与赛金花，一个在朝，

尽管只是一名风尘女子，但赛金花的传奇却成为后世许多文艺界人士感兴趣的素材，图为20世纪30年代上演的以赛金花为主人公的戏剧

一个在野；一个卖国，一个卖身；一个可恨，一个可怜。"

不幸的是，正当前期工作都准备就绪时，1934年夏天，刘半农却在赴西北考察途中染上疟疾，回京不久后即不治身亡。惊悉噩耗，心怀感激的赛金花特意赶到追悼会上吊唁，并敬献了那副著名的挽联。不久后，商鸿逵顶着巨大的舆论压力，按照刘半农列的提纲执笔完成了《赛金花本事》一书，于1934年11月出版。堂堂大学教授能够为一个妓女作传，恐怕也只有北洋时期的知识界才能出现了。值得一提的是，刘半农还是一位造诣很深的摄影理论家。在对赛金花进行访谈时，应该拍摄了一些照片，只可惜他们的相识晚了30年，否则后人定能看到更多赛金花风华正茂时期的影像了。

第三章 三教九流

自从刘半农开始关注赛金花后,新闻界的记忆似乎也被集体唤醒了。据说在当时,北京《实报》曾联合《晨报》《大公报》《北京晚报》《庸报》等各路媒体,集体对赛金花进行采访报道。只不过此时的赛金花似乎已看破红尘,外界的关注对于她而言已没什么意义。1936年11月4日凌晨,赛金花在她的寒舍中寂寞地死去,享年64岁。她死后身无分文,全靠一些好心人发起募捐,将其安葬在陶然亭的锦秋墩上(墓地后来被移走)。当时的报上曾刊登了这样一副挽联:"救生灵于涂炭,救国家如沉沦,不得已色相牺牲,其功可歌,其德可颂;乏负廓之田园,乏立锥之庐舍,到如此穷愁病死,无儿来哭,无女来啼。"不知能否真实地反映这位风尘女子的一生。

放眼20世纪初,能够与赛金花齐名的风尘女子,无疑当属小凤仙了。还有人说,这二人堪称"八大胡同"辉煌时期的象征。

说起小凤仙,就不能不提大名鼎鼎的蔡锷将军,就不能不提起那部影响深远的电影《知音》。多少年来,这一段英雄与美人、革命加爱情的传奇广为流传,称得上是北洋时期最跌宕起伏的剧情了,政治、革命、风月、家庭、谍战、军事……诸多素材无不包含其间。那么,真实的情形又是怎样的呢?

蔡锷(1882—1916),字松坡,湖南邵阳人,著名的革命家和军事家。辛亥革命后,他领导了云南起义,被推举为"大汉军政府云南都督",民国元年(1912年)正式担任云南都督。1913年袁世凯镇压了二次革命后,北洋势力进一步向西南扩张。为使云南免遭战乱,蔡锷被迫应袁世凯之邀北上,先任陆军部编译处副总裁,后又为参政院参政、将军府昭威将军。1914年,袁世凯开始策划复辟帝制。为了拉拢蔡锷这样的重量级人物,杨度等人不断敦促他加入"筹安会"。鉴于当时的处境,为了打消袁世凯的戒心,蔡锷不得不表面上进行应付。1915年8月,当云南会馆将校联欢会发起"军界请愿改行帝制"时,他第一个提笔签名,以示"拥护帝制"。不仅如此,蔡锷还使出了绝妙的一招儿,为了从根本上麻痹袁世凯,他几乎每天都和杨度等人在"八大胡同"的风月场中"儿女情长",似乎已完全沉溺于酒色,而令他"英雄气短"的,便是云吉班中一位名叫"小凤仙"的风尘女子。

尽管后来小凤仙与蔡锷的传奇被炒得沸沸扬扬,但人们对于这名风尘女子的生平其实了解得并不太多。根据有限的资料得知,小凤仙(1900—1954)本是浙江的旗人,原名朱筱凤,母亲是偏房。父亲死后,因不愿受正房歧视,其母带着她离开朱家单过。不久母亲病逝,一位姓张的奶妈收留抚养她,所以她就改姓张。辛亥革命期间,为躲避战乱,张奶妈带着她仓促逃往上海。因衣食无着,被迫将她暂时押给一

蔡锷

位姓胡的艺人学戏，到南京卖唱为生，取艺名"小凤仙"。1913年"二次革命"后，小凤仙跟着胡老板辗转到达北京，在陕西巷云吉班卖唱接客做生意，后竟成为京城红极一时的名妓。还有一种说法，说是小凤仙与《孽海花》的作者曾朴颇有渊源：当年小凤仙的母亲死后，家里的一位女仆带着她来到杭州谋生，恰好居住在曾朴杭州寓所的斜对门。由于同情小凤仙的悲惨身世，曾朴就与那女仆商定，每年资助她一些钱，叫她领着小凤仙到上海上学读书，此后双方离别数年。不料1913年，已成为江苏省政府官员的曾朴竟在一次宴会上意外遇到小凤仙，后者此时已沦为风尘女子。因为此事，曾朴将那女仆痛责了一番。畏惧之下，女仆又携小凤仙前往北京。而后来蔡锷之所以能与小凤仙结缘，也还有赖于曾朴出面牵线搭桥呢。

在人们的想象中，小凤仙定然是个貌若天仙、风情万种的美人。但实际上从流传下来的照片看，该女子姿容实属平常。而且当时一些资料也显示，小凤仙当年在"八大胡同"也只不过是二等妓女。她后来之所以声名显赫，也还是因为与蔡锷的一段交往。

想当年，想做皇帝的袁世凯怕"共和元勋"蔡锷在云南抵制，就以"委以重任"之名，把他羁留在京监视起来。而蔡锷为了麻痹袁的监视，便伪装意志消沉，沉迷女色，整日在"八大胡同"流连忘返。不可否认，民国初年，官场中人沉迷风月也不算犯错误，许多人甚至将"八大胡同"当成交际应酬的场所。作为一名年方而立的将军，光临云吉班的蔡锷与一名风尘女子结缘，在那个年代也属常情。虽然对于他们二人究竟如何结缘的细节后人无从得知，但推测起来，姿容不算出众的小凤仙定然有其独特之处。而据说在与小凤仙交好期间，蔡锷还曾垂青另一名妓女。可以说，在"风流"这个话题上，我们大可不必为贤者讳，不要因为蔡锷是历史正面人物就极力粉饰其所有行为。实际上，只有最真实的历史人物才最可爱。

资料显示，蔡锷原本就有两位夫人——刘氏和潘氏。当他应袁世凯之召北上后，便将自己的母亲与两位夫人接到京城。不久，因太夫人难耐北京的严寒，蔡锷便令刘氏陪老母南归，只留潘氏在京。由于蔡锷几乎每天都住在云吉班，潘夫人自然很生气，两人经常为此争吵。而这一切，都是蔡锷施放的烟雾弹。因为这样一来，袁世凯就会认为他胸无大志，稍稍放松警惕了。与此同时，蔡锷却在暗自策划讨袁大计。他通过自己的手下戴戡、王伯群等人联络，与在天津的老师梁启超共商讨袁计划，拟定于袁称帝时，云南首先宣布独立，随后贵州、广西响应。

1914年11月间，蔡锷借看病为名，入住天津的共和医院，又在袁世凯下令称帝的当天返回北京，从而基本打消了袁的猜忌。12月1日，他又偕小凤仙一同出游，然后在后者的掩护下再次悄然到天津"看病"，这次可是一去不复返了。关于蔡锷秘密出走这一幕，电影《知音》中曾有戏剧化的描写。民间流传最广的一种版本是这样的：蔡有一天在私邸宴客，故意扬言要纳小凤仙为妾，蔡夫人亦在座，酒酣，夫人盛怒诟谇，揪蔡，两人殴斗及于户外，遂共议离婚。夫人索取衣饰和财物，搬往天津居住。蔡则独居北京，更形放荡，大家都误认蔡是纨绔子弟。又过了几天，蔡锷与友人至长安酒楼，飞笺召小凤仙，酒酣，蔡大呼腹痛，遂入厕所"尿遁"。客人以为蔡醉酒返家，至天明，监视蔡的人发现蔡未归家，又不在小凤仙处，才知蔡已搭夜车去天津了。至于真实的情形如何，蔡锷事后没有追述，而唯一的知情人小凤仙也没有留下只言片语，因此后人已无从探究了。

到天津后，蔡锷先是将夫人潘氏转移到香港，然后与梁启超作别，随即悄悄搭乘日本商轮"山东丸"号前往横滨，1915年年初再由日本潜归云南，毅然举起了讨袁大旗，最终使袁世凯帝制的覆灭，建立了不朽功勋。遗憾的是，革命刚刚成功，蔡锷却因病在日本去世，时年仅34岁。消息传来，国人无不悲痛惋惜。这时，原本已被人们忘却的小凤仙再度出现了。当北京各界在中央公园公祭蔡锷时，她身披黑纱送来挽联："九万里南天鹏翼，直上扶摇，怜他忧患余生，萍水相逢成一梦；十八载北地胭脂，自悲沦落，赢得英雄知己，桃花颜色亦千秋。"并没有受过多少教育的小凤仙显然不可能有这样的文采，据说这副挽联出自曾朴之手。

然而自从护国战争结束、蔡锷英年早逝之后，民间一些人士却对这段风流韵事有了新的演绎，最终衍生出一段关于才子佳人的"知音"传奇。故事说的是，当年蔡

蔡锷家庭照

蔡锷与友人合影

锷不满袁世凯倒行逆施，但是又被严密监视，无法逃离北京。危急关头，一位名叫"小凤仙"的风尘女子挺身而出，帮助蔡锷秘密逃离北京，两人共同演绎了一段英雄美人的佳话。有趣的是，这种传奇故事早在蔡锷去世时就开始有了，甚至在当时报纸上怀念蔡锷的文章中，就有很多提到他和小凤仙的那段往事。但是，面对这段革命加爱情的"知音"传奇，蔡氏后人却不甚认同。那么，蔡锷和小凤仙的感情究竟是否确有其事？一切还要从头说起。

许多人可能并不了解，当年蔡锷前往北京到袁世凯手下"任职"时，其实已有了两位夫人：原配夫人刘氏侠贞和小妾潘夫人。至于小凤仙，蔡锷的确是到北京后才认识的。关于小凤仙的身世，她1951年在沈阳拜见京剧大师梅兰芳时曾有过一番自我介绍："我的父亲姓朱，母亲是偏房，大老婆瞧我们不顺眼，母亲带我离开朱家单过。母亲死了，姓张的奶妈抚养我，所以我姓张。辛亥年，奶妈在浙江抚台曾子固将军家帮佣，革命军炮轰曾府，奶妈带我逃到上海，把我押给姓胡的学戏，到南京卖唱为生。十三岁那年，正遇张勋攻打南京，我跟胡老板逃回上海。以后到北京陕西巷云吉班卖唱做生意，就认识了蔡将军。这时，奶妈从江西来京，找着胡老板……蔡将军就出钱替我赎身，我才回到奶妈身边，仍在云吉班做生意。"这段"自我陈述"基本是可信的。而她在"八大胡同"与蔡锷相识时，只有十六七岁而已。

据接触过小凤仙的人称，她"面作瓜子形，色纯白，体态轻盈，远望若仙子"。但是"惜腭部左右有二牙外露，开口颇损美观"。可见小凤仙姿色平平，并不算特别漂亮。蔡锷在"八大胡同"遇见她的时候，她只是一名普通的歌妓。据蔡锷的老部下、原云南第二师师长，当时同在北京的李鸿祥后来回忆，有一天他陪蔡锷去陕西巷云吉班听戏，发现小凤仙唱得不错，二人由此相识。后来蔡锷曾出钱替小凤仙赎身，使得她可以以自由身回到奶妈身边。

小凤仙

可能因为风尘女子的特殊心理，小凤仙受了蔡锷如此大恩大德，从而对蔡锷产生爱慕之情也是情理之中的事情。但是蔡锷那时却没有太多的心思在儿女情长之上，他面临的状况是政治压力，他要如何逃脱袁世凯的监视，才能回到云南发动武装起义？如果真像演义故事所说的那样，蔡锷仅仅是靠小凤仙的协助就秘密逃出了北京，显然经不起推敲。因为袁世凯即使当天不知道，第二天肯定也知道了，他有大把的时间可以调动人马追回蔡锷。所以如果从史实的角度分析，蔡锷的顺利逃脱还是靠自己的周密计划。

1917年4月12日，由黎元洪担任大总统的北洋政府在长沙岳麓山为蔡锷举行了民国史上第一次国葬。其间曾发生了一段小插曲，由衡州名士王血痕代撰、署名小凤仙的两副挽联迅速传遍全国："不幸周郎竟短命，早知李靖是英雄""万里南天鹏翼，直上扶摇，那堪忧患余生，萍水姻缘成一梦；几年北地胭脂，自悲沦落，赢得美人知己，桃花颜色亦千秋。"

纵然这只是文人们的可疑渲染，但也算是给"护国将军"传奇的一生画了个圆满的句号吧！

可以肯定的是，自从蔡锷去世后，小凤仙的日子注定也不会好过。就如同当年的赛金花一样，对于这类风尘女子而言，人生当中最灿烂的日子总是那么短暂。在蔡锷公祭典礼上的露面，很可能就是小凤仙最后一次出现在公众视野中了。自此以后，她就仿佛从人间蒸发了一样，留下的则是各种猜测与传言。有传言说，当年掩护蔡锷离开北京后，小凤仙重回陕西巷的云吉班，她先是遭到了逮捕，放出来之后，云吉班一下子顾客盈门，因与蔡锷的风流韵事，让小凤仙和云吉班一起名声大噪。而或许是因为她的妓女身份，蔡锷的故交与部下都对小凤仙很不感冒，生怕她败坏了蔡锷的一世清名。因此又有一种说法声称小凤仙从此闭门谢客，不久便离开了"八大胡同"，漂流四海，不知所踪。据说在天津，她曾嫁给奉系的一名师长，后随夫来到沈阳；1949年，寡居的她又嫁给一位姓李的锅炉工，并且改名为张涤非。1951年年初，京剧艺术大师梅兰芳率剧团去朝鲜慰问赴朝参战的志愿军，途经沈阳演出，下榻于当时东北人民政府交际处的招待所。可能是迫于生计，小凤仙与曾经相识的梅兰芳取得了联系。在后者的帮助下，她被安排在省政府幼儿园里工作。1954年春，因患老年痴呆和脑血栓等病，这位曾经演绎了动人传奇的风尘女子默默地离开了人世。

四、西洋"客卿"

凡是到过北京的人，通常都会去著名的王府井商业街逛一逛。虽然这条大街的历史据说至少可以追溯到好几百年前，然而历经岁月的变迁，如今这里已然是充满各国名牌的商业宝地了，几乎再难寻找到旧日的历史气息。恐怕很少有人知道，在20世纪初的几十年间，这条街曾经被外国人称为"莫理循大街"。而这个名字的由来，则源于清末民初著名的"中国通"莫理循。当年，他的住宅就位于王府井大街98号，现今东方新天地的斜对面。

时光倒退100年，如果一位外国人在北京前门火车站下车准备乘坐黄包车，那么黄包车夫很可能二话不说就把他拉到"莫理循大街"。因为在他们的眼里，几乎所有外国人来北京都是为了拜访莫理循的。至此，相信您一定会对这个神秘的外国人产生兴趣了吧？那么，此公究系何方神圣，竟能在当时的中国拥有如此高的知名度？其实他的履历很简单：19世纪末20世纪初英国《泰晤士报》驻华首席记者，1912—1920年中华民国总统政治顾问。然而就是这样一位看似简单的外国人，他的故事可不寻常。

乔治·厄内斯特·莫理循（George Ernest Morrison, 1862—1920），澳大利亚出生的苏格兰人，1887年毕业于爱丁堡大学医科，1894年来到中国，从此就与这个古老国家结下了不解之缘。在清末民初那个风云激荡的年代，他亲身经历和参与了一系列重大历史事件：戊戌变法、义和团运动、八国联军入侵、日俄战争、辛亥革命、民国成立、袁世凯复辟、巴黎和会等等，并以特殊的身份对当时的中国产生了相当大的影响。

1894年，31岁的莫理循第一次踏上中国的土地。这位身材高大的澳大利亚年轻人，像此前很多西方冒险家一样，靠着为数不多的钱完成了在中国西南各省的旅行。第二年，已经身无分文的他把自己的旅行见闻整理成一本书——《一个澳大利亚人在中国》，原本默默无闻的莫理循由此逐渐为人所知。当时，刚刚经历了甲午战争的中国备受西方人的关注。为了更加及时地报道中国，总部设于伦敦的《泰晤士报》决定聘用莫理循为该报常驻远东记者。当得知自己的月薪将高达50英镑时，莫理循兴奋地接受了这项任命。毕竟在那个年代的中国，50英镑可以办很多事。实际上仅

袁世凯的外国顾问们合影,右二为莫理循,1915 年摄于北京

第三章 三教九流

袁世凯的重要外国顾问莫理循

过了一年多,莫理循就在北京使馆区租了一套房子,并且一下就雇了七八个仆人,而这些仆人的月薪加起来还不到 6 英镑。值得一提的是,莫理循对他的仆人还是很厚道的。据说每隔两三年,他便郑重其事地请照相馆上门为他和仆人拍摄合影照片。

从担任《泰晤士报》的记者起,莫理循此后便几乎一生都待在中国。而在 18 年的记者生涯中,他以敏锐的眼光和宽广的胸怀,向西方报道了许多重大事件,从而在相当程度上影响了西方人对中国的看法。例如在 1900 年,他以亲历者的身份,利用《泰晤士报》向西方世界客观公正地报道了北京的义和团运动,认为一些西方传教士不尊重中国人感情是整个事件的重要起因,这在一定程度上驱散了"妖魔化"中国的舆论迷雾。正是由于其巨大的影响力,当时曾流传一种说法:莫理循的一篇报道抵得上中国官员的三份奏折。尽管他始终没有学会中文,所掌握的中文词汇不超过 20 个,

莫理循在其位于王府井大街的住宅门口

但人们还是一致将其视为"中国通"。

1902年,或许是对使馆区"国中之国"的环境心生不满,一直希望与中国人住在一起的莫理循搬到了王府井大街,此后在这里一住就是15年。而由于他的到来,这条著名的商业街干脆被称为"莫理循大街"。凭借着优厚的待遇(那时他的月薪已涨至100英镑),莫理循购买了一座大宅子。为了研究方便,他甚至在宅院内建了一座图书馆,里面收藏了两万四千多册图书以及各种册子、地图和文件。由于这层原因,莫理循的住所常年门庭若市,几乎每天都有来自世界各地的到访者,希望在这里获得有关中国的信息。于是就出现了20世纪初北京著名的笑话:很多刚到中国的外国人

莫理循与他的孩子们

都抱怨，一下火车，黄包车车夫不由分说便把他们从前门火车站径直拉到王府井大街的莫理循家。因为在车夫们看来，当时所有来北京的外国人，必定是来找莫理循的。

抱怨归抱怨，当时的人们确实无法忽视莫理循对中国事务的影响力。例如在1904年，他以《泰晤士报》为阵地，发动了一场遏制俄国对华影响的运动，最终促使日本下决心与俄交战，以至于当时的国际舆论界把"日俄战争"称之为"莫理循的战争"。1910年，为了更深入地了解中国的腹地，莫理循花费了半年的时间对中国西部进行考察。他从陕西咸阳出发，途经甘肃平凉、兰州、凉州（今武威市）、甘州（今属张掖）、肃州（今属酒泉），出嘉峪关进入新疆，经哈密、乌鲁木齐、石河子，一路西行到达伊犁，尔后向南翻越木扎尔特冰川，经阿克苏到达喀什葛尔，后向西过乌恰，最后到达奥什。通过此次考察，莫理循积累了大量第一手资料。也正是由于莫理循的努力，《泰晤士报》俨然成了西方世界报道中国的权威。

如果在《泰晤士报》的记者岗位上干到退休，莫理循虽然仍能被人们视为"中国通"，但却绝对不会达到后来的高度——能对中国内政外交产生重大影响。而随着中华民国的成立，莫理循也迎来了他自己人生的重大转机。

1912年5月，莫理循突然接到大总统袁世凯的秘书蔡廷干的一封信，信中说，中华民国希望莫理循能接受聘请担任政府顾问。原来在就任大总统后，为了寻求列强的进一步支持，袁世凯对号称"中国通"的莫理循产生了兴趣，便向其发出了邀请。巧合的是，就在不久前，《泰晤士报》伦敦总部发生了人事变动，新任的国外新闻部主任认为，莫理循对中国的报道有失客观，因此对他的工作产生了怀疑，并准备另派记者前来接替莫理循的位置。经过短暂的考虑后，莫理循便接受了袁世凯的聘请，正式成为中华民国的政府顾问，年薪3500英镑，是他当记者时的3倍。更令50岁的莫理循高兴的是，不久他又获得了21岁的女秘书珍妮小姐的芳心，随后与之结婚。此时的莫理循，真可谓事业爱情双丰收。

如果单从其敬业精神论，身为袁世凯顾问的莫理循真算得上是忠心耿耿。在任职期间，他几乎将全部的心思都用在了"如何维护袁世凯的形象"上。早在1912年8月，那时他刚上任不久，由于民国政坛闹出了内阁总理唐绍仪愤然辞职风波，国际舆论曾对袁世凯多有指责。因为唐绍仪当年曾留学美国，在西方社会拥有较高的声望。而莫理循为了替雇主挽回形象，竟不辞辛苦亲自前往伦敦发表演说，并利用自己的人脉在各大报纸上发表文章，极力为袁世凯塑造强有力的"领袖形象"，并呼吁西方人对这个国家的未来充满信心。他的这第一次亮相无疑获得了成功，袁世凯本人也因此对他抱有极大的好感。可能是为了表达自己的感激之情，袁世凯还将自己最喜欢的一张肖像照送给莫理循，并在上面亲笔题写了"赠莫大夫"的字样。

作为一位名副其实的"中国通"，莫理循没有理由对当时中国的现实熟视无睹。他眼中也看到了当时的政局混乱、民生凋敝……然而别看莫理循是个洋人，却深谙

担任袁世凯的政治顾问期间，莫理循与他的同事们合影，1915年摄于北京

照鉴北洋：历史影像背后的历史

为了表达对莫理循的感激之情，袁世凯特意赠给他这张个人肖像照，并在上面题写了赠言。照片由天津福升照相馆摄

"食君俸禄，为君分忧"的道理。既然接受了袁世凯的聘请，他就坚定了这样一个信念：拥有丰富政治经验的袁世凯是当时中国唯一可以信任的领袖，是"中国的未来"。他发自内心地希望袁世凯能成为"理想中的领导者"：具备绝对权威，在世界有影响，以英国式的资本主义政治、经济、文化、外交为其指导方针，能够把中国引领向强大、光明的未来。也正因如此，莫理循对袁世凯基本上持袒护态度。即便在1913年宋教仁遇刺后，当许多舆论都公开指责袁世凯时，他也一反常态，选择保持沉默。

1913年10月10日，袁世凯成为中华民国的正式总统。作为为数不多的外国贵宾，莫理循应邀参加了就职典礼。然而在此后，袁世凯的种种作为似乎离莫理循的期望越来越远。但是即便袁世凯推行的是专制独裁，莫理循仍然对其充满信心。在一次接受澳大利亚记者的采访时，他曾直言不讳地表明：袁世凯最适合当总统，如果袁世凯辞职了，国家将陷入无政府状态。可惜的是，尽管莫理循费尽心思地为袁世凯谋取国际声誉，但后者却最终做起了"皇帝梦"。这一行为无疑触碰了莫理循的道德底线，他对于袁世凯称帝表示极力反对。眼看无法阻止袁世凯一意孤行，沮丧的他在日记中写道："为中国政府服务，我担心自己正在一步步堕落。……他这么做违背了他的所有誓言，将他的所有理念都抛到九霄云外。袁世凯自己原先并不想当皇帝，但在其子和被他冷落的原配夫人的影响下，他正为登上皇帝的宝座而调兵遣将。这与日本人和孙逸仙的预言一致。他使自己、他的国家和他的顾问成为笑柄。"就在袁世凯称帝的当天，莫理循愤怒地评论道："袁世凯今天接受了帝位。真令人吃惊！装模作样，愚蠢至极！"后来，对自己当初的卖力多少有些后悔的莫理循也终于开始反省："袁世凯把事情搞得一塌糊涂，我比以往任何时候都更清楚地认识到，过去为他工作如此热情是犯了多大错误。"但是尽管如此，对于中国的感情仍促使他在紧要关头为袁世凯出谋划策。

　　1915年2月5日，原本已受到冷落的莫理循突然被袁世凯召见。一见面，来不及寒暄，满脸愁容的袁世凯便将一份文件递给莫理循，并要求他不要做记录。打开这份神秘的文件，莫理循不禁大吃一惊。原来，这正是几天来在秘密谈判中日本强加给中国的条件，也就是后来臭名昭著的"二十一条"。读完这些条款，莫理循不由倒吸一口冷气。袁世凯还对他表示，对于日本人的苛刻条件他是绝不接受的，并愤愤不平地说哪怕"日军打到新华门也不同意"。出于对中国政府的同情，莫理循随即便展开了一场特殊的行动，而其最终目的便是把日本人的野心向全世界公布。在当天告别袁世凯后，他即做了一份备忘录，记录下了关于"二十一条"的基本内容。对于日本人的"狮子大开口"，身为中国政府顾问的莫理循自然无不愤慨。可惜的是，鉴于自己的特殊身份，他是不能把这个消息透露给外界的。情急之下，莫理循想出了一招儿妙计。2月10日，他主动邀请同样来自澳大利亚的朋友端纳到家中做客，后者恰好是他离开《泰晤士报》之后的继任者。在二人简短聊了一会儿后，莫理循提到了中日正在进行秘密谈判。不过当端纳试图询问详情时，莫理循没再多说什么，而是装作不经意地将一叠文件放在了桌子上，然后对端纳说："对不起，我要出去喝杯茶，过一会儿就回来。"精明的端纳自然心领神会，当即伸手抽出莫理循暗示的那些文件，然后拍下照片匆匆离开。至于莫理循，则颇为得意地在日记中写道："我尽可能地写好消息，它将在《泰晤士报》上发表。"果然仅过了一天，《泰晤士报》便以"'二十一条'纲要"为题进行了报道。不久上海的英文报纸《字林西报》、美国的联合通讯社也纷纷转载了这条消息。 一时之间，关于日本强迫中国签订不平等条约的新闻被炒得沸沸扬扬。消息公布后，美、俄、英三国乃电令各本国驻日公使向日本外务部要求，希望获知中日秘密谈判的内容,尤其是日方的条款。日本迫于国际压力,乃将其中较为普通的 11 款以正式文书通知各国,但仍然隐瞒第五号内容。由于日本向欧美列强公布的条款没有损害他们在华利益,因此,报刊舆论对欧美列强产生的影响没有达到袁世凯政府所希望的效果。于是莫理循在袁世凯的授意下,干脆将"二十一条"全部文本交与美、俄、英等各主要使馆,试图继续引起他们的重视。"二十一条"被曝光后,日本仍企图欺瞒欧美各国,同时日本报纸对莫理循大加攻击,但是莫理循并未停止对日本侵略野心的揭露,他还积极地向中国政府建议拍照复制"二十一条"全部文本的备忘录,从而保留了日本妄图灭亡中国的确凿证据。经过莫理循等人的奔走努力,中国政府的"拖延外交"也算取得了一些成效。实际上,当中日双方最终签订条约时,日本人所得到的权益远少于他们所期望的。

尽管仍在为袁世凯政府不遗余力地工作,但对袁世凯已丧失信心的莫理循毅然决定,一旦自己的任期结束,他将离开中国。不过就在离开中国之前,他又为北洋

准备外出考察的莫理循

政府谋划了几个重大决策，首先就是极力促成中国参加第一次世界大战。早在"一战"爆发后不久，国际意识敏锐的莫理循便向还在台上的袁世凯递交了一份备忘录，其中列举了参战的种种好处，而最主要的一项是可以提升中国的世界政治地位，二则是可以借此振兴中国的经济。由于袁世凯不久后暴亡，莫理循又向继任大总统的黎元洪递呈了关于中国加入协约国的备忘录，劝说黎元洪参战。为了获得国际支持，他还游说日、俄、英、美等国。1917年2月8日，莫理循又向掌握实权的段祺瑞递呈了关于中国参战的备忘录。3月4日，中国政府断绝了与德国的外交关系。眼看"一战"的局势已经明朗，协约国的取胜也只是时间问题，8月14日，犹豫了好几年的中国终于对德宣战。

"一战"结束后，莫理循又积极参与了中国政府收回权益的外交活动。1918年12月，应总统徐世昌之邀，他以"中国巴黎和会代表团技术顾问"的身份前往欧洲。在伦敦，由于他连夜修改中国代表团准备提交的文件，结果劳累成疾，最终没有如愿前往巴黎。在伦敦养病期间，莫理循听到了中国代表团遭遇失败并引发国内的五四运动等一系列消息。至此，他对于中国的所有热切期望似乎都化为了泡影。1920年1月，莫理循因病没能如愿再度返回中国，而是病逝于英国的西德茅斯。为了纪念他与中国的这段情缘，人们为他修建了一座特殊的墓地，上面没有按西方惯例竖十字架，而是用中国样式的汉白玉围栏围起，墓碑上则写着"北京的莫理循"。

值得一提的是，1917年，即将结束自己担任中国顾问任期的莫理循决定出手收藏的所有东方文献。消息传出后，不少国家的机构和学者纷纷表示关注，其中尤以美国的哈佛大学、耶鲁大学和加利福尼亚大学最为积极。但莫理循其实是想把图书留在中国的。据说他曾公开提出："如果中国人购买，我将把我在北京的不动产，即建有防火设备的图书馆送给政府。"遗憾的是，由于北洋政府正陷入军阀混战，经费紧张，根本就无暇顾及文化事业，而一些民间人士也因为价格问题望而却步。结果，一向善于在这方面"捡漏"的日本再次捷足先登，最后莫理循以3.5万英镑的价格卖给了日本三菱财团。后来，日本人在莫理循文库的基础上建立了东洋文库，最终成为"东方学家的麦加"。

民国初期还有一位声名显赫的西洋"客卿"，他与莫理循出身、经历极其类似，这就是威廉·亨利·端纳（William Henry Donald, 1875—1946）。作为20世纪上半叶在中国政坛最为活跃的外国人之一，端纳堪称是中国近代历史最有发言权的少数西方记者之一。巧合的是，与莫理循一样，端纳也是出生在澳大利亚的苏格兰人，并且也是通过记者这个职业接触到中国政治的。在从晚清到南京政府的四十多年时间里，他一直活跃在中国政坛上，曾先后担任张人骏、孙中山、袁世凯、张学良、蒋介石等重要政治人物的顾问。以至于有人评论说，端纳是继马可·波罗之后，又一个和中国统治阶级上层人物结成极密切关系的洋人。又因为他有远超其他洋人的纯洁对华感情，所以常被西方人称为"中国的端纳"。

1875年，端纳出生于澳大利亚新南威尔士州一个小城。1903年，希望在东方闯荡出一番事业的他来到香港，成为《中国邮报》的一名编辑，从此开始了自己在中国的传奇生涯。由于在新闻方面的造诣，端纳后来成为《中国邮报》的总经理，不久又被聘为《纽约先驱报》和《远东评论》的特派记者。难能可贵的是，端纳身上似乎拥有一种魔力，使他能够与中国高层政治人物迅速建立起特殊的关系。刚来中国不久，他就在广州受到了两广总督张人骏的接见。结果由于其为人正直而诚实，张人骏当即就聘端纳为不拿报酬的名誉顾问，这也为后者获取各种独家新闻提供了便利。特别值得一提的是，在与张人骏共事期间，当日本人要求广州地方政府为一起外交纠纷磕

端纳（左）与宋美龄合影，1936年

头赔礼时，义愤填膺的端纳居然在当地发动了大规模的抵制日货运动，最终迫使日方作出让步。从此，日本人牢牢记住了"端纳"这个名字。尽管遭到了日本人的忌恨，但端纳却因此赢得了中国人的好感。

不过，与张人骏的良好关系并不能改变端纳对清王朝的态度。在中国生活了几年后，端纳越来越不满清朝的腐败，并对革命党人产生了同情。他主动前往香港与孙中山会面，并通过胡汉民与革命党人建立起密切的合作关系，此后更是一直替他们出谋划策。武昌起义后，端纳在上海不遗余力地协助革命党领导人工作，为他们极力谋求各方的支持。不仅如此，他还身体力行地亲自参与到起义行动中。他敦促革命党人尽快组成江浙联军攻打南京，甚至曾策划暗杀清军统帅张勋的行动，只可惜未能如愿。更令人感佩的是，为了证实通往南京的铁路上是否埋有地雷，他居然冒着生命危险，与美孚公司镇江办事处经理安德森一起驾驶一节火车头，从镇江一直开到南京城外的紫金山麓。在随后江浙联军攻打紫金山天堡城的战斗打响前，他自告奋勇地独自攀登紫金山进行侦察，还亲手向南京城发射炮弹并命中目标。战斗打响后，他下山来到太平门外一个小车站的电报局，作为亲临现场报道南京之役的唯一外国记者，向著名的澳大利亚《先驱报》发出新闻电讯。这份电讯对于澄清真相，使国际上同情和支持革命党人占领南京有着重要意义。事实证明，南京之役的胜利对于辛亥革命的最终胜利起到了决定作用，端纳自然也功不可没。

占领南京后，端纳参加了南北会谈。在 1912 年元旦临时大总统就职典礼上，他也是仅有的几名外国嘉宾之一。回到上海后，端纳受孙中山的委托，在汪精卫、温宗尧等人的协助下，替革命政权起草了一份宣言，全面阐明了推翻清王朝的意义及新政权的各项政策。据说在拿到这份文件后，孙中山连一个逗号也没有动就签字了。此后的一段时间里，端纳俨然成为南京临时政府的"管家"，他事无巨细地操劳着。鉴于他的巨大贡献，孙中山任命其为"中华民国外务高级参议"，并在写给他的感谢信中说："你尽了最大努力使我们的主义传布到全世界而且使革命成功"，随信还附上一枚特制金质奖章，上面镌有孙中山及端纳两人的名字。

然而，随着中国国内政局的激烈变化，端纳与革命党人的"蜜月期"也宣告结束了。或许是出于政治理念的差异，自"二次革命"后，他与孙中山等人基本上就分道扬镳了，转而与自己的同胞、袁世凯的政治顾问莫理循走到一起。在私下里，他甚至讽刺过孙中山。尽管如此，端纳在关键时刻仍显示出其为人义气的一面。在危急关头，他曾先后帮助革命党人王正廷、蔡锷等人出逃。与此同时，出于一名记者的职业敏感,也出于对袁世凯政府的同情,端纳与莫理循默契配合,最终将日本强加给中国的"二十一条"内容通过报纸公布于众,最终使日本获得的权益大打折扣。有趣的是,端纳此人似乎天生有着同情弱者的本能。1916年,当称帝失败的袁世凯陷入穷途末路时,端纳为保障其人身安全,竟曾建议美国公使借给自己一小队美军士兵,由他率领闯入新华宫将袁带走。好在后来袁世凯本人改变了主意,否则中国近代史说不定将出现戏剧性的一幕呢。

袁世凯死后,与同胞莫理循的落寞形成鲜明对比的是,端纳在中国的政坛上似乎更加吃香了。他凭借着独特的个人魅力,与各路军阀自如地周旋,无论是段祺瑞、冯国璋还是张勋,都将这个澳大利亚人视为贵客。与孙中山之间的关系也一直维持着。1925年,孙中山在北京病危前夕,端纳还曾到医院探视这位昔日的亲密战友。1926年,与他的同乡莫理循一样,端纳被北洋政府正式聘为顾问。受财政总长周自齐的委托,他创办并主持了"经济情报研究所"的工作,负责对全国的经济调查统计。直到7年后,端纳才自掏腰包承担了该机构运行期间产生的亏空,将其移交给了南京国民政府。而在南京国民政府时期,他又与蒋介石、张学良等人有密切的合作关系,

端纳曾参与调停西安事变,图为他(右)与张学良在一起,1936年

甚至成为西安事变的主要调停人。

虽然在其一生中，端纳始终顽固地保持着自己的习惯，如不吃中国菜，不学中文，但其对中国的特殊感情是任何外国人都无法比拟的。自晚清以来，几乎所有曾服务于中国的西洋"客卿"都是冲着优厚的待遇而来的。而端纳之所以与众不同，就是因为他是自愿为当时的中国政府服务，并且几乎不拿薪水。正如他曾经所说的："我不忍心给这个贫穷的国家再增加什么负担。"事实证明，他是这么说的，也是这么做的。例如在出任北洋政府经济情报研究所的所长时，官方本来给他月薪2万大洋，但这笔钱却全被他用于所内的各项开支，以至于他被当时北洋政府的许多官员私下里讥笑为"天字第一号的傻瓜"。可以说，在端纳的身上，我们多少可以看到国际主义精神的影子，他是极少数打中国牌而不从中国人身上攫取私利的西洋人之一。当在香港购买了一艘游艇时，端纳甚至将其命名为"美华"号，以示对中国的爱心。他多次对友人说："如果哪一天中国人把我踢出国门，我就驾着'美华'号去太平洋遨游，直到死！"最后他真的这样做了。正因如此，西方评论家认为："在世界历史上，几乎没有人像端纳为中国工作那样，在一个不属于自己的国家里扮演了如此重要的角色。"而对于一直企图"征服中国"的日本人而言，端纳简直就是"煽起中国人反对天皇的西洋鬼魅"，因此后来曾多次以重金悬赏捉拿他。值得一提的是，在中国生活四十多年间，端纳竟一次都没有回过故乡澳大利亚。就连他的妻子也自1920年后就长期居于香港，二人多年分离。1946年，当端纳临终时，妻子安和女儿曾前去照料他，但安却充满哀怨地说："端纳哪里是和我结婚，他是和中国结婚了。"

1946年11月9日，端纳溘然长逝。虽然他当时已与老朋友蒋介石、宋美龄形同陌路，但在听说他希望能长眠于中国时，宋家仍破例在自家墓地辟出一角安葬了这位被称作"中国的端纳"的澳大利亚人。

五、我是记者我怕谁

在许多人的印象中，军阀混战的北洋政府时期无疑是近代史上政治黑暗、社会动乱、民生凋敝的一个时期。我们姑且不谈这些结论是否属实，但有一点是可以肯定的：这一时期，由于多种因素的共同作用，以报刊媒体为核心的公众舆论事业却极为发达。特别是在袁世凯死后，黎元洪、段祺瑞等人执政期间，北洋政府下令解除报禁，废除《报纸条例》，使得近十年间中国的舆论事业获得相当的自由度，从而为报刊的生存发展提供了空间。在一次国务会议上，当一些人提出要控制媒体时，当时作为北洋军阀首脑的段祺瑞却说："限制舆论的做法不适合共和国的国体，对舆论应先采取放任主义，以后视情况再说。"于是便出现了一个奇特现象：北洋军阀统治下居然出现了言论最为自由的局面。

曾专门研究过中国报刊舆论发展史的林语堂认为，近代中国报刊舆论事业有两个黄金时期，即 1895—1911 年和 1915—1925 年。事实正如林语堂所言，在北洋政府统治的十余年间，无论就数量还是影响力而言，中国的新闻舆论事业都曾呈现出一派繁荣局面，特别在北京、上海这样的大城市中更为显著。北京作为当时北洋军阀的中央政府所在地、统治中心和文化中心，报刊业的发展极为迅速。据统计，仅在 1911—1925 年，北京就先后有四百七十余种报刊出现。当然，北京的这种情形是有非常特殊的背景的，因为当时许多军阀为了吹捧自己，攻击他人，所以才纷纷办报纸、开通讯社。据《晨报》在 1925 年底公布，接受北洋军阀六个机关"宣传费"的报社、通讯社就有一百多家，加上那些空立名目，市面上见不着报纸的报社和不发稿的通讯社就更多了，大约在二百家以上。那时北京的人口只有一百万左右，居然有这么多的报社、通讯社，实在是畸形。

显而易见，报刊媒体一旦发展起来，随之而来的便是制造舆论并领导舆论。诚然，北洋政府时期的众多报刊媒体都有不同的背景，所代表的利益群体也各自有别，例如《申报》《新闻报》是较纯粹的商业化报纸，《东方杂志》是自由主义学者的阵地，上海《民国日报》则是当时激进的国民党的机关报之一，《京报》代表着激进自由主义者的立场，《晨报》是研究系的机关报，《现代评论》被视为当时中国最具影响力的知识分子精英的传话筒……但毋庸置疑的是，几乎所有报人都能意识到自身所应有的责任和地位。近代言论界泰斗梁启超就认为,报纸最主要的两大职能便是监督政府和引导国民;并认为报纸应和政府处于平等地位,甚至有点过于自信地说出"报馆者,国家之耳目也,喉舌也,人群之镜也,文坛之王也,将来之灯也,现在之粮也"之论。甚至有人乐观地说:"民国向例,凡悍然不顾舆论者,其始为一部分之舆论所不容,其继为全国舆论所不容,其继为旅外华人之舆论所不容,其继为各国之舆论所不容。于是'众口铄金,积毁销骨',无病而死,不战自败。乃知中华民国未尝无舆论,而舆论之势未尝不强。此亦快心之谈也。"

为了施展自身在舆论界的影响,各报刊媒体纷纷发挥自己的优势,一方面真实地报道新闻事实,另一方面则客观地发表言论。例如以《申报》《时报》《新闻报》《世界日报》《大公报》等为代表的商业化报纸,其主要优势在于大容量、迅速而真实的新闻报道。而有些报刊则不断通过犀利尖锐的言论来对舆论施加影响。北洋政府时期,许多报人都坚定地认为"言论理应是国民公共意志在报纸上的体现"。比如由邵飘萍主办的《京报》,1918年10月创刊,其创刊词中就坚决表示:"必使政府听命于正当民意之前,是即本报之所为作也。"或许正是受到这些现象的鼓舞,当时的舆论界人士表现出了相当的乐观态度,他们均对报刊寄予很高的期望,认为它们应该与政府国民发生紧密的联系。著名报人戈公振曾说:"报纸者,表现一般国民之公共意志,而成立舆论者也。故记者之天职,与其谓为制造舆论,不如谓为代表舆论;更进一步言之,与其令其起而言,不如令其坐而听,耳有所听,手有所记,举凡国民欢笑呻吟哭泣之声,莫不活跃纸上,如留音机然。则公共意志自然发现,而舆论乃有价值而非伪造。否则报纸自报纸,国民自国民,政府自政府,固丝毫无关系也。"

正是在这样的背景下,民国早期涌现出一大批具有社会影响力的记者,而黄远生、邵飘萍、林白水更是其中的佼佼者。诚然,这三大记者都无一例外地

近代重要言论家梁启超

死于非命，但他们却分别用自己的生命诠释了什么是真正的记者。他们那副"我是记者我怕谁"的气势恐怕至今也令人震撼。

黄远生（1885—1915），字远庸，笔名远生，江西德化人，被称为"中国第一个真正现代意义上的记者"。而从其经历来看，黄远生无疑是近代史上身份最特殊的一位记者了——他曾是清朝最后一批进士。黄远生出身于书香门第，1903年18岁时考中秀才，同年中举人，次年参加清王朝最后一次会试，结果高中进士。虽然少年得志，但无意仕途的黄远生却选择了留学日本。1909年回国后，身为"高级海归"的他先后历任清政府邮传部员外郎、参议厅行走、编译局纂修、法政讲习所讲员等职。也就是从这时起，他开始踏入新闻圈，经常为京沪等地的报刊撰写国际时事评述。辛亥革命爆发后，黄远生索性辞去官职，专门从事新闻工作。曾担任过《申报》《时报》《东方日报》《亚细亚日报》的特约记者，同时还经常为《东方杂志》《论衡》和《国民公报》等报刊撰稿。他自创的"远生通讯"对当时几乎所有重大事件都进行了及时而深入的报道。由于他的文章犀利泼辣，观点鲜明，见解独到，因此总能抓住广大读者的心。

1915年，为了笼络新闻界的名人为自己复辟帝制造势，袁世凯看中了黄远生这位重量级人物，随即便聘其为《亚细亚日报》的总撰述，该报实际上是袁世凯的"御用"媒体。据说袁世凯开出的价码非常诱人：10万元的报酬外加一个部长的官位，而条件只不过是撰写赞成帝制的文章。面对袁世凯方面的不断压力，黄远生先是拖延，继而于9月初悄然逃至上海，并在各大报刊上发表反对帝制的文章。为了躲避迫害，他又在一个多月后远赴美国旧金山，却不料这一去竟踏上了不归路。

令黄远生没有想到的，本来他是坚定的反袁斗士，不料却因为一场误会被人视作袁世凯的同党。原来在抵达旧金山后，当地的英文报纸便有报道称，中国国内著名的记者"Yuan-Yung

黄远生

第三章　三教九流　zhaojian beiyang
lishi yingxiang beihou de lishi

民国著名记者邵飘萍

Huang"来到了美国。按照西方的惯例,"Yuan-Yung Huang"本来是"黄远庸"(黄远生的本名)的音译,而巧合的是"远"与"袁"正好同音。结果在反袁情绪高涨的旧金山华侨中,许多人竟将他当成了袁世凯的本家,其来美国的目的无非是鼓吹帝制。于是悲剧便发生了。当地时间12月25日下午6时许,黄远生正在旧金山唐人街的广州楼内用餐时,突然有一位陌生人在背后近距离对他连开两枪,一代英才竟这样糊里糊涂地送了性命。

令人费解的是,黄远生被暗杀后,有关凶手的情况一直扑朔迷离。在很长一段时期内,外界纷纷将矛头指向袁世凯,认为他是因试图利用黄远生不成转而杀之泄愤。然而在此事过了近七十年后,随着一些内幕资料的披露,人们才惊奇地发现,原来真正的凶手竟然是革命同志刘北海。直到20世纪80年代中期,生活在台湾的刘北海临终前才全盘托出实情:当年,中华革命党美洲总支部负责人林森奉高层之命,派时年仅30岁的刘北海执行了这次暗杀。至于真实的理由,并非是误将黄远生当成了袁世凯的本家,而是因为黄当年曾在报纸上对某些革命领袖进行过猛烈批评。

黄远生的出现,只是拉开了记者黄金时代的序幕。在他之后,北洋时期又涌现出两位天不怕地不怕的记者——邵飘萍和林白水。这两人不但经历相似、性情相似、风格相似,就连最终的结局也惊人相似。

邵飘萍(1886—1926),原名振青,浙江东阳人。他少年聪慧,14岁即中头名秀才,后入浙江高等学府,期间开始为《申报》撰稿,并被聘为该报特约通讯员。辛亥革命后,邵飘萍在

邵飘萍

杭州参与主办《汉民日报》，先后任编辑、主编。因发表公开反对袁世凯的文章而多次被捕，出狱后赴日本留学。在日本，他结识了孙中山、黄兴、李大钊、章士钊等人。1915年12月，袁世凯准备称帝的消息传出后，上海新闻界电邀邵飘萍回国加入倒袁斗争。由于他在新闻界的声望，回国后即担任《申报》《时报》的主笔，还为《时事新报》撰文。在不到半年时间里，他就在《时事新报》上发表了36篇社论、134篇时评，对袁世凯进行猛烈抨击，而后者也对其无可奈何。袁世凯死后，邵飘萍被史量才聘为《申报》驻北京特派记者，成为中国新闻史上第一位特派记者。从这时起，他用"飘萍"的笔名撰写大量报道。由于这些报道大多揭露北洋政府的黑暗与丑闻，一时风靡全国，"邵飘萍"这个名字也在全国舆论界如雷贯耳。

在北洋那个特殊的年代，作为一名记者，邵飘萍在采访独家新闻方面有着常人没有的勇气和智谋。例如在1917年，时任内阁总理的段祺瑞本来已决定参加"一战"，但是因为种种顾虑而未敢公之于众。而在社会上虽然对于此事议论纷纷，但始终没有确切消息。为了获得这条独家新闻，邵飘萍竟孤身一人前去硬闯国务院，想从段祺瑞口中套出消息。据说第一次他开着自己的车去，结果被卫兵拦住了，第二次他又通过私人渠道借了一辆挂有总统府车牌的汽车长驱直入，但在段祺瑞办公室门口被拦。只见邵飘萍不慌不忙地拿出一大把钞票对门卫说，无论段总理接见与否，先给你一半，如果有幸得到接见，则另一半也归你，权当茶水费。最终，段祺瑞竟真的接见了他。不过起初段祺瑞对于邵飘萍的询问坚决不松口，但后者一直软磨硬泡，甚至发誓如果三天之内在北京走漏风声，愿受处置，并以全家性命财产为保。末了，段祺瑞终于披露了参加协约国对同盟国作战的决定，连其中细节也吐露无遗。邵飘萍如获至宝，从总理府出来后立即驱车直奔电报局，以密电将详细情况传到上海。结果第二天，上海的《申报》和《新闻报》立即以号外特大新闻发表，一下子印了十几万份，轰动整个上海滩。而过了五天后，随着这条号外流入北京，段祺瑞才如梦初醒。对于邵飘萍的这种本事，著名报人、《大公报》的总经理张季鸾曾感慨地说："飘萍每遇内政外交之大事，感觉最早，而采访必工。北京大官本恶见新闻记者，飘萍独能使之不得不见，见且不得不谈，旁敲侧击，数语已得要领。其有干时忌者，或婉曲披露，或直言攻讦，官僚无如之何也。"

为了摆脱外界势力的控制，独立发言与报道，把真实情况告诉民众，邵飘萍决定自己出资办一份报纸。1918年10月5日，他辞去《申报》的职务，创办了《京报》。《京报》创刊时，邵飘萍特意写了四个大字"铁肩辣手"挂在编辑室正面的墙上，以自勉和激励同事。由于始终以"探求事实不欺阅者"为第一信条,凡事必力求实际真相,《京报》很快就受到广大读者的喜爱。创刊不久,《京报》的销量就从最初的三百多份一下上升到了四千多份。在此后近8年里,虽然《京报》曾多次因触怒当局而遭停刊处罚,但每次过后,邵飘萍依然不改初衷,对北洋政府丧权辱国、大小官员贪残横暴之行的揭露更是不遗余力。

有趣的是,当时控制北洋政府的军阀虽然有枪杆子撑腰,但却对媒体的言论非常在意,总是希望将负面新闻扼杀在摇篮之中。所以他们对于记者的态度,基本上是"枪与钱"两手都要抓,两手都要硬。例如在1923年,《京报》以大字的标题详细地报道了京汉铁路工人大罢工的发生、经过,因此惹怒了直系军阀吴佩孚,据说后者曾在案头上连写"邵飘萍"三个字泄恨。而与邵飘萍关系颇为密切的冯玉祥则曾公开评价说:"飘萍一支笔,胜抵十万军。"

1925年底,邵飘萍利用《京报》的一个特刊,历数了奉系军阀张作霖的恶迹。看到报纸后,当时还远在东北的张作霖竟没有火冒三丈地大骂,反而爱才心切地派人拿着30万元巨款前来北京贿赂邵飘萍,希望《京报》能够替他说话。没想到软硬

殉难前的邵飘萍,1926年

不吃的邵飘萍居然毫不客气地说："张作霖出三十万元买我，这种钱我不要，枪毙我也不要！"随即将钱款退回。原本是胡子出身的张作霖听说后不禁火冒三丈，这回他可不但骂了人，还发誓如果有一天打进北京城，一定要活捉邵飘萍。果然在1926年4月，张作霖的部队开进北京接管了政府。在友人的劝说下，为了避祸，邵飘萍躲到了东交民巷的六国饭店。因这里属使馆区，北洋政府不敢轻易闯入抓人。然而没过多久，4月24日，《大陆报》的社长张翰举被张作霖收买，凭借其与邵飘萍的旧交关系将后者骗出使馆区，再由北洋军警逮捕。据说因为此事，张翰举给张作霖开出的条件是要当造币厂的厂长外加两万块大洋。邵飘萍被捕后，他的《京报》馆也被查封。虽然北京各界要人纷纷组织了营救，但由于张作霖和吴佩孚一心要置邵飘萍于死地，因此就连张学良也表示无能为力。

4月26日凌晨，邵飘萍被押至天桥外秘密枪决，而罪名则是"《京报》社长邵振青，勾结赤俄，宣传赤化，罪大恶极，实无可恕，着即执行枪决"。据说在临刑前，邵飘萍表现得非常从容和镇定，他对现场进行监督的官兵说了句"诸位免送"后就仰天大笑，从容就义，时年仅40岁。邵飘萍殉难以后，他的夫人汤秀慧汤女士继承丈夫的遗志，把《京报》再度复刊，一直维持到1937年卢沟桥事变爆发才停刊。

就在邵飘萍殉难后不到一百天，北京城又一名大记者同样在天桥这个地方走向了生命的终点。

林白水（1874—1926），本名林獬，字少泉，福州人。早年曾教过书，1901年任《杭州白话报》主笔，1903年应蔡元培之约到上海参与创办《俄事警闻》，另外还独立创办了《中国白话报》。在清朝还苟延残喘的背景下，他就敢于坚持新闻独立、言论自由的立场。从入行的那天，他就公开主张"新闻记者应该说人话，不说鬼话；应该说真话，不说假话！"之论。1904年，他曾在《中国白话报》上发表了这样一段话："这些官吏，他本是替我们百姓办事的……天下是我们百姓的天下，那些事体，全是我们百姓的事体……倘使把我们这血汗换来的钱拿去三七二十一大家分去瞎用……又没有开个清账给我们百姓看看，做百姓的还是供给他们快活，那就万万不行的！"这样的气魄，非寻常可比。而就同一年，当听说清廷准备为慈禧太后大肆筹办七十寿辰时，林白水愤而写下一副传诵百年的对联："今日幸西苑，明日幸颐和，何日再幸圆明园？四百兆骨髓全枯，只剩一人何有幸？五十失琉球，六十失台海，七十又失东三省！五万里版图弥蹙，每逢万寿必无疆！"

进入民国以后，身为社会闻人的林白水曾在官场待过一段时间，1913年以众议院议员的身份进京。但仅过了三年,厌倦了政坛的林白水还是干起了自己的老本行。1916年8月,他辞去议员职位,在北京创办《公言报》。就是从此时起,他开始用"白水"这个笔名发表大量时评,而其笔锋之辛辣也成为当时报界的一大景观。作为一名记者,林白水似乎专和权贵过不去,总敢于去揭破政界黑幕。1918年,他先是发表时评,将财政总长陈锦涛、交通总长许世英贪赃舞弊案公之于天下,引起北京舆论一片哗然;又独家揭露政客参与津浦租车舞弊案。结果,这些官僚政客有的被革职入狱,有的畏罪辞职,就连内阁总理段祺瑞也被弄得狼狈不堪。对于这一"战绩",林白水本人曾说:"《公言报》出版一年内颠覆三阁员,举发二赃案,一时有'刽子手'之称,可谓甚矣。"

1921年3月,林白水又和著名报人胡政之合作创办了《新社会报》,结果不久即因揭露军阀黑幕被警察厅勒令停刊三个月。然而复刊后,林白水丝毫没有退缩,他在复刊词中以嘲讽的口吻说:"蒙赦,不可不改也。自今伊始,除去《新社会报》之新字,

林白水

如斩首级，示所以自刑也。"随后他便将《新社会报》改名《社会日报》。但其宗旨却丝毫没有改变。没过多久，《社会日报》又刊登出揭露曹锟贿选总统以及诸多议员受贿的报道，为此林白水还被囚禁了三个月。1923年初，当时山东军阀张宗昌的心腹潘复想通过关系爬上山东省省长的宝座，林白水便将他过去贪污的事实加以揭露。他在1月25日的"时评"中辛辣地写道："山东全省好矿都要发现了！矿师潘大少爷恭喜山东人发财。你们山东人应该知道，你那位贵同乡潘大少名复，快要做山东省长了。讲起这位潘大少，他的做官成绩，实在可惊。他统共做了一年零几个月的财政次长兼盐署署长，在北京就买了两所大房子，连装饰一切，大约花去十万块钱。又在天津英（租）界，盖一座大洋房，光是地皮，就有十亩之大，一切工程地价，统共花去十五万块钱。你想，一年半的次长，能有二十五万买房子的大成绩，其他，古董、家具、陈设，怕不也得花十几万块钱吗？就这一项简简单单的大房子，已经值得四十万左右，那么这位潘大少的穿衣、吃饭、赌钱、经商、供给姨太……"

在主持《社会日报》期间，林白水一方面无情地鞭笞上层社会的黑暗，同时又关心底层民众的疾苦，力图通过自己的报纸传达民间的呼声。正因如此，《社会日报》在北京享有极高的声望。当时有媒体曾称："北京之中央公园，夏日晚凉，游人手报纸而诵者，皆《社会日报》也。"1925年，北洋政府为了掌控舆论，给全国一百多家报馆和通讯社发放了补助性的津贴作为"宣传费"，并将其分为"超等者""最要者""次要者""普通者"四等，而林白水的《社会日报》和邵飘萍的《京报》同属于六家"超等者"之列，每月有津贴三百大洋。虽然得到了政府的津贴，林白水却没有因此手下留情。1925年12月，林白水收到威胁信。为了家人的安全，他曾声明"不再执笔为文"。令他震惊的是，在此后的5天内，报社就收到两百多封读者来信。有人甚至说："我们每日拿出脑血换的八枚铜板，买一张《社会日报》，只要读一段半段的时评，因为他有益于我们知识的能力。" 面对读者的热情，林白水深受感动。12月20日，他再次刊出启事："这半个月之内，所收到的投书，大多数是青年学生，都是劝我放大胆子，撑开喉咙，照旧的说话。我实在是感激得很，惭愧得很。世间还有公道，读报的还能辨别黑白是非，我就是因文字贾祸，也很值得。"却不料，正如他担心的那样，这"祸"真就来了。

1926年4月，直奉联军进入北京。26日，《京报》记者邵飘萍被奉系军阀张作霖下令枪杀。仅过了三个多月，林白水也因得罪了奉系军阀而罹难。原来在8月5日的《社会日报》上，林白水发表了一篇时评，讥讽抨击了张宗昌的幕僚、号称"智囊"的潘复:"狗有狗运,猪有猪运,督办亦有督办运,苟运气未到,不怕你有大来头,终难如愿也。某君者,人皆号称为某军阀之'肾囊',因其终日系在某军阀之胯下,亦步亦趋,不离晷刻,有类于肾囊累赘,终日悬于腰间也。此君热心做官,热心刮地皮,固是有口皆碑,而此次既不能得优缺总长,乃并一优缺督办,亦不能得……甚矣运气之不能不讲也。"要知道,在两年前林白水就已经得罪过潘复,后者这次自然不会善罢甘休。怀着新账旧账一起算的愤恨,潘复在张宗昌面前告了林白水一状。8月6日晚上,京畿宪兵司令王琦奉张宗昌之命,乘车来到《社会日报》报社,略谈数语便将林白水强行押入汽车。报馆编辑见势不妙,赶紧打电话四处求援。林白水的好友薛大可、杨度、叶恭绰等人匆匆赶往潘复的住宅,找到正在打牌的张宗昌及潘复为林白水求情,可惜他们的营救没有结果。第二天凌晨,还是在天桥,林白水被宪兵枪决,罪名则是"通敌有证"。由于此时距离邵飘萍殉难还不到一百天,因此时人感慨"萍水相逢百日间"。

　　令人唏嘘的是,尽管黄远生、邵飘萍、林白水这些民国早期的记者都付出了血的代价,但他们身上那种"我是记者我怕谁"的气概却令后人难以企及。时至今日,当无数"谍记""娱记"为了蝇头小利而丧失原则时,或许很多人不禁会怀念起那个特殊的时代吧。

　　当然,在民国新闻史上,也曾出现过薛大可这样的"奇葩记者"。

　　薛大可(1881—1960),字子奇,湖南益阳人。早年曾留学日本并参加革命,民国初年曾任国会议员,后进入新闻界,被视为"报坛怪杰"。其人才华出众,但性情狂放不羁,曾自称"早年为酒徒,中年为赌徒"。薛大可倒也没有说错,事实上他的确曾在中年时豪赌过一把,而筹码则是自己所创办的《亚细亚日报》。这份报纸最初于1912年3月10日创办于北京,这天恰逢袁世凯正式就任中华民国临时大总统。据考证,该报的社址最初在前门外的李铁拐斜街,后迁至邻近的樱桃斜街,创办人除了薛大可之外,还有大名鼎鼎的袁世凯长子袁克定,编辑者为周孝怀,发行者为薛伯平。从中不难看出,《亚细亚日报》与袁世凯之间存有密切的关系。不过实事求是地讲,该报在最初的几年内并没有表现出"御用报纸"的奴性。恰恰相反,作为一份政治性很强的报纸,《亚细亚日报》是以关心政治、表达政见乃至指导共和进程为重任。而通过《亚细亚日报》早期的言论可以看出,在袁世凯担任临时大总统期间,它并没有表露出拥护袁氏称帝的倾向,反而像其他报纸一样频频对政府说"不"。比如在1913年9月,该报就曾连续发表简短精悍的时评短文,对现实问题进行抨击,其矛头直指政府高官腐化、灾民流离失所等问题。在一些国家外交问题上，甚至敢于对大总统袁世凯毫不客气地质问。所以在创办之后一年多的时间里，《亚细亚日报》在新闻界的名声还算不错，其在报道范围和论说主题方面较为广泛，新闻报道和言论立场总体上较为客观，对袁世凯政府也时有批评，对共和制度表现出支持的立场。可惜的是，这家报纸的总后台毕竟是袁克定，薛大可只有依附于袁氏才能满足其人生追求。而此时，国内新闻界的环境也急剧恶化。

原来在1913年9月"二次革命"失败后，深深领教了舆论威力的袁世凯决定采取"铁腕政策"对新闻界进行整顿。在此后两年多的时间里，根据新出台的报刊条例，袁世凯政府先后在全国各地查封了许多家报刊。据统计，1912年全国报刊一度多达500家左右，到1913年9月后，北京只剩20家，上海5家，汉口2家。到1913年底时，全国能继续出版的报刊只剩下139家。不仅如此，一些同政府唱反调的新闻界人士也遭到迫害，据说在袁世凯当政期间，新闻记者至少有24人被杀，60人被捕入狱。

进入1915年以后，眼看袁世凯即将"称帝"，心怀政治野心的薛大可也迅速转

袁世凯执政后开始对新闻界进行强力整顿，图为当时的漫画

变以前的做法，积极向袁世凯靠拢。作为袁氏集团的"御用报纸"，除了在自己所办的《亚细亚日报》上积极配合，为复辟帝制摇旗呐喊外，薛大可还经常利用自己在报界的人脉，拿着袁世凯提供的经费去各地充当说客收买其他有影响力的报纸。当时，北京、天津一带因处于袁世凯的绝对控制之下，几乎所有的报纸对其野心都保持沉默，不过由外国人主办的北京《顺天时报》和天津《时报》却敢于频频发表言论反对帝制。袁世凯虽然恼火，但对外国人办的报纸却也无可奈何，更不敢采取强硬措施。于是他授意薛大可拿着一大笔经费分别去做工作，希望以此来收买对方改变立场。据说薛大可第一次面见两报的主笔时，主动送上一万元巨款，乞求两家报纸不要再发表评论帝制的文章，对方欣然应允。果然，第二天袁世凯再看这两家报纸，就没有任何有关帝制的报道和评论了，不禁暗自高兴，连连夸奖薛大可会办事。不料仅过了十天，

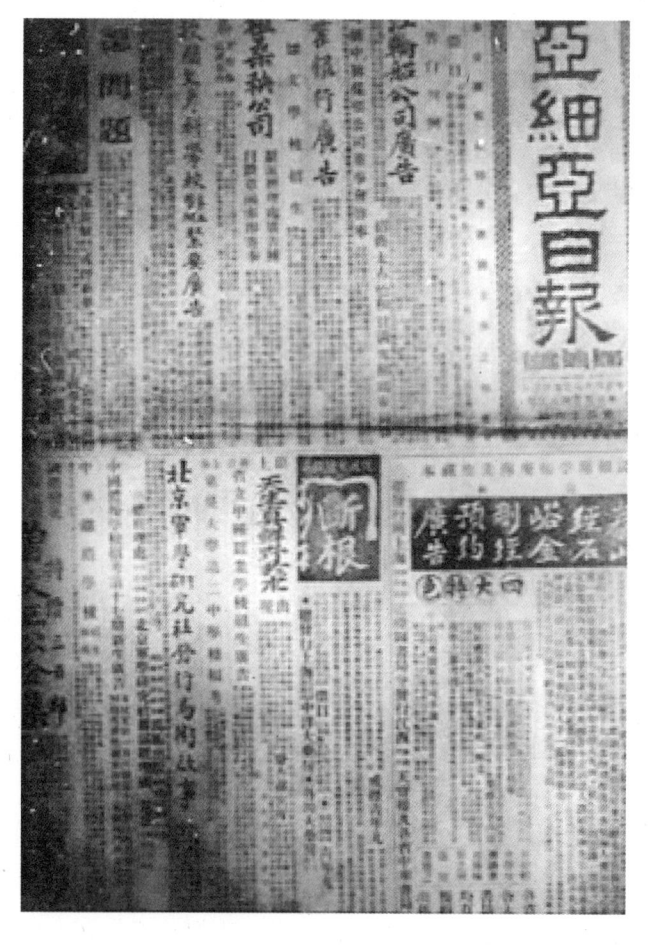

薛大可创办的《亚细亚日报》照片

那两家报纸竟再度老调重弹，气得袁世凯大骂外国人不讲信用，当即责令薛大可去问个明白。结果薛大可去找对方理论时，那两家报纸的主笔却回答说："本报因为评论帝制而颇受社会欢迎，发行量至数万份以上，但自从取消了评论帝制的文章以后，每日只售数百份，损失日以千元，贵政府赠我报一万元，仅够赔偿我们十天的损失，如果贵政府每日补助我们一千元，我报甘愿牺牲名誉，殉贵国'之皇'。"薛大可向袁世凯复命时，当场遭到一顿臭骂。更有甚者，当薛大可拿着袁世凯提供的巨款南下报刊集中的上海开展收买活动时，许多报人干脆就避而不见。有一家报纸的主笔虽然前来会面，却毫不客气地表示："代表民意，监督政府，这是报馆的天职，用公款补助报馆，这是政府的天职，现在既然政府能尽其天职，我们更应该尽报馆的天职了。至于私人请托，不仅报馆所不屑接受，而且政府也该不屑所为也。您既然携巨款前来，我们怎能不更加努力代表民意，监督政府呢？"一席话弄得薛大可尴尬万分，不得不灰溜溜地拿着钱返回北京。

眼见新闻界难以收买，袁世凯决定干脆花钱让薛大可直接去上海再办一份报纸，希望通过他的活动搅乱上海舆论界。于是在1915年9月，薛大可便拿着几十万元的巨款南下上海，筹划创办《亚细亚日报》上海版，雄心勃勃准备大显一回身手，在袁世凯、也就是不久之后的"洪宪皇帝"面前好好表现一番。凭借着雄厚的资金，薛大可在上海报社最集中的望平街租用了一幢气派的洋房作为馆址，上上下下装修得豪华气派。但是虽然硬件令人羡慕，但办好报纸关键的还是人才。然而环顾整个新闻界，大多数人虽然不敢公开反对袁世凯的独裁统治，但却也不愿自甘堕落，与薛大可之辈同流合污。为了给自己的报纸撑门面，薛大可原本聘请了当时新闻界最著名的报人黄远生来助阵，并事先就放出风去。可怜黄远生本乃一代报界巨子，竟因此事在短时间内遭遇不测。

没有了黄远生等报界名流的助阵，薛大可无奈之下只能接着自己干，全盘操持《亚细亚日报》在上海的运营。9月10日，该报正式宣布创刊，主编则依然是北京版的老班子：薛大可与刘笠佛等人。在创刊号上，薛大可公开宣布本报"以赞助帝制运动为宗旨"。此论一出，当即引起上海民众的强烈愤慨。要知道，上海毕竟不同于北京、天津，袁世凯的势力基本无法控制这里，因此舆论界的独立性还是比较强的。上海《亚细亚日报》创刊后，短短几天内就多次接到署名"君主之敌"和"中国公民一分子"的来信警告。与此同时，由于不得人心，报纸的发行量也极为惨淡，几乎没有什么订户。更惨的是，分别在9月11日和12月17日，中华革命党的外围组织"民义社"两次派人向《亚细亚日报》社投掷了炸弹,在当时的上海滩引起了巨大轰动。消息传到北京,就连袁克定等人都为之胆寒。特别是《亚细亚日报》社第二次被炸以后,邻近的居民和商户都惊恐万分,齐声要求该报社迅速搬走。最终,《亚细亚日报》社租用的房主东裕公司也向租界会审公廨起诉要求其撤离。1916年3月3日,会审公廨作出限期迁移的判决。不久后,随着袁世凯被迫取消帝制,曾经臭名远扬的《亚细亚日报》(上海版)也随即停刊。

不过对薛大可本人而言,其之所以能在1915年成为高光人物,除了《亚细亚日报》的两次炸弹事件之外,更多的是因为他在袁世凯称帝之后那段时期的特别表现。

1915年12月,袁世凯进入了复辟称帝的"最后冲刺阶段"。在政府的压制下,北方各省特别是北京、天津等地的报纸,大多只能暂时屈服,表示"拥护"袁氏称帝。就连大名鼎鼎的天津《大公报》,也曾于12月12日刊登"代行立法院推戴大总统为皇帝"的消息,13日又发布"总代表第二次推戴书"。12月31日,袁世凯政府通知北京各报明天一律书"中华帝国洪宪元年"。出于不同的考虑,当时北京的各大报纸采取了不同的措施。有的书"中华民国洪宪元年",有的不书"中华帝国"而只书"洪宪元年",《醒华报》甚至故意将洪宪元年中"洪"字的三点水偏旁淡印墨迹,似有似无,乍一看好像是"共宪元年"。而极力为帝制摇旗呐喊的《亚细亚日报》和《神州报》等刊则大书"中华帝国洪宪元年"。为了表示自己的忠心,薛大可还创造性地在《亚细亚日报》上公然署名"臣记者",这一"发明"真可谓前无古人,后无来者。

更令人好笑的是,据说袁世凯称帝以后下令宫中所有人向他称"臣",他自己则称"朕"。为了取悦于袁世凯,《亚细亚日报》在提到其名字时便尊称"今上"。结果没有多少文化的袁世凯因不了解"今上"的含义,还曾派人到报社向薛大可表达了自己的不满,害得"臣记者"只好耐着性子解释说:"'今上'与'陛下',其义是相同的,但当圣祖开基之初,上字比下字更为吉利,因此我们舍弃'陛下',而单单采用了'今上'。"袁世凯听了这番解释后,不由喜笑颜开。

当时除了薛大可外,新闻界的康士铎、乌泽声和汪健斋等三位报人,也分别在他们所主持的《民视报》《国华报》和《京津时报》上高调附和帝制,并因此被袁世凯任命为参政会议员。对于薛大可等人的忠心,"洪宪皇帝"自然乐得心花怒放。因此在称帝之日,他特地召集这些人作为"新闻界代表"进新华宫赐酒。据说"龙颜"大悦的袁世凯用一大缸盛满黄酒,然后命他们围着大缸喝酒,并美其名曰"皇泽普被"。在埋头痛饮了一番后,各位"臣记者"北面稽首九叩,三呼万岁。"民国四公子"之一的张伯驹当年曾目睹了这一幕"奇观",后来他在追忆当年逸事时曾有这样一首诗:"筹安会里互争先,记者称臣古未传。佐命即无功不世,大名千古有佳联。"

令薛大可遗憾的是,由于"洪宪皇帝"的美梦很快就宣告破碎,他这个"臣记者"的好日子也很快就烟消云散了。袁世凯一死,薛大可不但在报界无法立足,就连身家性命都难以自保。1916年7月,黎元洪继任大总统后,很快就发布告示要追究当年参与帝制的罪魁祸首,并将杨度、孙毓筠、顾鳌、梁士诒、夏寿田、朱启钤、周自齐和薛大可八人列为"八大罪魁"予以通缉。其中,夏寿田曾是袁世凯的机要秘书,顾鳌是袁世凯筹备帝制时的法律顾问,其余几位则都是当年政坛上的显赫人物。事实上以薛大可的资格和经历,他哪里够得上"帝制罪魁"的分量?只不过是被当权者拿来充数罢了。无奈之下,薛大可一度只好躲在天津租界混日子。到1917年6月张勋复辟时,薛大可以为人生的新机遇再度降临了。兴奋之余,他曾主动向张勋靠拢。只可惜后者一介武夫,对于什么报纸、记者本来就很反感,薛大可最终只落个自讨没趣。

此后,"薛大可"这个名字在报界沉寂了几年的光景。直到20世纪20年代初,随着政府撤销对他的通缉,薛大可再度复出,曾主持一家名为《黄报》的小报,此时离洪宪复辟已过去近十年的时间。而"再度出山"的薛大可,或许已是铅华洗尽,抑或是经历了人生蜕变的缘故,其办报的风格似乎再度回归了本来的面目。据时人记载,薛大可所主办的《黄报》"日出一报,针砭政治,臧否人物,笔尖所到,有丝丝入扣之妙,读者与林白水之《社会日刊》等量齐观"。更有趣的是,由于资格老,见识广而又不吝提携后辈,热心帮助朋友,薛大可居然被报界尊称为"大哥"。特别是在1926年,"薛大哥"还真干了几件颇令人刮目相看的事。

话说1926年,奉系军阀控制了北京。8月5日,由于公开抨击军阀张宗昌的亲信潘复为"肾囊",《社会日刊》的主办者、著名报人林白水被连夜逮捕,生死未卜。闻知此消息后,报界同人赶紧展开营救。危难时刻,薛大可第二天一大早就火急火燎地赶往张宗昌官邸去说情。原来早年间张宗昌还没有发迹时,曾在赌场上得到过薛大可的帮助。正是凭着这段交情,薛大可才敢对张宗昌苦口婆心地求情。据说当天张宗昌正在赌桌上豪赌,他因痛恨林白水骂人不留情面,决意杀一儆百,所以对薛大可等人的说情一直很犹豫。眼看情势危急,薛大可竟扑通一声跪倒在地上,然后声泪俱下地说:"大帅,少泉(林白水字)实不可杀!若杀此人,报界人人自危,首都民心尽失,连外国人都会指责大帅钳制舆论。某等乞留少泉一命,非为少泉惜,实为大帅全誉耳!"看到自己的"恩公"如此认真,张宗昌最终吩咐手下对林白水暂缓执行枪决。

只可惜为时已晚,当这道手令传到宪兵司令部时,可怜的林白水已在半小时前被枪决了!第二天,愤愤不平的《世界日报》主编成舍我便将林白水殉难的消息刊登出来,由此同样得罪了军阀,结果8月7日晚也被逮捕。这回,又是经薛大可等一干人的多方营救,成舍我才幸运地捡回一条命。

尽管薛大可后来有这么多的善举,业内对其的口碑也逐渐有所改观,然而或许是1915年所造成的恶劣影响实在是难以消除的缘故,反正此后这位报界能人再也没有闪光的机会了。1934年,据说在汪精卫的推荐下,他曾去南京面见负责主管宣传的要员邵元冲,希望政府资助其在上海办报,结果遭到后者的白眼。当天,邵元冲曾在日记中将薛大可奚落一番:"汪精卫介绍薛大可来,谓拟在沪办报,请补助。薛即袁世凯帝制时在上海办《亚细亚日报》为袁宣传者,党人曾炸毁其户,今乃又乞灵于党人,所谓二三其德者非欤?"由此可见,当年"臣记者"所造成的一朝恶名,恐怕是一生都难以洗脱了。

晚年的薛大可据说很是落魄,1949年随国民党残余势力逃往台湾,于1961年11月病逝。

第四章 旧瓶新酒

这是一个新时代,这又是一个旧时代——这就是民国初年的中国。虽然共和国的外壳已经定型,但封建制度的影响仍无处不在。虽然旧道德、旧文化仍顽固地不愿退出历史舞台,但新时代的浪潮已开始逼近。于是便出现了令人目不暇接的怪异风景。但新与旧,又有谁能分得清?

一、小脚的解放

1912年8月25日,在北京湖广会馆,大名鼎鼎的革命元勋宋教仁有生以来第二次被人当众打了耳光,而且是被一个女人打了耳光!

事情是这样的:当天,在地处虎坊桥湖广会馆内,由原先的中国同盟会改组而成的国民党召开成立大会,以准备接下来的内阁选举。对于这次会议,国民党内部相当重视,近两千人参加了会议,与会的领导有孙中山、黄兴、宋教仁、张继等人。不料在进入宣布新党章这项议程时,由于新党章中规定不吸收女党员,坐在台下的唐群英等一干女性革命者愤然冲上主席台,揪住主持改组工作的宋教仁讨要公道。末了,情绪激动的唐群英竟结结实实地打了宋教仁一记耳光。好在众人从旁极力劝解,宋教仁才捂着面颊全身而退,混乱的会场总算恢复了秩序。第二天,京城各大媒体便纷纷登出"唐群英掌掴宋教仁"的新闻,一时吸引了不少人的眼球。

短短半年之内,堂堂的革命元勋竟被人打了两次耳光,作为"受害者"的宋教仁实在不容易。就在1912年年初,由于不主张黄兴率兵北上与北洋军开战,宋教仁就曾被中国同盟会元老马君武打过一记耳光,左眼也流血不止。马君武再不是善茬儿,好歹也是个男同胞,但如今动粗的唐群英也不好惹。要知道,就连孙中山也曾誉其为"创立民国的巾帼英雄"呢!而这起事件,也从一个侧面映射出民国初年女性角色的巨大变迁。

在常人的印象中,清末民初的女性似乎是一个很矛盾的群体。一方面,大多数妇女还停留在裹小脚的阶段,而与此同时,已有相当一部分接受了新式教育、走向社会各个领域的新式女性。追溯起来,中国近代意义的妇女解放运动,最早起始于戊戌变法时期,到辛亥革命时期出现质的飞跃。这一时期,革命先驱批判封建专制思想,倡导妇女解放的新观念,提倡并兴办女学,组织女子参军参战,进而以政党和妇女社团为依托,谋求妇女参政,使近代中国妇女解放运动进入了一个新的发展时期。

在妇女工作方面,民国所做的第一件事便是劝禁缠足,首先把亿万只小脚解放出来。1912年3月,临时政府发布《大总统令内务部通饬各省劝禁缠足文》,强调"缠足一事,残毁肢体,阻淤血脉,害虽加于一人,病实施于百姓",规定未缠足者禁止再缠,已缠不足年限者应立即放足。而实际上,自清朝末年以来,一些最早逃离了"小

第四章 旧瓶新酒
zhaojian beiyang
lishi yingxiang beihou de lishi

民国初年的女性,已渐渐走出封建时代的桎梏

第四章　旧瓶新酒　zhaojian beiyang
lishi yingxiang beihou de lishi

辛亥革命期间的女子北伐队，1911年

脚"束缚的女性已经走上了革命道路,并涌现出秋瑾这样的杰出代表。特别是武昌起义爆发后,进步女性纷纷组织女子军、北伐队和各种筹款团体,投身大革命的洪流中。据记载,当时各地均有这样的组织,例如湖北有吴淑卿和曹道新所领导的"女子军",浙江有尹氏姐妹组建的"浙江女子国民军",广州有邹鲁、高剑父等发起的"广东女子北伐队",上海有薛素贞发起的"女国民军",陈婉衍发起的"女子北伐光复军",葛敬华等发起的"女子军事团",吴木兰发起的"同盟女子经武练习队"及沈佩贞发起的"女子尚武会"等。此外,知识女性还组建了各种革命后援团体。如伍廷芳夫人率先发起"上海女界协赞会",很快为革命募得两万余元。唐群英、张汉英等人成立的"女子后援会"则一面派人往各处救护革命受伤士兵,一面在各省筹款。女医生张竹君还组织"赤十字会"分赴汉口、汉阳以及镇江、南京,先后救护伤病员两千余人。值得一提的是,其中广东的女子北伐队,还真的随广东北伐军来到了南京。她们人数虽然不多,但个个全身披挂,有长短枪、炸弹等,可谓威风凛凛。而另一方面,各地的革命政府对女子北伐队也都十分重视。据不完全统计,辛亥革命时期投身革命斗争的女性,有姓名可查的即达三百八十多人。正因如此,后来孙中山在总结革命成功经验时曾说:"女界多才,其入同盟会奔走国事百折不回者,已与各省志士媲美。至勇征从戎,同仇北伐,或投身赤十字会,不辞艰险;或慷慨助饷,鼓吹舆论,振起国民精神,更彰彰在人耳目。"

按理说,这些女性既然在革命斗争中扮演了如此醒目的角色,那她们自然会将目光放在日后的参政上。果然,新政权一成立,一些革命女性便向参议院提出妇女参政的要求,进而发动了一场轰动社会的妇女参政运动。为了达到这一目的,这些当年的巾帼英豪不但敢于发起请愿和游行,直接找孙中山讨说法,必要时甚至敢"动武",于是才有了我们开头所说的那一幕。

唐群英

第四章　旧瓶新酒　zhaojian beiyang
lishi yingxiang beihou de lishi

民国初年参议院开幕时的情形，1913年

唐群英(1871—1937),字希陶,湖南衡山人,辛亥革命时著名女革命家。她出生于官僚世家,因少年聪慧而闻名乡里。1891年结婚,夫家与曾国藩同族,其间结识同样嫁到湘乡的秋瑾。不久丈夫病逝归家,1904年紧随秋瑾赴日留学,1905年加入华兴会,后经黄兴介绍会见了孙中山。同年兴中会与华兴会等革命团体合并成立中国同盟会,唐群英作为华兴会唯一的女会员转入中国同盟会,成为中国同盟会中第一个女会员,被会内尊称为"唐大姐"。武昌起义后,唐群英与湘籍女同盟会员张汉英发起建立"女子后援会""女子北伐队",被推为队长。特别是在攻打南京时,她率领"女子北伐队"配合联军主力,一举攻破玄武门,被时人称为"双枪女将唐群英"。南京临时政府成立时,唐群英作为"女界协赞会"的代表,受到临时大总统孙中山的接见,被孙中山誉为"巾帼英雄",并荣获总统府"二等嘉禾勋章"。不过就在这时,唐群英却与革命同志发生了冲突。

眼看中华民国好不容易建立起来了,曾经为之付出鲜血与汗水的女革命者却失望地发现,这简直就是一次"过河拆桥"的革命!因为新政权完全放弃了保障男女平等的承诺,不仅在新宪法中毫无体现,甚至被变相从革命党的原章程中删除。对于这种结果,她们当即表示了强烈不满。1912年2月20日,唐群英联络上海、南京、长沙等地的女界领袖林宗素、沈佩贞、吴木兰及王昌国等人,一方面倡议发起组建"民国女子参政同盟会",一方面上书临时参议院和孙中山,要求中央政府给予女子参政权。《临时约法》出台不久后,唐群英、沈佩贞等人便于3月19日、20日、21日连续3天到临时参议院去讨说法。第一天,虽然门卫极力阻拦,但她们仍以"旁听"的名义闯进了议事厅,并与参议员们争吵起来。第二天,面对卫兵的坚决阻拦,为首的唐、沈二位女侠竟二话不说就动起手来,一脚将卫兵踢倒在地,还把参议院的门窗玻璃砸得稀烂,最终强行闯进了议事厅与参议员们争辩。第三天,由于参议院有重兵把守,这些女豪杰转身去了总统府,要求孙先生亲自干预,后者当即答应同参议院斡旋。这场"女界大闹参议院"风波的上演,在当时社会上引起了很大反响。

4月8日,"中华民国女子参政同盟会"在南京正式成立,唐群英被推举为会长,该会的宗旨即"实行男女平等,实行参政"。不久,由于袁世凯掌握了实权,临时政府及各党政机关均迁往北京,唐群英又与王昌国、沈佩贞人等一道北上。7月16日,中国同盟会改组会议在北京召开,宋教仁等人为了实现"政党内阁",不惜迁就某些政团的要求,于党纲中删去"男女平权"的内容。获知这一消息后,唐群英极为愤慨,于是便有了8月25日发生的那一幕。那天,在国民党成立大会上,由于党纲内仍无"男女平权"的内容，女会员再次提出强烈抗议。唐群英在众多女会员簇拥下，径直走上主席台质问宋教仁，后者自知理亏沉默不语。唐群英于发言中说到痛处，禁不住动手打了宋教仁一记耳光，林森出面调停，未待张口，也挨了一巴掌。当时的报纸上对该场面曾有生动的描述，据称动手打人的有唐群英、王昌国、沈佩贞等十余人，她们冲到宋教仁面前"举手抓其额，扭其胡""以纤手乱批宋颊，清脆之声震于屋瓦"。

尽管痛打宋教仁令唐群英一干人着实出了口气，但妇女的权益看起来仍遥不可及。10月20日，"民国女子参政同盟会"在北京成立本部，唐群英当选本部总理。正在此时，她又得知参议院拟定的《国会选举法》中只规定男子享受有选举权与被选举权，而女子全然没有。虽然她以"女子联合会"名义又一次上书参议院，要求补订《女子选举法》，但后者毫不客气地以"无成立之价值"为由，将《女子选举法》案予以否决。接下来，由于遭到袁世凯政府的压制，这场一度很热闹的女子参政运动也迅速被平息了。或许是清醒地意识到当时中国妇女现状的客观性，唐群英此后改变了原来的激烈手段，转而致力于女子教育，为振兴中国女学作出了很大贡献。

值得注意的是，随着女子参政运动的失败，原先的女界领袖内部似乎也发生了

沈佩贞

分裂。像唐群英这样转而致力于女子教育基础工作的固然有之，消极颓废甚至专事政治投机的也不乏其人，沈佩贞便是最典型的例子。

  1915年6月13日这天晚上，自认平生还算见多识广的辛亥革命元老、时任参议员刘成禺真可谓大开了一回眼界。当他与朋友在北京南城一家酒馆吃完饭后返回位于原宣武区臧家桥胡同的住宅，途经南横街时，忽然看见《神州日报》主编汪彭年的私宅被人群围得水泄不通，旁边还站着一些警察。由于同汪彭年颇有交情，好奇的刘成禺便拨开人群挤进去一看究竟。结果他并没有发现主人汪彭年的影子，倒是看到恰好在汪宅借住的江西籍议员郭同正灰头土脸地用左手提着裤子，右手正指着对面二三十名妇人破口大骂。而这些妇人中，打头的居然是赫赫有名的"总统门生"沈佩贞。由于同对骂双方都是老相识，加之横竖饭后无事，好管闲事的刘成禺便走上前去打探个明白，看看这些素日里的体面人缘何会在大庭广众下闹到如此地步。

  通过现场冲突各方七嘴八舌的一通诉说，刘成禺总算搞清了事情的来龙去脉。据沈佩贞叙述，她之所以带着一大帮女将来汪彭年家砸场子，实在是气愤于后者蓄意破坏她的名声。沈氏所言之事，刘成禺倒也有所耳闻。原来在前些日子，汪彭年所主持的《神州日报》公然连续三天刊登了关于沈佩贞的带有桃色新闻性质的系列报道。这组题为《沈佩贞大闹醒春居记》的报道说的是，5月份的一天，沈佩贞召集了一帮朋友近三十余人在北京东四七条胡同内的"醒春居"饭馆聚餐。席间有男宾客趁醉提议所有在场女宾客脱掉鞋袜，然后大家以"闻臭脚"做酒令，顺着行酒，即用此三字，连贯成文，要全用成语，如令到不成的，罚饮一茶杯绍兴酒并闻臭脚一次。结果在当天的男宾客中只有一人没有被罚闻臭脚，而第一个被罚闻臭脚的男宾则是清室贵族载振。有些男客更是故意被罚闻臭脚以"一亲芳泽"，看作"无上艳福"。当时的现场真可谓丑态百出，浪声笑语不绝于耳。报道最后说，当席间有人逼迫沈佩贞遵行酒令，同意男宾嗅其裸足时，她当即勃然大怒掀席大骂而去。

  当看到《神州日报》的报道后，一向心高气傲的沈佩贞极其愤怒，随即便以损害了自己的名誉为由找到该报主编汪彭年讨说法，要求后者登报澄清事实并赔礼道歉。可是姓汪的不但断然予以拒绝，反而变本加厉继续在报纸上刊登有关沈佩贞同上层人士的各种"秘闻"，内容甚至涉及步军统领江朝宗、袁世凯身边的红人段芝贵等。事情发展到这一地步，汪彭年自然难逃围攻。于是在6月13日这天，沈佩贞率领手下的女将刘四奶奶、蒋三小姐等二三十人，加上"干爹"江朝宗特派的十多名士兵，气势汹汹地杀向汪彭年府上。汪一见形势不妙，赶紧从后门悄悄溜走。沈佩贞等人找不到汪彭年,便开始在其住宅内一通叫骂和破坏。可巧这天国会议员郭同正好有事借住在汪家,便出来同"娘子军们"理论了几句。而沈佩贞等人则正为寻汪彭年不遇而无处撒气呢,于是郭同便糊里糊涂做了替罪羊,被这群女将暴打一顿,连裤腰带都扯断了,所以只好一手提着裤子大骂。

了解到大致缘由后,刘成禺费了半天口舌才将冲突双方劝离现场。此事过后,刘成禺原本以为也就跟自己没有关系了。不料过了几天,由于涉事双方都非省油的灯,拒绝调解,最终郭同一纸诉状告到京师地方审判庭,指控沈佩贞等人将其打伤。法庭立案后,鉴于事发当天的情形,除传唤涉事双方出庭应诉外,还将汪彭年和刘成禺列为证人,要求他们出庭做证。消息一经传出,整个京城都为之轰动了。尤其是作为被告的肇事者沈佩贞,顿时成为街谈巷议的焦点。

虽然"沈佩贞"这个名字到1915年6月才成为京城报行最热议的话题,但实际上,作为民国初年为数不多的女中豪杰,她的来头也不算小,无论是在辛亥革命期间还是在民国建立之初的女子参政运动中,都曾有着一段辉煌的经历呢!

沈佩贞,其生卒年代不详,据1915年一篇报道称:"沈佩贞,号义新,原名慕贞,号少华。桂人,生于粤。"她早在清末就开始从事革命,加入了中国同盟会。武昌起义爆发后,曾先后在杭州、天津、上海等地组织"女子敢死队",在革命第一线冲锋陷阵,因而被誉为"女界之伟人"。1912年年初,上海的《申报》曾称赞说:"沈佩贞女士,去年曾要求满政府速开国会不允,遂奔走两粤,跋涉三江,提倡革命。……其志愿,要在推倒满政府,扫除专制政体,建设共和民国。才识高卓,诚近今女界之伟人也。" 1913年2月12日,民国政府在先农坛举办了一次清帝下诏逊位一周年纪念会,会场中赫然悬挂有沈佩贞参加革命时曾穿过军装的照片。而当时,沈佩贞身着戎装的这张半身照一度流传全国。

由于中华民国临时参议院制定的《临时约法》没有女子参政的规定,沈佩贞等人遂在南京组成"女子参政同盟会",随后又与唐群英等女界领袖北上进京请愿,要求国会在制定选举法时,明确女子有选举权和被选举权,并且声明:如果参议院不赞成这个提议,将以武力方式解决问题。再屡屡遭到拒绝后,1912年3月20日,趁参议院开会之机,沈佩贞等率领一群女子冲进会场,打碎参议院玻璃窗,一脚踢倒警卫兵,造成轰动全国的"大闹参议院事件"。对于这件事,鲁迅后来还曾在杂文《关于妇女解放》里调侃道:"辛亥革命后,为了参政权,有名的沈佩贞女士曾经一脚踢倒过议院门口的守卫。不过我很疑心那是他自己跌倒的,假使我们男人去踢罢,他一定会还踢你几脚。这是做女子便宜的地方。"

自从争取女权不成后，沈佩贞仍继续活跃在北洋政坛上。为了提高自己的地位，她充分利用各种社会资源：先认步军统领江朝宗为"义父"，又认武卫军总司令段芝贵为"叔父"。在此二人的帮衬下，沈佩贞居然摇身一变成为袁世凯的"门生"。据说当年她所使用的名片上，正中间一行大字是"大总统门生沈佩贞"，而下边一行竟是"原籍黄陂，寄籍香山，现籍项城"，与袁世凯攀起了交情。原来，沈佩贞年少时曾在北洋学堂就读，而袁世凯是该校的创办人，所以袁世凯便一时心软，不但默认了这位女"门生"，还任命其为总统府顾问，还曾令其赴绥远担任将军府高级参议。凭借这路手段，沈佩贞一度在北京城活得有滋有味，名利双收，成了不折不扣的"洪宪女臣"。不过好景不长，由于行事过于张扬，加之与那些权贵们之间不清不楚的关系，沈佩贞也成为媒体舆论的攻击目标，这才有了所谓的"醒春居"丑闻和《神州日报》风波。

眼见昔日的"女界之伟人"挑起了这么大的事儿，京城的媒体顿时热闹起来。在众多媒体的炒作下，沈佩贞一时恶名远扬，而江朝宗、袁世凯等人也对她不再袒护。经过审判，郭同胜诉，沈佩贞被判处监禁三月，并赔偿大洋四十

步军统领江朝宗，据说沈佩贞曾认其为义父

元。其实平心而论，沈佩贞在这桩"桃色事件"中完全属于受害者，反倒是报界的记者们在幕后扮演了不太光彩的角色。首先《神州日报》的报道本来就有凭空捏造、哗众取宠的嫌疑，其次在事发后，报界又极力鼓动郭同提起上诉，最后在法庭上，舆论界又围观起哄。据当年北京《顺天时报》刊登的报道，当天在法庭上的情形几乎就是一场闹剧，毫无法律所应有的严肃："京师各部次长以下官，及社会闻人数千人，均坐骑楼。尹朝桢莅庭审判，先传郭同，次传沈佩贞等，次传证人汪，次传证人刘。尹示刘曰：'先宣誓，据实作证。'刘曰：'据实直述，当日男女相骂，状态奇丑，不堪入耳，照话直说，犯法不犯法？'骑楼上人大嚷曰：'不犯法，不犯法！'尹乃令宣誓，刘即据事直陈；尹以所述过于丑恶，似不欲闻。刘曰：'庭长不愿听，不必再说下去，再说犯法。'骑楼上人又大嚷曰：'说下去，不犯法！'"面对如此场面，即便是曾经威风八面的女中豪杰，沈佩贞也只能如弱女子般痛哭流涕地回应："若辈串通，有意陷害，致我身败名裂。你们有意看些笑话，毫无天良！"

民国时期"女子参政运动"的现场

经过此次风波的打击，沈佩贞从此一蹶不振。袁世凯复辟帝制失败后，她南下广州，投奔孙中山组建的中华民国军政府。在此期间，她又结识了参议员魏肇文，后者是清末名臣魏光焘的儿子。二人同居数月后，不知何故又分道扬镳。然而不甘心被抛弃的沈佩贞或许是女权主义思想再度泛滥，竟向广州地方法庭控告魏氏"赖婚"，要求还自己公道。于是在时隔三年后，沈佩贞再度成为一桩"桃色官司"的主角。结果正如1915年在北京上演的一幕一样，这次沈佩贞依旧是舆论界嘲讽的对象。据报道，当天出庭时，沈佩贞身穿玄缎裙裤，戴着眼镜，俨然知识女性的装束，昂然立于庭中。几经周折，法官做出判决：双方是姘居性质，和正式夫妻的关系完全不同，本案撤销，不予受理。听到判决后，满腹冤屈的沈佩贞掩面痛哭走出法庭。由于对判决结果不服，她甚至专门就此事发表了一封致全国的通电。后又因她对魏肇文纠缠不休，被警方勒令离开广州，再之后便不知所终了。据说由于深恨其败坏了自己的名誉，魏肇文特地聘请著名小说家张恨水将这桩"桃色官司"绘声绘色地写进了《春明外史》。

长期以来，对于沈佩贞的评价可谓仁者见仁，智者见智。特别是同袁世凯集团的关系以及1915年的这起风波，使得很多人为她的"堕落"惋惜，嘲讽其为民国初年的一名"政治宝贝"。而与此同时，也有论者通过分析那些喧嚣的往事后认为："沈佩贞是中国女权运动史上最具争议的一名女性，同时也是中国男权社会的一面照妖镜。围绕着她的是是非非，既可揭示出中国女权运动与女权人士的历史局限，更可以折射出中国男权人士的阴暗心理，以及整个男权社会摧残、消费女性权利的根深蒂固的专制。"

无论如何，一代"女界之伟人"的英名居然被1915年的这桩"桃色新闻"毁于一旦，这诚然是沈佩贞本人的悲剧，但或许更是20世纪初中国新式女性的一种悲剧。

与以上二位女革命者比起来，民国初年还有一位更具有传奇色彩的奇女子，她虽然没有轰轰烈烈的革命事迹，但却因其无与伦比的才华成为新时代女性的标志性人物。她就是曾任袁世凯秘书、被后人称为"民国第一奇女子"的吕碧城。

吕碧城（1883—1943），字遁天，号碧城、晚年宝莲法号，安徽旌德县人。她出身于官宦书香之家，自幼便以才女闻名，后由于家道中落辗转来到天津，在这里遇到了《大公报》总经理兼总编辑英敛之。由于得到后者的赏识，吕碧城进入《大公报》工作，成为中国新闻史上第一位女编辑，后又成为该报主笔，这在那个时代实属罕见。在此期间，她先后结识了秋瑾以及严复、严范孙、傅增湘等社会名流，同时投身于女子教育事业，于1904年11月出任北洋女子公学总教习，后升任校长，这在当时也是绝无仅有的。在天津，她还得到了时任直隶总督袁世凯的赏识，因此在民国成立后即随其进入新华宫担任大总统的公府机要秘书。袁世凯复辟时，吕碧城毅然辞职南下上海，曾一度投身商界，同样获得了巨大成功。

1918年吕碧城前往美国哥伦比亚大学就读，攻读文学与美术，兼上海《时报》特约记者，将她看到的美国之种种情形发回中国，让中国人与她一起看世界。四年后学成归国，1926年，吕碧城再度只身出国，漫游欧美达七年之久。她将自己的见闻写成《欧美漫游录》，先后连载于北京《顺天时报》和上海《半月》杂志。

曾任袁世凯秘书的吕碧城

尽管冠盖群芳、风华绝代，但吕碧城却终身未婚。据说她一生中只曾对梁启超和汪精卫这两个男人倾心，但可惜前者太老而后者太小。到晚年，这位奇女子开始对宗教产生兴趣，1930年正式皈依佛教，1943年悄然逝去。

通过以上几位"女强人"的经历可以看出，在民国初年，由于旧时代的影响，虽然已有个别女性走出了男权社会的束缚，但就整个女性解放运动而言，她们的出现并不具有普遍意义。如前所述，清末民初涌现出来的那些"女强人"，大多有着特殊的家庭和社会背景。她们之所以在教育、政治等领域表现抢眼，其实带有一定的偶然性。也正因如此，当民国成立后，打着"共和"旗号的政权根本就没有兴趣考虑广大女性的权益，而这些零星的先知先觉者所抱有的种种希望，注定只是一场空想。不过到五四运动以后，在新文化大潮的推动下，女性地位无论是在教育、婚姻还是参政等方面都有了明显变化。可以说，五四的"新女性"才称得上近代中国觉醒的第一代妇女。

五四运动时期参加游行的女学生，1919 年

  毋庸置疑，1919 年爆发的五四运动，对整个中国的女性解放影响颇为深远。在这场运动中，广大女学生们的身影首次进入大众的视线。她们走上街头与男学生们一起为国家的命运奔走呼号，同时也宣告了女性作为一支独立的、不可忽视的力量正式进入了历史舞台。在这之后，社会各界开始大力推动"男女合校"运动，鼓励女性自由恋爱、自由婚姻及参政议政。1920 年元旦，北大校长蔡元培宣布北大将开放"女禁"的决定。同年秋，北大正式准许 9 名旁听的女学生注册为正式学生。与此同时，广大女性的参政热情也日益高涨，不但女性参政组织增多，在湖南、浙江、广东等省还破天荒地出现了女议员。在五四新文化运动的熏陶下，还出现了一大批新式女作家，如陈衡哲、庐隐、冯沅君、石评梅、冰心、凌叔华、丁玲等，她们在近代中国文化史上都产生了巨大影响。也正是在此背景下，许多女性开始挺身而出，为维护自己的合法权益而抗争。

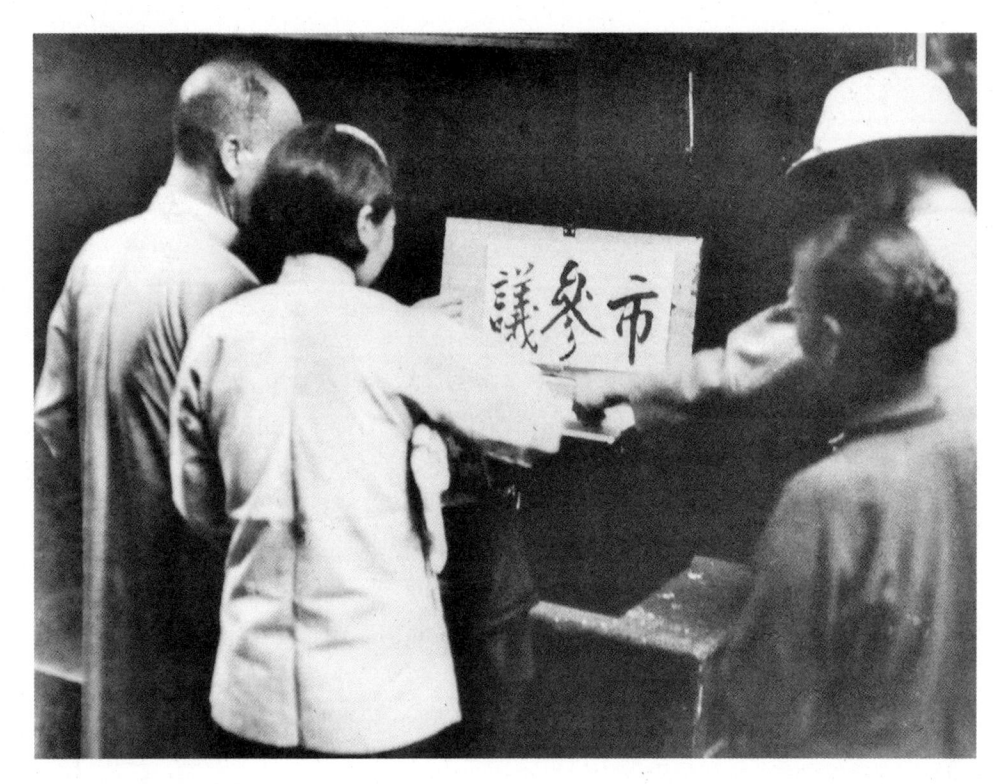

第四章　旧瓶新酒　zhaojian beiyang
lishi yingxiang beihou de lishi

民国时期参加选举的女子

二、快离婚吧

"姐夫娶了小姨子"——1923年春,一桩"绯闻"震动了北京大学的广大师生。按理说,这只是教授谭熙鸿先生的家事,却不料竟成为当时北京城各大媒体炒作的焦点,社会上甚至围绕这桩"绯闻"展开了有关爱情与婚姻的大讨论,并且没完没了地持续了大半年的时间。

事情还得从三年前说起。

那是1920年4月,谭熙鸿(1891—1956)博士毕业,从法国留学归来,随即被聘为北京大学教授。别看谭是"海归",其实论起来也算一位"老革命"了。他出生于上海一个普通市民家庭,4岁时丧父,靠母亲辛勤劳作读完小学,16岁考入上海中国电报局做练习生,两年后转至天津成为职业报务员,其间结识蔡元培、李石曾等革命元老并加入中国同盟会。辛亥革命后,曾被任命为孙中山临时大总统秘书处成员。孙中山辞职后,由于不愿北上与袁世凯共事,谭熙鸿选择出国深造,于1912年赴法国学习农业,中间还曾回国参加"二次革命"。如今学成回国,随即被求贤若渴的北京大学聘为教授。

在北大任教期间,谭熙鸿因其良好的表现而备受广大师生敬重,不但被任命为校长室秘书,还被推举为评议员。1921年11月,学校评议会选举,结果谭以最多票数当选为评议员,一年后换届选举时仍高居榜首。我们前面提到过,当时的北京实行的"教授治校",一切事务基本都由评议会决定,因此评议员在学校享有崇高的威望。然而天有不测风云,就在谭熙鸿的事业顺风顺水之际,一场家庭变故却降临了。

原来在1922年3月17日,与谭熙鸿共同生活了六年的妻子陈纬君因患喉疾及猩红热在京病故,留下一双年龄分别为两岁和数月的儿女。而说到陈纬君,也是相当有背景的女子。她是大名鼎鼎的陈璧君(汪精卫之妻)的妹妹,早年曾跟随姐姐从事革命,后留学法国并与谭熙鸿结合。妻子病逝后,谭熙鸿又要工作,又要照顾一双儿女,一时陷入困境,不得不宣布辞去校长室秘书一职,另请同事好友李大钊代之。恰在此时,他的妻妹陈淑君由广东来到北京,于是便发生了后来的故事。陈淑君原本在广州执信学校就读,但由于恰逢陈炯明叛乱,眼看广东的局势动荡,她便

第四章 旧瓶新酒

孤身北上,准备考取北大国文系。不过因为错过了考试时间,便暂时寄居姐夫家里,一面在北大旁听,准备来年的考试。结果时间不长,姐夫与小姨子之间产生了热烈的爱情,加上两个小孩实在需要照顾,谭熙鸿也就顾不上闲言碎语,毅然宣布与陈淑君正式结为夫妻。在那个传统礼教影响还根深蒂固的年代,这样的事情确实有些离经叛道,幸运的是谭熙鸿是生活在相对而言更开放自由的北大校园里,所以当时也没有制造出什么负面新闻。然而好景不长,一位陌生男子的到来却打破了和谐的气氛。

谭熙鸿与陈淑君热恋前便得知,后者此前已经在广东订婚,不过与未婚夫之间并无甚感情基础。可是就在他们新婚之际,陈淑君的前未婚夫、广东法政学校学生沈厚培竟不远万里来到北京讨要说法。当看到谭、陈二人已既成事实后,愤愤不平的沈厚培竟于1923年1月向京城著名的媒体《晨报》写了一封读者来信,以受害人的身份指责谭横刀夺爱、陈背信弃义,并称他们的结合有伤风化等等。事情一经公开,顿时在京城引起了轩然大波。好在事件的三位主角都是文化人,他们便通过文化的方式进行较量。对于沈的指责,陈并没有丝毫愧意,她随即在报上公开辩白,称与沈相识仅数月,并无婚约之预定,声明自己与谭结婚纯属个人自由,双方自愿。由于是北大教授的"绯闻",各大报纸自然纷纷跟进,大肆炒作。结果在1923年春天的数个月内,这起所谓的"A先生与B女士事件"被闹得沸沸扬扬。各方人士纷纷在报纸上发表观点,并且展开了一场关于婚姻与爱情的论战,而北大教授张竞生的一篇文章更将这场论战推向了高潮。

4月29日,谭熙鸿的同事、北大著名教授张竞生在《晨报副刊》发表了《爱情的定则与陈淑君女士事的研究》一文。张竞生从更新婚恋观念的角度为谭、陈二人辩护,他指出:在这个恶劣的社会、不人道的家庭以及不知爱情为何物的环境里,"当然一见陈淑君女士'弃沈就谭'的事,就生了一部分人的大惊小怪了",进而提出一条石破天惊的"爱情定则"——"爱情是有条件的,可以互相比较,亦可以变迁,夫妻乃一种特殊的朋友关系"。此番言论一出,人们顿时将关注的焦点转移到这位北大教授身上来。张竞生乃何许人也?居然敢有如此大胆的言论?

张竞生(1888—1970),广东饶平人,哲学家、美学家、性学家、文学家和教育家,20世纪20年代中国思想文化界的代表性人物。与谭熙鸿的经历类似,他早年也曾参加辛亥革命,曾被孙中山任命为南方议和团首席秘书,之后出洋留学,在法国获博士学位,与胡适、顾维钧并称"民初三大博士",1921—1926年任北京大学哲学系教授。自从张竞生那篇惊世骇俗的文章发表后，立即引起了社会各界的强烈反响，而一场持续数月之久的大讨论由此展开，仅北京《晨报副刊》发表的有关稿件就达35篇之多，包括鲁迅在内的一大批知识分子都曾卷入其中。

尽管当时多数人都对谭、陈二人的婚姻存有非议，但支持者也不乏其人。不过无论外面的情形如何，对身处是非旋涡中的当事人而言却是非常尴尬的，因为他们根本不会想到自己的私事居然会引发一场社会大讨论。当然，事情闹到如此地步，也离不开内部人的暗中捣鬼，而据说在幕后指使沈厚培在媒体上声讨谭、陈二人的，正是谭熙鸿的大姨子、陈淑君的亲姐姐陈璧君。由于后者从一开始就极力反对二人结合，因此一直在背后推波助澜。实际上据披露，由于同为早期革命同志，谭熙鸿与汪精卫这一对连襟的关系本来是相当不错的。但是因为谭熙鸿看不惯陈璧君那飞扬跋扈的做派，所以后来双方关系颇为紧张。陈纬君去世后，眼看又一个亲妹妹嫁给了谭熙鸿，陈璧君当然不爽，结果为了破坏人家的婚姻，她便极力挑唆沈厚培前去北京闹事。不管怎么说，这桩"绯闻"不仅一度令谭、陈二位当事人压力重重，甚至连北京大学也多少受到了牵连。

时隔近100年后，当我们再度审视这桩"绯闻"时，也会感到颇有看点。然而如果深入考察那个时代，我们又会惊奇地发现，实际上在整个五四时期，在知识分子阶层，爱情与婚姻始终是一个绕不开的话题。一方面，旧时代给他们强加了旧式婚姻，另一方面，新时代又给他们提供了追求新式爱情的机会。于是在时代急剧变迁的十字路口，重新进行人生的选择似乎就成了一种必然。与此同时，新的社会思潮对女性也产生了巨大影响。五四时期，在"民主"与"科学"的口号下，女性开始争取独立的人格，即摆脱封建传统的家庭束缚，走向自由和平等。在这种新观念的影响下，一些觉悟的青年女性呼吁解除父母包办的婚约，主张恋爱自由、婚姻自由。1919年，湖南发生了新娘赵五贞反对父母包办婚姻而自杀事件。这起女性抗婚事件，当时深深地刺激了广大新式青年的神经。而在知识阶层，许多新派人士也开始对旧式的婚姻进行反思和讨伐。他们不仅反对包办婚姻，提倡结婚自由，而且坚持离婚自由。他们认为真正自由的人在遇到不幸婚姻的束缚时，应该敢于打破牢笼。例如《新青年》的早期编辑陈望道（《共产党宣言》第一个中译本的翻译者）就曾这样大声疾呼："婚姻上逃避不幸的路是什么？——是离婚。所以我们在原则上，决不想禁阻离婚""我想，既然要自由结婚，就该要求自由离婚！不然，岂不是未结婚是要自由，结了婚便不要自由了吗？这样，还可以说是一个爱自由者吗？"于是，许多新式知识分子纷纷打破旧的

第四章 旧瓶新酒

牢笼，抛弃传统偏见，与前妻离婚，转而追求性情相投的伴侣。而正是在这样一种背景下，便出现了近代中国第一次离婚热潮。

如果检视一番近代中国著名知识分子的名录，就会惊奇地发现，他们中的相当一部分人都有过离婚（或事实离婚）的经历，而其中最典型的如陈独秀、鲁迅、徐志摩等人，几乎无一不是新文化运动的领军人物。

先说陈独秀吧。作为新文化运动的发起者和旗帜性人物，陈独秀（1879—1942）一生当中经历了四次婚姻，其中前两次婚姻尤其体现了时代背景对他的影响。1896年，17岁的陈独秀可谓双喜临门。这一年，他先是高中秀才，又与安徽统领副将高登科的长女高晓岚订婚。当时，陈独秀的养父陈昔凡为官东北，在安徽、辽宁置

20世纪20年代的爱情与婚姻大讨论，曾对当时的社会造成很大影响

地千亩，在沈阳、北京均开有铺子，陈、高两家的这门亲事可谓门当户对。不过对于思想激进的陈独秀来说，未婚妻的情况却让他很不满意：对方年长他三岁，虽然民间自古就有"女大三，抱金砖"的说法，但高大小姐目不识丁，又裹了一双小脚，陈独秀当时就很失望。然而在那个年代，做子女的都要遵从父母之命、媒妁之言的老规矩，因此他仍被迫于次年迎娶了新娘子。由于二人几乎没有共同语言，所以尽管婚后总共生育了四个子女，但感情却很淡漠。1913年，陈独秀参加"二次革命"，失败后只身前往上海，后又去日本，从此再也没有回过安庆老家，只留下可怜的高晓岚独守空房，于1930年病故，终年55岁。

与我们开头提到的谭熙鸿有着惊人的相似，在冷落原配妻子的同时，陈独秀也闹出了姐夫与小姨子的"绯闻"，这场在当时人眼中惊世骇俗的爱情，也直接体现了陈独秀对于婚姻自由的追求。那是在1903年，陈独秀家中来了一位亲戚——高晓岚同父异母的妹妹高君曼。高君曼比陈独秀小10岁，当时正就读北京女子师范学院，热爱文学、思想开放。由于二人之间颇有共同语言，因此没多久他们便陷入了热恋。尽管面对众人的非难和陈、高两家的指责，但执意追求"自由恋爱"的他们仍走到了一起。后来，陈独秀干脆以"留学日本"为名带上高君曼私奔，从此形影不离。1909年冬，归国的陈独秀与高君曼才正式宣布结合。一怒之下，陈、高两家跟他们断绝了关系。其后，高君曼与陈独秀共同度过了十多年不平凡的婚姻生活。

与陈独秀一样，另一位新文化运动的旗帜性人物鲁迅（1881—1936）也有过一次封建包办婚姻，不过在与这种婚姻抗争的过程中，他的表现就显得低调多了。

1906年7月的一天，远在日本留学的鲁迅突然接到浙江老家的一封电报，内称母亲病危，请他速归。接到电报后，一向孝敬母亲的鲁迅赶紧整理行囊返回家乡。然而到家才知，母亲根本没病，之所以骗他回来，只是为了要他完婚。原来在几个月前，周家老太太就三番五次催促儿子返乡迎娶未婚妻朱安。由于早就知道对方比自己大两岁，长得不好看，不识字，还是一双小脚，因此对于这桩由父母包办的婚姻，接受了新式教育的鲁迅始终不情愿，每次都回信让姑娘另嫁他人。无奈之下，老太太才想出了这一狠招儿。现在既然回来了，老太太自然高兴，而事母极孝的鲁迅也只能委屈自己，勉强完成婚礼。然而从这一刻起，两个人的悲剧就此开始了。婚后第二天，鲁迅就住到了书房里，常常读或写到深更半夜，困了就睡在那三块铺板搁在条凳上而成的小床上，从不到朱安的房里去。亲友们来贺喜，他也只是淡淡地回答："这是母亲送给

第四章 旧瓶新酒

我的一份礼物,我自当好好供养,但爱情是我所不知道的。"婚后第五天,鲁迅就带着二弟周作人及几个朋友启程东渡日本,这一走就是三年。

1909年8月,鲁迅从日本回国,在杭州、绍兴等地任教,但却住在学校而很少回家。即便有时回去也是为了看望母亲,偶尔星期六晚上回家,也是通宵批改学生的作业或读书、抄书、整理古籍,有意不与朱安接触。1912年,鲁迅受蔡元培之邀前往北京到教育部任职。1919年,他购置了北京八道湾的一座三进式四合院,随后又把母亲与朱安接到新家。四年后,因为与弟弟周作人反目,鲁迅搬到砖塔胡同,次年又重新购置了西三条胡同21号的宅子,期间始终带着朱安,但二人的关系却没有丝毫改善。1925年夏天,鲁迅和小他近20岁的许广平相恋。1926年8月,鲁迅与许广平一同离开北京南下广州,1927年10月又到上海,在虹口租了一幢三层的房子,与许广平公开同居。而在北京,他的母亲与朱安仍居住在西三条胡同的住宅里。据说在上海定居后,曾有人问朱安以后作何打算,后者伤感地说:"过去大先生待我不好,我想好好服侍他,一切顺着他,将来总会好的。"1947年6月29日,守了一辈子活寡的朱安孤独地去世了,她生前反复对人讲:"周先生对我不坏,彼此间没有争吵。"

陈独秀

青年鲁迅

对于自己与朱安的婚姻悲剧，鲁迅无疑是极为痛苦的，他虽然一方面也同情朱安，但也无奈地称自己是"陪着做一世的牺牲"。正是由于这种刻骨铭心的体会，鲁迅一直在声讨中国传统道德文化隐藏的残酷性。在鲁迅看来，旧的道德是以长者为本位，这无疑是对幼者、对青年的摧残。因而，青年人无爱的婚姻生活，正是这种非道德的道德法则的产物。后来，他曾在作品中如此表达自己无爱的困苦："爱情是什么东西？我也不知道。中国的男女大抵一对或一群——一男多女——的住着，不知道有谁知道。……但在女性一方面，本来也没有罪，现在是做了旧习惯的牺牲。我们既然自觉着人类的道德，良心上不肯犯他们少的老的罪，又不能责备异性，也只好陪着做一世牺牲，完结了四千年的旧账。"

当然，在新文化运动时期闹婚姻革命最轰轰烈烈的知识分子，无疑当推著名诗人徐志摩。作为一名才华横溢的诗人，徐志摩（1897—1931）的生命虽然短暂，却为后人留下了无数传世名篇，其本人也在婚姻爱情方面演绎了一幕幕曲折波澜的传奇，就连与他有关联的那些女性，也显得格外与众不同。

1915年12月，经家人安排，徐志摩与他的第一位妻子张幼仪（1900—1988）结婚，后者的哥哥张嘉璈是北洋时期著名金融家，张君劢则是著名学者与政治家。尽管张幼仪也算出身名门，也没裹过小脚，并且长相端庄、为人善良，几乎拥有中国妇女的所有传统美德：尊重丈夫、孝敬公婆、贤淑稳重、善操持家务、相夫教子……然而从一开始，徐志摩对于这桩旧式婚姻便很不满意。因为张幼仪虽然有那么多优点，但毕竟是传统女性，也没有多少文化，与诗人所梦想的浪漫和才情相差甚远。正如张幼仪本人后来曾回忆的："我没有裹小脚，可是对我丈夫来说，我两只脚可以说是缠过的，因为他认为我思想守旧，又没读什么书。"由于这种原因，早在第一次看见未婚妻的照片时，徐志摩便用嫌弃的口吻说："乡下土包子！"而到结婚后，他几乎从没有正眼看过张幼仪。尽管二人先后生育了两个孩子，但却谈不上有什么真正的感情。

1920年，徐志摩赴欧洲游历，结果在英国深深爱上了风华绝代的林徽因。这年冬天，在张君劢及徐家父母的干涉下，张幼仪第一次走出国门，远赴欧洲与丈夫团聚，殊不知等待她的却是另外一种结果。虽然夫妻团聚后在英国生活了一段时间，但正陷入热恋的徐志摩根本无暇顾及远道而来的妻子。1921年8月，当张幼仪把自己已经怀孕的消息告诉徐志摩时，他竟漠然地说："把孩子打掉。"那时打胎可是一件很危险的事，然而当可怜的张幼仪说"我听说有人因为打胎死掉的"时，徐志摩却冷冰

第四章　旧瓶新酒

留学日本时期的鲁迅

照鉴北洋：历史影像背后的历史

鲁迅的原配朱安，一位旧式女子

鲁迅、许广平及他们的孩子周海婴

著名诗人徐志摩

冰地说:"还有人因为坐火车死掉的呢,难道你看到人家不坐火车了吗?"

为了追求心目中的爱情,徐志摩坚决要求同张幼仪离婚。若干年后,张幼仪这样回忆道:"他说,全中国正经历一场变局,这场变局将使个人获得自由、不再成为传统习俗的奴隶。所以,他要向这些传统挑战,成为中国第一个离婚的男人。"值得一提的是,在当时,似乎全中国的新式知识分子都在对旧式婚姻进行挑战,因此对于徐志摩闹离婚几乎一边倒地鼓励和支持,甚至还帮其出谋划策。经过半年的考虑后,1922年3月,张幼仪与徐志摩在德国柏林签署了离婚协议,此时他们的第二个孩子彼得才刚刚出生一周。为此,徐志摩还写了首《笑解烦恼结——送幼仪》,并寄到家乡的报纸《新浙江》上发表,以此向家乡父老表明已与张幼仪解除婚姻关系。

徐志摩（右一）与外国友人合影

虽然徐志摩与张幼仪并不是近代中国第一对离婚的夫妻，但由于当事人的社会知名度，这起离婚事件仍在当时的中国社会产生了巨大轰动，并引发了更加汹涌的离婚风潮。

令徐志摩失望的是，尽管他总算与张幼仪离婚了，但却没有最终获得林徽因（1904—1955）的芳心。面对徐志摩的苦苦追求，林徽因经过理智的思考，毅然不辞而别，与父亲一起提前回国，后来她选择了名门之后梁思成，二人的婚姻可谓美满无比。至于徐志摩，则在留学归国后结识了朋友王赓之妻陆小曼。1926 年，徐志摩与陆小曼结婚，这桩婚姻同样在当时引起了很大轰动，就连证婚人梁启超的一番证婚词都成为人们街谈巷议的焦点。当天，梁启超毫不留情地说："我来是为了讲几句不中听的话，好让社会上知道这样的恶例不足取法，更不值得鼓励——徐志摩，你这个人性情浮躁，以至于学无所成，做学问不成，做人更是失败，你离婚再娶就是用情

第四章　旧瓶新酒

尽管与原配张幼仪结婚了，但徐志摩却疯狂地爱上了林徽因，图为林徽因与父亲合影

徐志摩、林徽因一起参加了欢迎诗人泰戈尔的活动

不专的证明！陆小曼，你和徐志摩都是过来人，我希望从今以后你能恪遵妇道，检讨自己的个性和行为，离婚再婚都是你们性格的过失所造成的，希望你们不要一错再错、自误误人，不要以自私自利作为行事的准则，不要以荒唐和享乐作为人生追求的目的，不要再把婚姻当作是儿戏，以为高兴可以结婚，不高兴可以离婚，让父母汗颜，让朋友不齿，让社会看笑话，让……总之，我希望这是你们两个人这一辈子最后一次结婚！这就是我对你们的祝贺！——我说完了！"

而对张幼仪来说，离婚固然令她陷入过痛苦，却也彻底改变了她的人生。由于深得徐家父母喜欢，因此在离婚后，后者仍定期给她寄生活费。用这笔钱，她在欧洲一面抚养孩子，一面学习，使自己发生了翻天覆地的变化。就在徐志摩与陆小曼结婚的那年，在前公婆的极力请求下，张幼仪终于回国。与5年前离开时不同，此时的她已是一个坚强、知性的女人了。1927年，张幼仪定居上海，先是在东吴大学教授德文，不久又被上海女子商业储蓄银行聘任为副总裁，成为中国近代史上第一位女银行家。与此同时，她还经营了一家云裳服装公司。这家服装公司位于南京东路，生意红火，当年在上海滩有很高的知名度。

令徐志摩失望的是，林徽因最终却选择了梁启超之子梁思成

第四章 旧瓶新酒

有趣的是，自从离婚后，徐志摩对张幼仪的态度也发生了巨大变化。两人关系要比做夫妻时融洽得多，据说徐志摩在上海的时候，差不多天天到服装行来看望这位前妻。而在徐志摩的母亲去世时，他和父亲徐申如坚持让张幼仪回家主持整个葬礼，张最后以"干女儿"的身份与徐志摩、陆小曼站在一起向来致哀的宾客回礼。就在1931年11月18日下午，张幼仪还最后一次见到了徐志摩。当天深夜，便传来了徐志摩坠机遇难的噩耗。至于林徽因，张幼仪只是1947年于北京见过一次，后者当时刚刚做完大手术在医院养病。

1988年1月20日，88岁高龄的张幼仪平静地离开了人世。晚年，面对小辈们的好奇，她曾淡淡地这样说："你们总是问我，我爱不爱徐志摩。你们晓得，我没办法回答这问题。我对这问题很迷惑，因为每个人总是告诉我，我为徐志摩做了这么多事，我一定是爱他的。可是，我没办法说什么叫爱，我这辈子从没跟什么人说过'我爱你'。如果照顾徐志摩和他家人叫作爱的话，那我大概爱他吧。在他一生当中遇到的几个女人里面，说不定我最爱他。"

尽管五四时期曾出现过大规模的离婚潮，但颇让人感慨的是，作为新文化运动的第一旗手，同样是被强加了一桩旧式婚姻，一生鼓吹民主自由的胡适却有另外一种选择。虽然从心里老大不乐意，但胡适竟一次又一次"悬崖勒马"，将自己从"犯罪"边缘挽救回来，送走了一个又一个凄婉的女子，最终与那位小脚太太相伴了一生。

1904年，当胡适年仅13岁时，他的母亲便给他订下了一门亲事，对方是一位缠了小脚的旧式女子，名叫江冬秀。订婚后，胡适到上海读书，后又留学美国，其间从未见过未婚妻的真面目。随着年龄和学识的增长，接受了新式教育的胡适自然对这种旧式婚姻大为不满，但是出于对母亲的孝顺，他始终不敢对这桩婚事表示反对。直到1917年底，已经被聘为北大教授的胡适在母亲的命令下，不得已返回安徽老家完婚，次年又偕妻来到北京。有趣的是，不知是否真如民间传言的——"要想抓住一个男人的心，先要抓住他的胃"。虽然一双小脚的江冬秀大字不识，却做得一手好饭。据说尤其擅长做腊八粥，而胡适则最爱吃不过。或许是由于这些原因，二人的婚姻虽然不甚和谐，在外人看来非常别扭，却也能大体相安无事。

但是归根结底，作为鼎鼎大名的北大教授、新文化运动的领军人物，胡适脾气再好，也难免与旧式妻子产生冲突。先说文化层次分明，两人的差别简直是太大了，一个是名闻天下的新学术领袖，一个却是大字不识几个的小脚太太，根本不可能有什么共同语言。此外性情方面差别也很大，胡适为人宽厚而热情，江氏却泼辣火爆。据知情人透露，每当有女学生登门拜访时，醋意大发的江氏都会当场吵闹不休，而胡适智能在中间打圆场。久而久之，竟在知识界落了个"怕老婆"的名声。就这样，一心想当好人的胡适虽然极力鼓吹对旧文化发动革命，并对徐志摩等人的离婚举动表示支持，自己却始终不敢痛下决心走出那一步，真可谓"医不自医"啊！令人好笑的是，正是由于这一出，许多同事、朋友目睹胡适的这种做派，无不对其表示敬意，为他的自我牺牲精神而感动。而直接结果就是，为了维护自己的这种完美形象，胡适就只有继续牺牲下去。

还有一个故事，或许能更好地解释胡适的无奈与苦涩。

那是在1917年回乡完婚时，胡适便结识了兄嫂同父异母的妹妹曹诚英，后者是新娘的伴娘。对于这位比自己小11岁的新派女子，胡适简直是一见钟情。婚后的第二年，在一次与江氏吵架之后，胡适一气之下跑到杭州休病假，并与照顾自己的曹诚英同居了一段时间。这段时间，也许是胡适一生中最美好、最逍遥的时光了。1924年，胡适和曹诚英的关系日趋明朗，几乎所有的亲友都知道了这事。然而就当胡适壮着胆子向江冬秀提出离婚时，后者当即勃然大怒，末了竟从厨房中拿一把菜刀说："离婚可以，我先把两个孩子杀掉。我同你生的孩子不要了。"目睹此景，一向温文尔雅的胡适顿时吓得面如土色。面对江冬秀的以死相挟，他最终退却了，与曹诚英的情缘也不了了之，而可怜的曹诚英后来则终身未嫁，郁郁寡欢地度过了一生。

唉，既然咱没这个金刚钻，就别再揽什么瓷器活儿，这辈子就这样吧——这无疑就是胡适后来的心声。在其一生中，他虽然也曾多次与其他女人传出过绯闻，但却没有一次较真的，他与江冬秀的婚姻似乎也越来越稳固了。到中年以后，他对于所谓的爱情与婚姻已泰然处之了。他不但毫不在意别人讥笑自己的"惧内"，反而颇认真地开始收集各国关于"怕老婆"的文学故事、笑话和漫画，然后得出了一个搞笑的"结论"：在全世界一百多个国家里，只有德国、日本、苏联三个国家没有"怕老婆"的故事，所以凡是有"怕老婆"故事的国家，都是自由民主的国家；凡是没有这种故事的国家，都是独裁或集权的国家。他还经常开玩笑地说："太太年轻时是活菩萨，怎好不怕！中年时是九子魔母，怎能不怕！老了是母夜叉，怎敢不怕！"说完便哈哈大笑起来。不知是否感于胡适的"完美"婚姻，当他去世时，蒋介石亲笔书写了这样一副挽联："新文化中旧道德的楷模，旧伦理中新思想的师表。"

第四章　旧瓶新酒

胡适（前排左一）在美国留学期间与同学的合影。虽然是新文化运动的领导人，但满脑子新思想的胡适却与他的小脚太太过了一辈子

毫无疑问，一个特定的时代都有其特定的道德标准。对于新文化运动时期众多新式知识分子掀起的离婚大潮，后世历来评价不一。有的认为这是顺应了时代潮流，解放了人性；而有的则认为这是对"糟糠之妻"的不负责任。实际上，即便那些离了婚的新式知识分子，其再婚生活并非都完美无缺。例如闹得最沸沸扬扬的徐志摩，在与陆小曼结婚后，反而被对方所累，最终在一场事故中英年早逝。另外必须注意的是，在那个大多数女性经济上不能独立的时代，离婚所导致的后果对她们而言是很严重的。从这个意义上讲，究竟谁才是时代的牺牲品，我们又有谁能说得清？

三、民国的"福布斯"

自 2003 年正式进入中国以来,一份名为《福布斯》(Forbes)的美国刊物迅速成为最有影响力的财经杂志之一。或许是洞悉了人类对于财富的永恒欲望,《福布斯》还不断在许多国家推出各种版本的"富豪排行榜",这些榜单几乎无一例外地吸引了无数热切的目光。然而正如该杂志的发行人迈尔康·福布斯(Malcolm Stevenson Forbes, 1917—1990)曾指出的:"商业的目的是要创造幸福,而不仅仅是财富的堆积。"可是如今即便能登上《福布斯》排行榜,又有几个人能真正领会这句话的内涵呢?

历史往往是最好的镜子。虽然我们不能一味地厚古薄今,一味地感叹世风日下,但如果把历史的时针倒转 100 年,去认识一下民国前期的那些为数不多的富豪,看看他们的奋斗与作为,相信很多人会有别样的感受。在他们的故事面前,我们会惊奇地发现,原来在那样一个国家贫弱、民生凋敝的年代,竟会孕育出一批非同寻常的"福布斯"人物。他们凭着坚韧不拔的毅力开创了中国新式企业,敢于向西方垄断势力发起挑战,而在成功之后又投身公益事业,更在关键时刻挺身而出报效国家,从而创造了一段民国财经佳话。

了解中国近代史的人都知道,在北洋政府时期,虽然政局动荡,外交孱弱,但中国的民族资本主义经济却获得了较大发展,在这一时期出现了一个欣欣向荣的好势头。因此史学界往往把这一时期称之为中国民族资本主义经济发展的"黄金时代",或者"黄金十六年"(1911—1927)。

上了年纪的人恐怕还记得,过去中国老百姓的生活中,洋面、洋布、洋火、洋盐、洋油之类的词汇简直是最熟悉不过了。因为曾经在很长的时间里,中国人几乎无力自主生产这些与民生息息相关的日用品,而市场大多掌握在洋人手里。可喜的是,在北洋政府时期,尤其是在 1914—1922 年,中国的民族工业突然有了迅速发展,并随即出现了一场由民族企业家发起的"进口替代运动"。那一代中国企业家,虽然面临诸多不利的局面,却敢于凭着无比的勇气与智慧,在各个领域同洋人的跨国公司展开激烈竞争。

1915 年 4 月 9 日,据《申报》《大陆报》等媒体派出的记者报道,当天一支由 17

名中国人组成的实业代表团登上"满洲"号客轮,从上海码头出发,前往美利坚合众国考察。报道还披露了这17名代表团成员的名字:陈廉伯、陈陛、龚心铭、聂云台、张弼士(振勋)、施肇祥、余觉、俞燮、孙观澜、黄炎培、余日章、万汝、张应铭、龚东安、梁焕彝、吴在章、朱礼琦,其中团长为张弼士,副团长为聂云台。除此之外,同行的还有农商部美籍顾问罗秉生。其实,该考察团之所以能够成行,还得感谢美国政府的极力邀请。而代表团的主要目的,则是参观巴拿马世博会并考察美国商务。对于此次交流活动,中美两国有关方面都给予了高度重视。就在考察团出发前一天,美国驻上海总领事特地举行欢送会,与会者除了中方代表外,还有美国在华商界名流以及政界要人伍廷芳、唐绍仪等。为了活跃气氛,当时中国海军的王牌军舰"海圻"号甚至史无前例地派出军乐队到会奏乐。在一派热烈友好的气氛中,美国总领事、罗秉生、伍廷芳等先后即席讲话,宾主尽欢而散。

就在实业代表团启程赴美之时,远在大洋彼岸的旧金山,声势浩大的巴拿马万

早期世博会上展示的中国采茶女

国博览会(也就是今天所说的世博会)正在如火如荼地进行当中。令人吃惊的是,在许多人并不看好的情况下,中国元素竟成为这场盛会的最大亮点!

1915年2月20日,经过三年的筹备,巴拿马太平洋万国博览会终于在美国旧金山盛大开幕。这届世博会之所以冠名巴拿马,是为了庆祝巴拿马运河开凿通航。作为当时新近崛起的经济强国,美国决意通过此次博览会全方位展示自己的工业实力。会址选在旧金山海湾与陆地的交汇处,占地625英亩,共11个展馆。在筹备期间,美国政府向全世界主要国家都发出了邀请,最终应邀参加博览会的共有41个国家,其中就包括中国。与之前的清政府不同,当时刚刚成立不久的民国政府对于此次博览会表现出了高度热情。这一景象的背后,其实是与民国初年的实业救国热潮分不开的。当时,在以袁世凯为核心的中央政府的倡导下,各地先后制定和采取了一些鼓励发展实业的法令条例,而各种实业团体也如雨后春笋般涌现。仅从1912年到1914年间,国内新开的工厂就达4000家,民族资本也由此进入一个长足发展的时期。因此当获知政府将派团参加巴拿马博览会的消息后,急于打开国际市场的实业界便立即表现出了极大的热情。

其实早在1861年,当时的清朝就同伦敦世博会发生过联系,此后又相继参加过维也纳、巴黎、费城、圣路易斯和米兰等几届世博会。遗憾的是,由于当时清政府对此类国际盛会知之甚少,结果每次参会实际上都属于民间活动,通常由西方人把控下的海关充当组织者。而在挑选参展项目时,这些组织者往往只是为了迎合西方人的猎奇心理,除了带去少量的丝绸、茶叶等中国特产外,基本上便是表现吸食鸦片的男子、裹脚的妇女等题材的塑像,或者鸦片烟枪、绣花鞋、刑具等实物,与其说他们是代表中国去参加博览会,倒不如说是为了与西方观众一道寻中国的开心。

直到1911年辛亥革命之后,随着中华民国的建立,资产阶级掌握了新政权。无论是在发展民生还是开展外交方面,新政府显然要比之前的清朝先进得多。巧合的是,几乎就在辛亥革命之际,又一届世博会开始筹备了。当时,美国为了筹划规模空前的1915年世博会,向全世界主要国家都发出了邀请。出于开拓市场和增进交往的目的,组织者强烈希望中国这个东方大国能够参加。为此,美国方面专门派出了一个重量级的代表团前来中国开展动员工作。代表团的团长是美国旧金山巨商罗伯特·大莱(Robert Dollar),此人在美国商界享有极高的声望。从20世纪初,他就开始从事对华贸易,因此同上海等地的工商界联系密切。1910年,正是在大莱的策划下,美国组织了一个大规模的实业访华团,对中国进行了一次全方位的考察。1911年年底,

1873年维也纳世博会上的中国馆

为了说服当时的中国政府能派团参加四年后在美国旧金山举办的世博会,他亲自来到中国进行沟通。由于当时中国国内正值辛亥革命,政局颇为混乱,因此直到1912年2月,他才得以面见临时大总统孙中山。当得知其来意后,孙中山爽快地答应:一旦国内政治走上正轨,中国将派团参加世博会。之后在上海商界专门为大莱举办的招待宴会上,大莱郑重宣读了西美联合商会邀请中国商会组团访美和参加巴拿马世博会的信函,并详细介绍了美方的准备情况。

到1913年,中国国内政局已趋于稳定,以大总统袁世凯为首的北京政府也希望通过与西方世界的交往来发展民族经济,因此对于即将在美国举办的世博会也表现出了浓厚的兴趣。袁世凯特地下令拨专款30万美元用于参展所需,并任命国会议员陈琪专门负责参会事宜。同年6月,筹备巴拿马赛会事务局正式成立,陈琪任赴美赛会监督兼筹备巴拿马赛会事务局局长。在陈琪的主持下,赛会事务局面向全国各地征集展品,最终筛选出展品10万件,共1800箱。1914年12月6日,中国参展团从上海启程赴美,12月28日抵达旧金山。

与此同时，鉴于巴拿马世博会召开在即，为促成中国实业考察团早日访美，大莱于1914年底再次来到中国，试图与北京的袁世凯政府取得联系。虽然最终由于种种原因他没有见到大总统袁世凯本人，但也先后拜访了黎元洪、梁士诒、张謇等政界要员。在张謇等人的力促下，中国方面开始着手组建赴美考察团。

1915年2月20日，巴拿马世博会在旧金山隆重开幕。据报道，当天开幕式的场面非常壮观，参观人数竟超过了20万人。4月22日，世博会内的中国馆开幕。与以往参加历届世博会的情形类似，巴拿马世博会上的中国馆仿照紫禁城太和殿修建，呈现出浓郁的中国风，因而吸引了大批美国观众。而与以往参与世博会所不同的是，此次中国代表团所选择的展品无论在内容还是质量上都大为进步。结果在最终的评选中，中国展品共获奖章1218枚，大奖57枚，在奖牌榜排名第一！值得一提的是，由于当时的美国民众对中国文化怀有浓厚的兴趣，因此在世博会结束后，各国建筑都被拆除，唯有中国馆被保留了下来并移建至金门公园内。

可以毫不夸张地说，在中国近代经济发展史上，1915年的巴拿马世博会堪称工

1914年，时任民国副总统黎元洪接待美国商界代表大莱夫妇时的合影

商界最美好的一段回忆。而在这一传奇的缔造过程中,张弼士可谓功不可没。

说起张弼士(1841—1916),在清末民初可算是德高望重的商界巨子了,其身家在鼎盛时期据说高达 8000 万两白银,就连美国人都称他是"中国的洛克菲勒"。张弼士本名振勋,出生于广东梅州大埔县,因自幼家贫,很小的时候就赴印度尼西亚谋生。由于他聪明肯干,头脑灵活,加之善于捕捉商机,经过几十年的奋斗,逐渐建立起一个庞大的商业帝国,一跃成为南洋巨富。与此同时,张弼士又时刻心系祖国,积极参与国内的经济建设。特别是在 1894 年,他在山东烟台创办著名的张裕葡萄酒公司,所生产的酒品后来还在巴拿马世博会上获得大奖。由于张弼士的杰出贡献,清政府曾多次委以重任,并破例赏头品顶戴。进入民国后,袁世凯政府也特聘其为总统府

1915 年巴拿马世博会上的中国馆

张弼士，近代中国巨商，1915年赴美实业考察团团长

顾问。1914年，当袁世凯政府决定参加即将举行的巴拿马世博会并筹划组建访美实业考察团后，张弼士被任命为团长，副团长则是上海总商会副会长聂云台（曾国藩的外孙）。考察团共由17人组成，除了像张、聂这样的商界名流之外，农商部还特地从北京、天津、上海、汉口及广州五座城市的商会中挑选出熟悉国内外商业的精英代表各一人。

5月3日下午4时，赴美实业考察团乘坐的"满洲"号客轮首先抵达美国西海岸的旧金山，开始正式展开对美国的访问。对于中国实业考察团的到来，美国政府和商界十分重视，并进行了周密的准备工作。中国客人是如此受欢迎，以至于竟有一百三十多个美国城市邀请他们前去参观考察，最终美方确定了25个城市作为目的地，并对行程作了详细安排。当天一抵达旧金山，面对前来欢迎的重量级人士，考察团马上就感受到了美国方面的热情。团长张弼士在当时写给袁世凯的报告中回忆道："当时来船者，有美总统代表旧金山税务司大卫君，国务卿兼外交长代表卫理君，财政部兼商部代表保德君，工部代表克敏那德君，移民局长白克斯君，按巡使旧金山埠市政长罗福君，西美商会联合会会长博克君，旧金山商会总理摩哈君，协理福斯特君，会董林处君，联合会文案杨德君，暨新闻记者二十余人，中华会馆华商二十余人，用汽车迎接登岸，沿途有巡警八人，架自动脚机，夹车前导，至三藩思大旅馆，凡团员宿舍服物，无不安置妥帖，招待极周。"而在之后到各城市进行访问期间，实业团受到的礼遇同样给他们留下了深刻的印象。他们每到一地，当地商会和政府多派人陪同参观，并设宴热情招待，气氛热烈而融洽。例如在纽约，实业团得到出口货制造家公会的宴请，"场面至为宏大。大餐堂陈设之华美，非笔墨所能写。一言以蔽之，足与世界第一繁华宏壮之纽约相称而已。列席者皆纽约市各业首屈一指之富豪，堂上下人以千数，各抛其千金一刻最宝贵之光阴，从事于主宾之酬酢。……足征美国官民上下，对于本团异常重视，中美亲善之情，尤可概见。"

考察团在美国期间的行程大致为：抵达旧金山后首先参观了巴拿马世博会，然后起程沿海南行，绕美国边境向东至墨西哥湾，再折而至美国中部，后折而向美国东部到达大西洋沿岸诸城，旋复折而北，绕其北部边境返回西部旧金山，历程约17200公里，先后访问了旧金山、洛杉矶、新奥尔良、芝加哥、匹兹堡、华盛顿、费城、纽约、波士顿、底特律等25个大城市，最终于6月30日结束行程，前后近两个月。在美期间，考察团还进行了大量的礼节性拜访，同美国政界要人、商界巨子、社会名流等广泛接触和交流，其中包括总统、国务卿、部长、议员等，从而在一定程度上促进了中美关系的发展。正如张弼士在宴会上发表答谢美国各商会的演说时所提到的："论兹行之目的，不外二事。一为仰赖贵国指导提倡者。……环顾列强，唯贵国为共和国始祖，其实业又为全世界泰斗，洵属吾国先进良师，况论其土地，同为大陆国，论其关系，共此太平洋，将来农工商矿，以及其他利国福民事业，不于贵国取法而谁取？此行之目的其一也。二为愿共贵国研究进行者。巴拿马运河既已开通，则商务之潮流，将

1915年赴美实业考察团成员合影，前排左三为张弼士

随之而东转。中美适当太平洋之东西两岸，乘此机会，直接联络，以企图两国营业之扩张，时不可失……"

6月26日，考察团在华盛顿受到时任美国总统威尔逊的接见，参观了国会山，拜谒了华盛顿墓。在新泽西州，他们还有幸与大发明家爱迪生会面。为了欢迎远道而来的东方客人，68岁的爱迪生甚至亲自主持午宴，带他们参观实验室，并当场演示了自己新发明的录音机。而在底特律，考察团参观了已经开始使用流水线生产的福特汽车制造厂，与老福特进行了深入交流。值得一提的是，尽管此次访问主要是出于商业目的，但考察团的成员们也时刻关心国家的命运，利用一切可能的机会在国际舞台上为中华民族的利益呼吁。在他们访美期间，恰值日本逼迫袁世凯政府签订臭名昭著的"二十一条"，这一事件当时也震惊了国际舆论。1915年6月6日，《纽约时报》刊登了记者爱德华·马歇尔对中国考察团团长张弼士的访谈。对于日本人的强盗行径，他当即表示了强烈的愤慨："我是一个商人，本不适合谈政治，但作为一个中国公民，从内心上讲为了中国的利益，我应该自由地表达我个人的意见。我虽无政治知识，但我相信，尽管日本人自以为聪明，但他们实际上失去了全体中国人民的信任。我认为，他们终将发现，失去中国人民信任的后果远比他们想象的要严重。我确信，这将抵消日本通过其雄心勃勃的计划所获得的任何成功。"

1915年北京政府所组织的这次国际活动，无论是巴拿马世博会还是赴美考察团，在当时都可谓大获成功，取得了丰硕的成果，中美双方都非常满意。回国后，团长张弼士虽然没有到北京当面向袁世凯汇报工作，但他在呈送大总统的报告中兴奋地指出，美国"对于中国感情，异常肫挚，并提出发展两国商务以增进两国关系的看法；将来两国亲善提携，必须从联合商情入手，故于往来酬酢，抱定宗旨，唯表示中国注重实业之真诚，为异日联合地步略尽天职。"为了表达对美方有关人员的谢意，经张弼士提议，袁世凯以大总统的名义颁布命令，授予美国外交部门代表卫理二等嘉禾章、商部代表保德、工部代表丹师麦尔和孟赖、杨德、费约翰、霸克、大莱、普夫等人三等嘉禾章。

第一次世界大战期间，由于西方各主要资本主义国家忙于战争，工商业发展受到极大制约，从而无形间刺激了中国民族工业尤其是轻工业和日用品制造业的发展，而其中又以纺织业和面粉业最为突出。从1915年至1922年，中国私人的棉纺织厂由22家增至64家，纱锭由700014枚增至2221000枚，布机由2254台增至12459台；面粉业在战前每年入超二百万担以上，从1915年起连续六年为出超，平均每年

第四章 旧瓶新酒

鼎盛时期的南洋兄弟烟草公司大楼

出超百余万担，价值五百余万海关两。战前全国面粉厂只有四十多家，到1921年增至一百二十多家。此外，火柴、造纸、卷烟、水泥、榨油、制糖等轻工业都有较大的发展。

1909年2月16日，一家名为"南洋兄弟烟草公司"的企业在香港开业。在热闹的场面中，公司的老总简照南和简玉阶两兄弟的心情却格外复杂。毕竟，由于洋人的挤压，这已是该公司一度破产之后的第二次开业了。作为20世纪初著名的民族实业家，祖籍广东佛山的简氏兄弟可谓当时国内的头号烟草大佬。虽然在21世纪的今天，为了健康倡导戒烟的理念越来越深入人心，但在100年前，号召烟民们抽国产烟却能成为最有吸引力的口号。

简照南（1870—1922）出身贫困，很小就在香港闯荡。1886年，年仅16岁的简照南前往日本谋生。在日本，他先后经营药品、海产品、陶瓷等生意，并于1890年将弟弟简玉阶（1875—1957）接到日本帮忙。甲午战争爆发后，简氏兄弟离开日本移居当时的英属香港。1902年，简照南再次前往日本，为了经商之便，他还加入

307

日本国籍。不久他创立了顺泰轮船公司，从事海上运输。在积累了一定的资本后，简照南对烟草行业产生了浓厚的兴趣。特别是目睹了烟草业霸主英美烟草公司在日本的巨大成功后，他更坚定了要与洋人竞争的决心。经过一段时间的考察与筹备，1905年，简氏兄弟以10万元股本在香港创办了南洋兄弟烟草公司。虽然设备简陋，只装备有一台烤炉、一间烘房、一台发电机、两台磨刀机和四台卷烟机，但该公司却是中国本土的第二家烟草工厂。1906年，该烟草公司正式投入生产，其产品以"白鹤""双喜"等吉祥词命名。

令简氏兄弟失望的是，当他们好不容易生产出香烟后，由于受到高关税和英美烟草公司的挤压，南洋品牌的产品只能在东亚和东南亚一带销售，而巨大的国内市场却迟迟无法进入。因为就在1902年，英美烟草公司已在上海开设了英美卷烟厂，并很快就凭借其优势垄断了国内市场。目睹此现状，不甘心受洋人压制的简氏兄弟决定向英美烟草公司的"大英""哈德门""三炮台"等品牌发起挑战。然而接下来的第一回合，简氏兄弟就在激烈较量中败下阵来。原来在"商战"中，英美烟草先是使出了"商标侵权"的一招儿。他们借口南洋"白鹤"的商标颜色与其生产的"玫瑰"商标颜

南洋兄弟烟厂内工人在生产

南洋兄弟烟草工厂门口

色有些相近，向香港当局诬陷南洋侵权。那时的香港当局当然站在英美一边，强行将南洋价值巨大的"白鹤"牌香烟焚毁。无奈之下，势单力薄的简照南被迫放弃"白鹤"商标。1908年初，英美烟草又借口"双喜"与其出品的"三炮台"香烟包装相似，派员警告南洋立即停售"双喜"牌香烟，否则将以"仿冒商标罪"提起诉讼；同时还派员向港岛和九龙各烟贩警告，禁止出售南洋品牌的香烟。结果在英美烟草公司的高压下，南洋的经营很快就一蹶不振，开工仅13个月竟负债10余万元，最终被迫于1908年5月宣布破产。

简氏兄弟第一次破产后，原本准备将工厂的机器物料折价9万元进行拍卖。幸运的是，他们得到了叔父简铭石的鼎力援助，后者以自己的名义用9万元将拍卖品买入，整理后又交给简氏兄弟，并鼓励他们重整旗鼓，与英美烟草真刀真枪干一场，这才有了1909年南洋的第二次正式开业。

重新开业后，简氏兄弟总结了经验教训。他们一方面改进内部管理，提高卷烟质量；另一方面大力开拓泰国、新加坡、南洋群岛一带的市场，逐渐站稳了脚跟。

1911年辛亥革命一声炮响，民族产业的发展也迎来了新的契机。在爱国主义思潮的影响下，中国国内的国货运动日益高涨。于是精明的简氏兄弟乘势公开提出"中国人吸中国烟"的口号，并深得社会各界人士的赞同，而公司也因此营业额猛增。受新形势的鼓舞，1916年，简照南在上海设厂，次年开工生产卷烟。1918年，他干脆将上海分厂改为总厂，使南洋的业务重心由香港转移到内地。

面对南洋兄弟烟草公司迅猛的发展态势，居心叵测的英美烟草公司再度使出各种狠招儿——恶意低价竞争。为了彻底打垮南洋，英美竟不惜降价30%，有时甚至买一送一，另外还大肆收买全上海的烟草经营商。虽然中国烟没有如此强大的后盾，但简照南也有自己的一套应付手段。他充分利用当时国民日益坚定的民族意识，集中火力从支持国货的角度来宣传。他特别推出"爱国"牌香烟，并亲拟广告词："齐家兼爱国，天职属男儿……利源防外溢，国货应提携！"一时之间，"中国人请吸中国烟"这个口号随南洋兄弟香烟而传遍中国各地。在烟草广告属于合法行为的那个年代，简照南将自己的宣传策略几乎发挥到了极致。例如为了开拓广东市场，他积极参与各种慈善捐助活动。每逢当地发生水灾，他就组织10艘救济轮船，上面插满"南洋兄弟烟草公司救济"的巨型彩旗，然后停泊在广东海滨大道的一座戏园前。更绝的是，他还暗中出钱让人到一些葬礼活动中免费散发英美烟，还特别收买抬棺人叼着香烟出殡，让人们产生购买英美烟会带来"不吉利"的印象。依靠这些手段，南洋一度占据了国内香烟市场的很大份额。

然而不甘心失败的英美烟草公司并未罢休，1917年一度企图合并南洋兄弟烟草公司，结果由于简氏家族内部多数人的强烈反对而流产。1919年的五四运动期间，用心险恶的英美烟草公司又发起了新一波的攻击，并且一度使简氏兄弟面临困境。原来在当时，国内民众由于痛恨"二十一条"而发起了声势浩大的抵制日货运动。于是嗅觉灵敏的英美烟草公司居然花钱买通一部分官场中人，以简照南的日本国籍为把柄，对南洋发起了舆论攻击。在种种压力之下，北京的农商部宣布吊销南洋兄弟公司的执照，并将其视为日本企业。为应对这场空前的危机，简照南先是5月14日在《上海新闻报》上声明自己从未脱离中国国籍，又于5月28日办妥了脱离日本国籍的手续。南洋的行动，得到中华国货维护会、报界联合会等9个团体和158家烟业同行的声援和支持。在国内外舆论的强大压力下，北洋政府农商部不得不又恢复了南洋的注册。

此后几年间，南洋与英美之间的较量一直没有停息。1925年五卅运动期间，南洋派出 20 名推销员分赴各大城市广场做公开演说，动员群众自觉抵制洋烟，他们还广泛散发各种纪念品，并在每件纪念品上都印有一只乌龟，嘴里叼着英美的"哈德门"牌洋烟，图案上印有醒目的一行字："你仍旧在吸'哈德门'或其他牌号的英国香烟吗？"正是在这一时期，英美烟草在中国的销售量降到了历史最低点。就这样，在与洋人的激烈斗争中，南洋不断发展壮大起来，成为民族资本中最大的烟草企业，而简氏兄弟也成为当时首屈一指的华侨巨商。从 1920 年开始，南洋进入了成长的巅峰期，年均利润达 400 万元。

无独有偶，当南洋兄弟在烟草行业为民族实业扬威时，国内土生土长的另一个家族企业同样开始走向鼎盛，这便是著名的荣氏家族。关于这个家族，毛泽东后来曾如此评价说："荣家是中国民族资本家的首户，中国在世界上真正称得上是财团的，就只有他们一家。"的确，作为曾经的中国首富，当之无愧的"面粉大王""棉纱大王"，荣氏兄弟在当时创造了一个又一个商界神话。而他们身上那种独特的开拓精神，至今也令我们钦佩。

与南洋兄弟烟草一样，荣氏家族事业的缔造者也是兄弟二人——荣宗敬与荣德生。荣宗敬（1873—1938），江苏省无锡荣巷人。他早年经营过钱庄业，从 1901 年起，与其弟荣德生（1875—1952）等人先后在无锡、上海、汉口、济南等地创办保兴面粉厂、福兴面粉公司（一、二、三厂）、申新纺织厂（一至九厂）等企业，至 1931 年共拥有面粉厂 12 家、纱厂 9 家，分别约

荣宗敬

荣德生

占全国民族资本面粉总产量的1/3,纱布总产量的1/5,被誉为中国的"面粉大王""棉纱大王"。

发人深省的是,虽然发财致富是许多商人的原始动力,但荣氏兄弟之所以走上实业之路却并不这么简单。正如荣宗敬后来所言,他们的创业动机主要源自对洋面粉、洋棉纱在中国倾销的愤慨。特别是出于对近代商业巨子张謇的崇拜,他们发自内心地认为,只有中国人努力多办工厂,发展工业,才能抵制洋货的侵略。经过慎重考虑,荣氏兄弟认识到,既然吃、穿是民众的首要需求,那么从这两方面入手无疑是最稳妥的。

幸运的是,自从1900年在无锡创办保兴面粉厂以后,他们就遇到了一系列战争带来的机遇,而他们也很好地抓住了这些机遇。尤其是第一次世界大战爆发后,嗅觉敏锐的荣氏兄弟意识到,这是天赐良机。早在1916年他们就认定,几年之内可以全力进军面粉与棉纱市场,因为这两样都是生活必需品,而世界大战的持续将给中国提供大量出口机会。果不其然,旷日持久的"一战"的确刺激了中国民族企业的发展。在他们创业之初,中国面粉企业只有寥寥几家,到1915年之前也只有73家,而从这一年到1921年的7年间,一下子出现了81家,中国也一跃从面粉输入国变成输出国。当时,国外向荣氏旗下的茂新订购"兵船"牌面粉,一次就是几万包甚至几十万包,"兵船"由此走向英、法、澳大利亚和南洋各国,并很快成了中国出口的标准粉。因为供不应求,其价格也大大上涨。1914—1918年,茂新、福新面粉系统以租办、收买、扩建等方法,不断扩大生产规模。到1921年,荣氏兄弟已有茂新、福新共计12家面粉厂,从最早的4部粉磨增加到301部,生产能力扩大了两百五十多倍,占全国面粉产量的1/3,而荣氏兄弟也由此获得了"面粉大王"的称号。

尽管在商业上获得了如此巨大的成功,但荣氏兄弟丝毫也不敢懈怠,还是和以前一样低调,毫不自夸,而且勤俭不改,事必躬亲,坚持与同事、工人同甘苦。尽管已成为"超级富豪",但他们却一再强调,自己办企业是为社会造福,不是为自己享福。他们身上的这种商业精神实在是太难得了。

在面粉行业大获成功的同时,荣氏兄弟又向纺织业进军。1915年,他们投资30万元,在上海创办了"申新纺织无限公司"。遵循着"业精于勤"的企业精神,他们在纺织行业同样取得了辉煌的成就。1916年申新开业时只有12960枚纱锭,但随后的发展速度却令人瞠目结舌。1917年,他们买下日商"恒昌源",改名"申新二厂"。这次商业并购在当今看来可能并不起眼,但在那个年代却无异一枚重磅炸弹。因为中国

第四章 旧瓶新酒

茂新面粉厂

自有纱厂以来，从来都是华资企业被外资购买，而外资纱厂被中国人买下，荣氏兄弟几乎是唯一的，据说这也是中国棉纺工业史上华商纱厂并购日商纱厂的唯一一例。到1921年时，荣氏家族的纺织厂已从一家发展到四家，有10850名员工，19万枚纱锭，日出纱500件，布6000匹，荣氏兄弟因此又多了一项桂冠——"棉纱大王"。

1921年，荣氏兄弟斥巨资在上海滩建起一座气派的办公大楼，名为"三新大厦"。当荣宗敬第一次在可容纳上百人的会议厅召开员工大会时，不禁满腔自豪地说："从衣食上讲，我拥有半个中国。"更难得的是，荣氏兄弟并非只知道扩张自己的企业帝国。事实上在兴办实业的同时，他们还致力于公益事业，回报社会，先后在家乡无锡创办了公益小学、竞化女子小学、公益工商中学、大公图书馆等，还集资在无锡和常州建造大小桥梁共88座。

如果说荣氏兄弟是那种具有战略眼光的民族实业家，那么与他们同时代的范旭东则属于知识型的爱国实业家。这位同时具有科学家身份的实业家被视为"中国民族化学工业之父"，并以其曲折艰辛的奋斗诠释了什么才是真正的"福布斯"。

范旭东（1883—1945），湖南湘阴人，其兄长范源濂是民国时期著名的教育家，

荣氏家族在上海修建的办公大楼

曾任袁世凯政府的教育总长。由于早年生活贫困，范旭东从小就发愤图强。1900年，在兄长的帮助下，他东渡日本留学，1910年以优异成绩毕业于京都帝国大学化学工业系。在日本期间，范旭东亲身感受了国家落后带来的刺激，因为当时一个日本校长曾轻蔑地对他说："俟君学成，中国早亡矣。"所以在回国后，他便立志于复兴中国的化工业。当时西方发达国家明确规定，氯化钠含量不足85%的盐不许用来做调料，而在中国许多地方仍用氯化钠含量不足50%的盐供人食用。为了改变精盐市场长期被英商和日商垄断的局面，范旭东决心涉足该领域。

回国不久后，范旭东在兄长的帮助下前往欧洲各国考察化工技术。1915年，他在天津创办久大精盐公司，股本5万元。经过与其他中国科学家的共同努力，他很快研制出纯度达90%以上的精盐，并亲自设计了一个五角形的商标，起名"海王星"。尽管遭到了国内外盐商的围剿和恶意中伤，但久大精盐仍艰难地扩大了市场，1917年销出1万担，1923年则增加到四万多担。

此后，范旭东又乘势进军制碱业。所谓碱，学名即碳酸钠，主要用于纺织印染、玻璃、锑矿冶炼等工业生产和民用。20世纪初，这种碱在中国已广泛使用，但都来自

第四章 旧瓶新酒 zhaojian beiyang
lishi yingxiang beihou de lishi

范旭东

海外，市场主要由英商卜内门公司垄断，因此国人称之为"洋碱"。第一次世界大战爆发后，由于远洋运输困难，洋碱来源受阻，外商乘机抬价高达七八倍，甚至捂住不卖。为了发展民族制碱工业，范旭东联络一批志同道合的科学家，决心啃下这块"硬骨头"。1917年，他与陈调甫、王小徐等人合作，率先在天津进行了初步试验，成功生产了一部分样品。次年，久大公司董事会同意范旭东的建议，成立了永利制碱公司，开始筹备建厂。经过多方努力，1920年，永利碱厂终于破土动工，并请来了著名化学家侯德榜指导技术。然而在接下来，由于从施工安装到工艺流程等环节都没有掌握核心技术，结果在1924年8月正式投产时，所出产品颜色红黑间杂，质量很差，远不如卜内门的洋碱纯净洁白。就在许多股东丧失信心时，范旭东毫不退缩，他努力说服多数股东勉强同意坚持下去。随后，他与侯德榜等科学家一道努力，反复试验，不断总结经验，查找问题，终于在1926年6月29日大批量生产出了纯净洁白的产品。在全厂职工的欢呼声中，范旭东热泪盈眶地对同事陈调甫说："这些年，我

永利碱厂实验室

第四章 旧瓶新酒

永利碱厂

著名化学家侯德榜,范旭东的重要合作伙伴

永利碱厂的成功，离不开范旭东与他的各位合作伙伴。正是他们那种不屈的民族主义精神，才缔造了一个品牌的辉煌。图为范旭东等人合影

的衣服都嫌大了。老陈，你也可以多活几年了。"为了表明自己的产品与"洋碱"有别，他建议将其命名为"纯碱"。从此，永利纯碱开始畅销全国各地。同年8月，在美国费城举行的万国博览会上，永利纯碱获得金质奖章，被评为"中国工业进步的象征"，从此开始蜚声海外。

若干年过去了，如今放眼国内日化市场，许多曾创造销售神话的民族品牌先后没落。目睹此现状，我们应用范旭东曾说过的话共勉："我们办实业的人，要具有世界的眼光和为人类服务的精神，我们为救国家的危亡而办实业，在环境许可之下，不问事业的大小，努力地往前干去。"

四、摩登时代

"像一枝尖针刺入吴老太爷迷惘的神经,他心跳了。他的眼光本能地瞥到二小姐芙芳的身上。他第一次有意识地看清楚了二小姐的装束:虽则尚在五月,却因今天骤然闷热,二小姐已经完全是夏装;淡蓝色的薄纱紧裹着她健壮的身体,一对丰满的乳房很显明地突出来,袖口缩在臂弯以上,露出雪白的半只臂膊。一种说不出的厌恶,突然塞满了吴老太爷的心胸,他赶快转过脸去,不提防扑进他视野的,又是一位半裸体似的只穿着亮纱坎肩,连肌肤都看得分明的时装少妇,高坐在一辆黄包车上,翘起了赤裸裸的一只白腿,简直好像没有穿裤子。'万恶淫为首'!这句话像鼓槌一般打得吴老太爷全身发抖。然而还不止此。吴老太爷眼珠一转,又瞥见了他的宝贝阿萱却正张大了嘴巴,出神地贪看那位半裸体的妖艳少妇呢!老太爷的心噗地一下狂跳,就像爆裂了似的再也不动,喉间是火辣辣的,好像塞进了一大把的辣椒。"这是作家茅盾在著名长篇小说《子夜》中对吴老太爷进城的一段描写。透过这段描写,我们不难看出,在民国前期,大都市中出现的摩登与时尚,对那些旧派人物产生了何等的冲击!然而必须承认,这就是20世纪二三十年代之交的民国。

当今天的人们一窝蜂地追逐时尚时,可曾想过在20世纪初期,中国社会也有过这样一段历史?在那个新旧激烈碰撞的时代,旧的生活方式在渐渐退出历史舞台,而新的时尚则如雨后春笋,令人目不暇接,由此便催生了一个特殊的时代。这些新风尚几乎席卷了人们生活的各个领域,无论是衣食住行还是娱乐休闲,都堪称革命性的变迁。而对于广大女性而言,自从解放了小脚之后,引领摩登时尚的任务便基本由她们承担了。

特别是在当时地处开放最前沿的上海,摩登女郎无疑是一道独特的风景。自进入20世纪以后,上海就基本上没有小脚女子了,而广大时髦女性不但流行穿旗袍,还大胆尝试穿欧式裙装。她们还热衷于化妆,除了抹红涂白之外,还要剃眉毛涂嘴唇。在日常生活用品方面,摩登女性非常前沿,一般广告上的商品都是她们青睐的对象,如丝袜、胸罩、皮鞋、香水、护肤霜等,爱美女性可以用化妆品把自己从头武装到脚,比如用"月里嫦娥牙粉"使牙齿洁白,用"虎牌花露水"使肌肤美白,用"古得克思"使指甲尖尖如透笋。此外,许多年轻女子还热衷于骑马、游泳、打高尔夫球

20 世纪二三十年代上海的摩登女郎

等体育项目。

　　先说这服饰吧。辛亥革命后,尤其是五四时期,在知识女性中一度流行"文明新装"。话说在民国初年,妇女服装仍保持着"上衣下裙"的形制,政府也规定女子礼服为上衣下裙,不过在知识女性中却开始流行更具有时代精神的新服饰。这种服饰最先在留日女学生和国内教会学校女生中流行起来,其雏形上衣多为腰身窄小的大襟衫袄,衣长不过臀,袖短及肘或是喇叭形的露腕七分袖,衣摆多为圆弧形,略有纹饰;与之相配的裙,初为黑色长裙,裙长及踝,后渐缩至小腿上部。这种简洁、朴素的装扮一经出现,很快便成为民国初期最时髦的女性服饰。到五四时期,白色运动帽、宽大短袖的白布衫、过膝黑色长裙甚至成了全国各地女学生的标准装扮。

　　进入 20 世纪 20 年代后,风格不断演变的旗袍则成为时尚的主角。旗袍无疑是当时最流行的女性服装,而后人因此往往把民国视为旗袍的"黄金时代"。顾名思义,

照鉴北洋：历史影像背后的历史

五四时期的知识女性，通常身着"文明新装"

第四章　旧瓶新酒　zhaojian beiyang
lishi yingxiang beihou de lishi

这一组照片中的女性几乎无一例外地身穿各式各样的旗袍

旗袍的雏形原本是满族女性的传统服装，不过在进入民国后，随着不断改良，越来越多的汉族女性喜爱上了这种服装。特别是进入20世纪20年代后，由于吸收了不少西方元素，改良后的旗袍大为盛行。值得一提的是，当时的社会背景也在某种程度上促进了旗袍的改良。随着妇女解放的口号日益深入人心，加上商业利益的驱动，作为新女性标志之一的旗袍便迅速成为时尚的风向标。以上海、北京等大城市为发源地，短短数年的时间，到北洋末期，旗袍便逐渐由城市向乡村推广，其后又取代上衣下裙的"文明新装"而成为中国女性的主要服装品类。

民国期间，对旧式旗袍的改造从未停止过，尤其是在上海，如旗袍长短、开衩高低、有袖无袖、袖之长短等方面，几乎是每隔一段时间，就会出现一些变化，而这些变化，又都是跟随着西方服装变化的步伐。20世纪20年代末至30年代初，受欧美流行潮流的影响，旗袍开始收腰，将原本宽宽大大的旗袍向窄瘦和苗条型发展，以显露女性的自然曲线之美；从原本的长及脚踝，开始向上伸展；而开衩也不断拔高，直至大腿裸露。而且，对腰围、胸围、臀围这三围的要求更是越来越高，强调与身体紧贴，务必要将人体曲线暴露和刻画至淋漓尽致，令观者一览无余。有一段时间，左右的开衩甚至高过腰际。于是在各种广告画、商标及月份牌上，几乎所有的女性肖像都是双眼皮大眼睛，梳着简洁的短发，留着一字型刘海，袍身变得合体，袖口变小，摆线提高至膝下，大大方方地露出她们秀丽而健美的小腿，浑身充满了时代气息。特别在上海这样的现代化大都市里，最能体现旗袍与新式女性的关系。例如当时一位观察者就曾这样感慨："现在最摩登的新女子，衣服尺寸越窄小越美观。到了夏秋，只穿了一袭薄薄的短旗袍，袖口又短，不但露臂，竟是露肘，把她一双臂肉完全显露。又穿短裤和肉色丝袜，骤见之两腿膀几与双臂一样，走起路来扭扭捏捏，她的尊臀也一耸一凸的。总之这种形状如叫思想陈腐的人瞧了，莫不斥为怪物；在轧时髦人见之，愈赞美她的全部曲线美的丰富了。"

不断改良的旗袍固然俘获了广大女性的芳心，却也惹恼了保守派人士。像我们开头所提到的《子夜》中的吴老太爷，刚刚抵达上海，便被这种近乎"淫荡"的旗袍刺激得丢了性命。而曾任东南五省联军总司令的江浙军阀孙传芳，则以"有伤风化"为由，曾一度下令严禁治下的妇女穿旗袍。不过好笑的是，后来因为他那年轻美貌的夫人也喜欢穿旗袍，备受诟病的旗袍禁令最终也形同虚设。北洋政府覆灭后，南京民国政府干脆于1929年确定旗袍为国家礼服之一。

除了旗袍之外，民国的女性们对于各种样式的流行服装都颇为追捧。1927年，

对于新派男子来说，西装无疑是最盛行的

著名诗人徐志摩的原配张幼仪女士在上海滩开办了一家云裳服装公司，这也是中国第一家新式服装公司。据说服装店开张的时候，徐志摩和陆小曼还曾前去祝贺。由于采用了独特的西式立体剪裁法，一改中式服装扁平的状貌，因此该公司的服装很快便在上海滩风靡一时。为了吸引顾客，公司还特地聘请上海滩红极一时的交际花唐瑛和徐志摩的新夫人陆小曼做代言人。就在开业当年冬天，云裳公司推出了一款紧跟巴黎时尚、同时具有鲜明东方风格和中国特色的时装女大衣。由于造型独特、新颖，没过多久，这款大衣很快就流行于上海以及附近的南京、苏州、无锡等城市，甚至走向北京和天津等地市场。1928年，该公司又设计、制作了春秋两季的夹大衣、单大衣和仲夏夜所穿的具有装饰作用的绸外衣，同样风靡整个上海滩。在这股时尚大潮的推动下，许多著名的时装公司纷纷涌现。到20世纪30年代，上海已成为远东地区乃至整个亚洲的时装之都。在鼎盛时期，据说在巴黎流行的某一款时装，10天之后就会出现在上海街头。

谁说时尚是女人的专利？民国时期的先生们同样不甘落后！自从辛亥革命后，清朝流行的长袍马褂虽依然得到许多人的青睐，但新式的男装也开始受到追捧。早在民国初年，新政府就专门颁布了《服制》，规定所有官员不分级别都要以西式大氅和燕尾服作大礼服。随着西方民主制观念的输入，男人们穿洋装也成为一种时尚，于是

除了旗袍之外，各种流行款式也是女性追逐的时尚

便出现了长袍、中山装、西装同时流行的场面。

民国时期社会风尚的巨大变迁还体现在新式婚礼的盛行上。实际上，早在清朝末年，一些新派人士便抛弃旧习，发明出中西合璧的新式婚礼。进入民国后，随着社会观念的进一步解放，新式婚礼逐渐因其"文明"而进一步流行。所谓文明结婚，即男女青年经人介绍或自己相识，经过一段时间交往、恋爱，并经双方家长同意而结婚，不仅大大简化了结婚礼仪，而且尊重了男女双方的意愿。而新式婚礼则以其简单隆重的特点而逐渐受到社会各界的欢迎。凡是文明结婚者，男女双方不会去命馆合婚，也不必要什么龙凤帖，而是到婚丧用品服务社买两张印好的结婚证书，填上新郎、新妇的姓名、年龄、籍贯，等到举行婚礼时，由证婚人、介绍人和男女双方主婚人用印，就算成了。证婚人是男女双方共同邀请的，一般是有一定社会地位、在群众中有威望的长者，他是结婚典礼的主持人；主婚人则是新郎、新娘双方的家长。结婚典礼可以在家里举行，也可以在饭店里举行。事前由男女双方家长出帖，邀请亲友前来参加婚礼。当时，社会上有专门租赁文明结婚用品的商店。经营范围包括文明结婚用的花马车、花汽车、乐队，以及礼堂里的陈设，新郎、新娘穿的礼服、花篮、手花、胸花，甚至连结婚典礼的仪式单都印好了。婚礼当天，院内高搭席棚，设摆茶座，正厅设礼堂。民国初年时，堂上正中高悬着两面红、黄、蓝、白、黑、象征"五族共和"的国旗，旗杆互相交叉，交叉点上饰以彩穗，屋棚顶上用红绳交叉拉起五彩缤纷的万国旗，以为点缀，堂上正面摆设大型红色双喜字的霓虹灯，前设长形礼案，上铺红毡，放着一式两份带方形纸套的结婚证书，三个印盒，一束手花，一对花篮。礼案前铺着红色地毯或红毡，两旁陈列着亲友们送来的礼品。迎娶时，一般用由红缎双喜字绣片装饰着的花马车，也有用扎了花红彩子和纸花的汽车，车内遮上红绣片。到达女方家后，新娘由伴娘搀着，手捧鲜花束，由两个男女儿童拉着头纱，在乐队高奏《美酒高歌》的乐曲声中，踏过红毡子上车。到男方家后，新郎向新娘三鞠躬。新娘下车后，来宾们即扬起

照鉴北洋：历史影像背后的历史

民国初年，中西合璧的婚礼大为盛行

民国时期"文明结婚"的夫妇,穿越时空感扑面而来

"文明结婚五色纸",表示庆贺和助兴。婚礼之后,一般要摄影留念。然后,新郎、新娘即可入洞房休息。不过在民国初年,尽管文明婚礼已经在一些大城市流行,但传统的影响仍然存在,因此很多婚礼又不免新旧参半。

特别是在城市中,民国的摩登之处还有很多,几乎涉及人们生活的方方面面。就说这饮食吧,在一些大城市中西餐就开始流行了。民国初年虽然西餐馆还不多见,但在上层西化人士中却颇盛行。那时喜欢吃西餐的人大体分为两类:一类是长期受西方文化熏陶而养成了生活习惯的人,如宋美龄等;另一类则是崇洋心态作祟的暴发户,如一些买办、军阀等。据说曾任北洋政府交通总长、代理国务总理的朱启钤,每逢举办家宴,一律吃西餐,仆役也都穿白大褂和紫色背心,简直"洋气"得不得了!再说这出行吧,虽然当时汽车还属于少数有钱人的奢侈品,但自行车却已在中上层广为流行。自从19世纪末技术完备以来,自行车就传入中国,并深受广大民众的喜爱。有记载说,第一个拥有自行车的华人是宋氏三姐妹的父亲宋耀如。1900年其长女宋霭龄过10岁生日时,他还把自行车作为礼物送给她。到了20世纪20年代,城市中已经有大批的年轻人购买自行车了。这股流行风最典型的一个故事则是关于末代皇帝溥仪的。1922年大婚时,身居紫禁城的溥仪得到一辆自行车。初次接触自行车,他便喜欢上了这个玩意儿，看来这个年轻人还是很"潮"的。他不顾朝臣的劝阻开始练习骑自行车，还曾以每月 100 元的高薪聘人当自己的"教练"。为了骑车方便，他甚至叫人把宫门门槛统统锯掉，为此还惹得老太后大发雷霆。

除了物质方面的享受外，民国初年的人们在精神文化生活上也曾掀起过一波波摩登潮。去照相馆拍张照片、到舞厅跳一支舞、买一本《良友》画报欣赏一下美女……所有这些社会现象都折射出民国时期的时尚元素。

进入 20 世纪以后，原本作为一种奢侈消费行为的照相开始逐渐走向大众。当时，不但学生入学、军人入伍等都需要证件照，而且各社会公众团体集会时也都需要合影留念，甚至在许多农村，较为富裕的农民都会将全家福挂在墙上作为装饰。这种社会风气自然刺激了照相业的发展。有资料显示，1920 年之前，北京的照相馆已发展有八十余家之多，上海有四十余家。由于发展过于迅速，国内各大商业城市中的照相馆一度达到饱和状态，超过了当时的社会需要。沿海中小城市也普遍设立照相馆，甚至一些农村乡镇，也有照相馆或流动照相人员。在北京、天津，著名的"太芳""同生""福升"等照相馆备受社会名流、军阀政客的青睐。而在上海，各大照相馆也因市

在一些上层人士中，西餐开始流行

场广阔而赚得盆满钵满。

民国初年还是文艺事业大发展大繁荣的时期。那时候虽然没有电视、网络，电影也才刚刚出现不久，但人们同样有自己的精神生活。特别是20世纪20年代，京剧就因为备受观众的热捧而进入第二个鼎盛期。正如《霸王别姬》《梅兰芳》等电影中所描述的，那时的戏迷们对于"角儿"的痴迷丝毫不亚于如今的"粉丝"。正是在此背景下，优秀京剧演员大量涌现，呈现出流派纷呈的繁盛局面，由成熟期发展到鼎盛期，这一时期的代表人物为杨小楼、梅兰芳、余叔岩。1927年，北京《顺天时报》举办京剧旦角名伶评选，读者投票选举的结果：梅兰芳以演《太真外传》，尚小云以演《摩登伽女》，程砚秋以演《红拂传》，荀慧生以演《丹青引》而荣获"四大名旦"。此外，在这股热潮的背后，还涌现出一些地位显赫的"票友"，例如"民国四公子"中的溥侗、袁克文等人，都堪称顶级的京剧"发烧友"。

北洋时期，虽然国家政治经历了一段时间的动荡，但京剧却依然成为全社会追逐的时尚。人们不但纷纷涌入戏院听戏，有些身份的人士还常将戏班请到家中演出，即所谓的"堂会"。特别是在北京这种高官显贵云集的城市，时人记载称："几乎是每一个做官的，每一个银行的人员，都要演回堂会戏"。在全社会的追捧下，京剧界随之涌现出一系列耀眼的明星。而在这些"角儿"的背后，都有大批捧场的"粉丝"。谭鑫培去世后，当时京剧界名头最大的可以说是梅兰芳和余叔岩了。而这两大名角背后都是有大人物支撑的，时称"梅党""余党"。"梅党"有冯耿光、李释戡、吴震修、齐如山、赵叔雍、许姬传以及叶恭绰等人，可谓实力雄厚，人才济济。当然除了这些身份显赫的上层人士之外，梅兰芳身后还有广大的普通戏迷，他们来自各行各业，几乎无处不在。关于这方面，齐如山就曾讲述过一个极有趣的故事。有一次，他看过梅兰芳演出的《廉锦枫》后坐人力车回家，途中他不由自主哼着自己琢磨的几句新腔。这时人力车夫插话说："先生，你走了板啦！"齐如山说："我本来不会唱，没有板，也无所谓走，但你这样说想必是一定能唱了。"车夫长叹道："若不因为爱唱，还不至于拉洋车呢？"原来他早先也是位票友，是梅兰芳的忠实戏迷，因为学戏把家当都花光了，又不习营生，到头来只好来拉洋车。齐如山听后大为同情，下车时便给了车夫一块大洋车费权作安慰。

毫无疑问，梅兰芳之所以能在民国初年成为最耀眼的明星，很大程度上也得益于当时京剧高度商业化的发展以及京剧本身所发生的变化。民国初年，随着封建王朝的解体，京剧从以往依附于官僚贵族转而全面走向市场，戏班的经营机制也发生了重大变化，特别是出现了以明星演员为核心的"名角制"。在这股商业化大潮中，京剧的票房增长迅速，戏园在各大城市如雨后春笋般出现。而在日趋激烈的竞争中，为了吸引观众，扩大本身的影响力，各戏园纷纷推动京剧改革，以新名角、新剧目甚至新式舞台布置来作为号召。与此同时，由于社会审美心理的变化，旦角开始在京剧中崛起并一行独大。

在当时，梅兰芳因扮相之美而在男旦中脱颖而出，加之他不断研摩，创造了众多美女形象。到五四前后，梅兰芳的艺术照遍布各大城市，甚至流传到美国纽约等地。鲜为人知的是，在梅兰芳的无数崇拜者当中，既有平民百姓，也有达官贵人。在袁世凯担任中华民国大总统期间，甚至许多国会议员也是梅兰芳的忠实戏迷。以至于在一次总统选举时，出于对袁世凯独裁的不满，竟有十几位议员索性提名由梅兰芳出任大总统呢！

有趣的是，对于梅兰芳引发的戏迷狂热这种现象，鲁迅曾多次表达过自己的独特理解和不满。在写于1924年的杂文《论照相之类》中，他就曾对戏迷狂热现象大加讽刺："倘若白昼明烛，要在北京城内寻求一张不像那些阔人似的缩小放大挂起挂倒的照相，则据鄙陋所知，实在只有一位梅兰芳

在文化娱乐方面，民国前期的人们也有很多选择。图为超级京剧票友、"民国四公子"之一的袁克文（袁世凯次子）的艺术照

青年时期的梅兰芳

第四章 旧瓶新酒

梅兰芳时装新戏《一缕麻》剧照

当年梅兰芳这些时装新戏的剧照,曾被照相馆大量向社会发行

君。而该君的麻姑一般的'天女散花''黛玉葬花'像,也确乎比那些缩小放大挂起挂倒的东西标致,即此就足以证明中国人实有审美的眼睛……我在先只读过《红楼梦》,没有看见'黛玉葬花'的照片的时候,是万料不到黛玉的眼睛如此之凸,嘴唇如此之厚的。我以为她该是一副瘦削的痨病脸,现在才知道她有些福相,也像一个麻姑。然而只要一看那些继起的模仿者们的拟天女照相,都像小孩子穿了新衣服,拘束得怪可怜的苦相,也就会立刻悟出梅兰芳君之所以永久之故了,其眼睛和嘴唇,盖出于不得已,即此也就足以证明中国人实有审美的眼睛。印度的诗圣泰戈尔先生光临中国之际,像一大瓶好香水似的很熏上了几位先生们以文气和玄气,然而够到陪坐祝寿的程度的却只有一位梅兰芳君。……我们中国的最伟大最永久的艺术是男人扮女人。异性大抵相爱。太监只能使别人放心,决没有人爱他,因为他是无性了,——假使我用了这'无'字还不算什么语病。然而也就可见虽然最难放心,但是最可贵的是男人扮女人了,因为从两性看来,都近于异性,男人看见'扮女人',女人看见'男人扮',所以这就永远挂在照相馆的玻璃窗里,挂在国民的心中。"

诚然,鲁迅对于国民性的分析与鞭笞自有其道理,不过在 1915 年,我们也不能否认京剧繁荣带给人们的精神享受。而这个特殊的时代,固然有袁世凯等政治要人扮演主角,但若回到芸芸众生的现实生活,则无疑也是属于梅兰芳和他的戏迷的。

在本土文艺发扬光大的同时,西洋娱乐也涌入国门并在社会上层流行开来。20 世纪 20 年代中期,交际舞开始在北京、天津、上海等地出现并流行。例如在 1927 年,社会名流顾维钧夫人就曾发起跳舞大会。此后,以赈灾、游艺、慈善、社交等各种名目举办的化装舞会、茶舞会、时装舞会不断出现。随着社会需求的不断刺激,天津著名的国民饭店便开始开办舞厅。1927 年,上海市第一家营业性舞厅,即附属于永安公司的大东舞厅开设。1928 年,某报在评述上海跳舞热情形时这样写道:"今年上海人的跳舞热,已达沸点,跳舞场之设立,亦如雨后之春笋,滋茁不已。少年淑女竞相学习,颇有不能跳舞,即不能承认为上海人之势。"

另外值得一提的是,虽然民国初年的中国并没有《花花公子》《读者文摘》之类的"小资文化快餐",但著名的《良友》画报就曾风行一时,成为众多摩登男女手中必备之物。《良友》画报创刊于 1926 年 2 月,创办者是广东台山县人伍联德,后者先在上海一所小学任图画教员,后兼任儿童教育出版物的美术编辑。此次他筹资出版的《良友》画报,不仅登载国际国内军事、政治以及经济建设的新闻图片,还介绍国内外文化艺术,且以西洋画新作为尤。此外,还大量介绍时下流行的各种服装款式、发型,并向社会征集广告。出人意料的是,《良友》画报创刊号初版 3000 册,结果两三天内就售空,再版 2000 册也不足应付,遂又再版 2000 册,总共 7000 册,这在当时的中国可算是一个惊人的数字了。由于这份画报以图片为主,文字为辅,图文并茂,充满有趣和生动。内容方面除了那些蝇头文字,还大量刊载明星名媛写真和时尚图片。用此手法刺激大众幻想,唤醒人性深处的审美追求,从而构建了 20 世纪初上海滩的一套流行体系。当时就有人评论说:"《良友》一册在手,学者专家不觉得浅薄,村夫妇孺也不嫌其高深。"

五、前朝遗梦

　　静静的昆明湖上波光粼粼，一些性急的荷花已悄然绽放，岸边茂盛的柳枝在微风中轻轻摇曳……仲夏的颐和园景色是如此美丽，使人仿佛置身于极富诗意的中国山水画中。这是民国十六年（1927年）农历五月初三（6月2日）的上午，由于游人稀少，偌大的颐和园显得格外宁静。而此时，一位身穿长袍马褂的中年男子却坐在长廊西端临湖的鱼藻轩前发了很久呆。只见他鼻梁上架着深度近视眼镜，独自坐在那里捏着一根纸烟在吸，看上去满腹心事的样子。怪事年年有，今年尤其多。公园里的来往众人本来对这位游客也不甚注意，却不料他在吸完纸烟后，竟突然头朝下径自跳入昆明湖。听到"扑通"一声，周围人连忙赶来。因为昆明湖水并没有多深，人们便手忙脚乱地将跳湖者捞了起来。可惜的是，由于泥沙灌入鼻口，此人最终窒息而亡。到中午时分，又有一大群知识分子模样的人赶来抚尸痛哭。人们这才知道，死者居然是大名鼎鼎的清华大学教授、国学研究院四大导师之一的王国维。

　　提起王国维，人们常将他与《人间词话》联系起来。而实际上，他不但是20世纪初期中国最杰出的文学家，也在美学、史学、哲学、古文字学、考古学等领域都取得了卓越的成就，堪称货真价实的国学大师。王国维（1877—1927），字静安，号观堂，浙江海宁人。早岁随父习八股文，16岁中秀才，1901年在"东文学社"主持人罗振玉资助下赴日本留学，后又在罗振玉推荐下执教于南通、江苏师范学校，讲授哲学、心理学、伦理学等，并埋头文学研究。1906年随罗振玉入京，任清政府学部总务司行走、图书馆编译等，其间写成《人间词话》等代表作。

　　令人费解的是，1911年辛亥革命后，学贯中西的王国维虽然年仅34岁，却选择了保持"清朝遗老"的身份，而这种身份对他的影响也一直持续到死。在中国历史上，"遗民"这种角色原本是颇让后人钦佩的。所谓"遗民"，通常是指改朝换代之后，拒绝承认政治事实，依然忠于前朝的人。然而在民国初年，人们对于仍旧忠于清王朝的人则似乎没有多大好感，因此往往称其为"遗老"，"老"者，含有被时代淘汰之意。的确，民国取代清朝与历史上的任何一次改朝换代都不同，因为民国再不济，毕竟也代表了历史的前进方向，而封建专制的清朝注定要被历史的车轮碾压而过。从这个意义上讲，民国初年依然"阴魂不散"的那班忠于前清的遗老实在不值得尊敬。但令

第四章　旧瓶新酒　zhaojian beiyang
lishi yingxiang beihou de lishi

20 世纪 20 年代的颐和园

人无奈的是，大名鼎鼎的学者王国维恰恰是其中的一员。辛亥革命后，尽管清朝已成为过去时，但王国维却像许多遗老一样始终留着脑后的辫子。在这一点上，身为清华大学教授的他绝对与北京大学教授辜鸿铭有一拼。据王国维的女儿王东明回忆，父亲"每天早晨洗漱完毕，母亲就替他梳头，有次母亲事情忙了，或有什么事烦心，就嘀咕他说，人家的辫子全都剪了，你留着做什么？他的回答很值得人玩味，他说，既然留了，又何必剪呢？"而同时代的胡适则曾感慨地说："他的人很丑，小辫子，样子真难看，但光读他的诗和词，以为他是个风流才子呢！"

当然，王国维对于清王朝的"忠诚"多少也是因为受到了罗振玉的影响。1911 年辛亥革命后，王国维就跟随儿女亲家罗振玉逃居日本，从此便以"前清遗民"的身份处世。1923 年，在另一位清朝遗老升允的举荐下，他与罗振玉、杨宗羲、袁励准等人应召任清逊帝溥仪的"南书房行走"。虽然只是逊清"朝廷"一个五品的官员，但王国维却表现出了无比的忠诚，而这或许也是导致他人生悲剧的主要原因。1924 年，冯玉祥发动北京政变，驱逐溥仪出宫。王国维引为奇耻大辱，愤而与罗振玉等"前清遗

王国维

老"相约投金水河殉清,幸亏家人警觉,时刻防备,悲剧才未能上演。1925年,清华大学国学研究院筹备主任吴宓因王国维学贯中西,特亲自前往,诚聘其为国学院教授。此时,溥仪早失去了皇帝的特权,躲在日本使馆,但王国维却仍然以君臣之礼请示溥仪,得到准许后才奉"谕旨"到清华任教。不久之后,溥仪离开北京,到天津张园做起了寓公。王国维对其仍时刻关注,时刻准备效"臣子"之力。

1926年9月,王国维年仅28岁的长子王潜明在上海病故。这对久历世变、境况寥落的王国维无疑是一沉重的打击,他变得更加郁郁寡欢。更令他烦心的是,由于婆媳不和,亲家罗振玉愤而将女儿领走,一对曾经亲密无比的好友至此走向决裂。到1927年年初,王国维从安全的角度考虑,曾努力说服溥仪离开天津,但意见却未被采纳。此后几个月间,风闻南方政府的北伐势如破竹,王国维对时局更加担忧。4—5月,北伐军逼近华北,北京城内一片恐慌。不久又传来南方著名学者叶德辉被革命者处决的消息。叶当时被视为保守派文人,遭遇如此悲惨,自命为"清朝遗臣"的王国维自然更加担忧。无独有偶,当时北京的报纸上曾刊登了一篇名为《戏拟党军到北京所捕之人》的文章,王国维的名字赫然被列入其中。家庭的悲剧、旧主的困境,加上对时局的绝望,终于压垮了性格内向的王国维,由此上演了1927年6月2日颐和园的投湖悲剧。对于这一结局,曾经与王国维在清华大学共事的梁启超分析得很有道理,他说:"王先生的性格很复杂而且可以说很矛盾,他的头脑很冷静,脾气很平和,情感很浓厚,这是可从他的著述、谈话和文学作品看出来的。只因有此三种矛盾的性格合并在一起,所以结果可以至于自杀。他对于社会,因为有冷静的头脑所以能看得很清楚;有平和的脾气,所以不能取激烈的反抗;有浓厚的情感,所以常常发生莫名的悲愤。积日既久,只有自杀之一途。"

事发后,人们从王国维的衣袋中找出一封遗书,内容如下:"五十之年,只欠一死。经此事变,义无再辱。我死后当草草棺殓,即行藁葬于清华茔地。汝等不能南归,亦可暂移城内居住。汝兄亦不必奔丧。因道路不通,渠又不曾出门故也。书籍可托陈、吴二先生处理。穷人自有人料理,必不至于不能南归。我虽无财产分文遗汝等,然苟谨慎勤俭,亦不必至饿死也。"对于这位悲情的"遗老",废帝溥仪事后赐其谥号"忠悫"。后来人们还在《清史稿》中为他留了一篇列传:"王国维,字静安,浙江海宁州诸生。少以文名。年弱冠,适时论谋变法自强,即习东文,兼欧洲、英、德各国文,并至日本求学。通农学及哲学、心理、伦理等学。调学部,充图书馆、编译名词馆协修。辛亥后,携家东渡,乃专研国学。谓:'尼山之学在信古,今人则信今而疑古,变本加厉,横流不返。'遂专以反经信古为己任。著述甚多,撷其精粹为《观堂集林》二十卷。返国十年,以教授自给。壬戌冬,前陕甘总督升允荐入南书房,食五品俸,屡言事,皆褒许。甲子冬,遇变,国维誓死殉。驾移天津,丁卯春夏间,时局益危,国维悲愤不自制,于五月初三日,自沉于颐和园之昆明湖。家人于衣带中得遗墨,自明死志,曰'五十之年,只欠一死!经此世变,义无再辱'云云。谥忠悫。海内外人士,知与不知,莫不重之。"(《清史稿·列传》二百八十三)能够在死后跻身于官方史书的列传,王国维在天之灵也应该无比欣慰了吧。

有关王国维的死,一直是民国学术界的一大谜案,各界也是众说纷纭,有"殉清"说、"逼债"说、"惊惧"说、"谏阻"说、"文化殉节"说等等,更多的倾向于"文化殉节"说。不过身为当事人的溥仪却在《我的前半生》中认为,王国维是被罗振玉追债逼死的。他说:"罗振玉并不经常到宫里来,他的姻亲王国维能替他'当值',经常告诉他当他不在的时候,宫里发生的许多事情。王国维对他如此服服帖帖,最大的原因是这位老实人总觉得欠罗振玉的情,而罗振玉也自恃这一点,对王国维颇能指挥如意。我后来才知道，罗振玉的学者名气，多少也和他们这种特殊瓜葛有关。王国维求学时代十分清苦，受过罗振玉的帮助，王国维后来在日本的几年研究生活，也是依靠罗振玉才得以维持的。王国维为了报答他这份恩情，最初的几部著作，就以罗振玉的名字付梓问世。罗振玉后来在日本出版、轰动一时的《殷墟书契》，其实也是窃取了王国维甲骨文的研究成果。罗、王二家后来做了亲家，按说王国维的债务更可以不提了，其实不然，罗振玉并不因此忘掉了他付出过的代价，而且王国维因他的推荐得以接近'天颜'，也要算作欠他的情分，所以王国维处处都要听他的吩咐。我到了天津，王国维就任清华大学国文教授之后，不知是由于一件什么事情引的头，罗振玉竟向他追起债来，后来不知又用了什么手段再三地去逼迫王国维，逼得这位又穷又要面子的王国维，在走投无路的情况下，于一九二七年六月二日跳进昆明湖自尽了。"那么，同样是"清朝遗老"的罗振玉，究竟是怎样的一个人呢？

罗振玉

第四章 旧瓶新酒

在中国近代文化史上,罗振玉(1866—1940)无疑是一位重量级的学者。他集农学家、教育家、考古学家、金石学家、敦煌学家、目录学家、校勘学家、古文字学家等头衔于一身,同时也是中国现代农学的开拓者,中国近代考古学的奠基人。然而这样一位大学者后来却被贴上了"汉奸"的标签,着实令人唏嘘。罗振玉是江苏淮安人,字叔言,号雪堂,晚年号贞松老人。他16岁中秀才,自幼便尤倾心于经史考据之学,研究经史文字,甲午战争后潜心研究农业,在上海创立"学农社"和《农学报》,专译日本农书,由此与日本人交往渐多。自1900年起,他先后任湖北农务局总理兼农务学堂监督、上海南洋公学虹口分校校长、江苏师范学堂监督,1906年奉清廷之召入京,任学部二等谘议官,后补参事官,兼京师大学堂农科监督。1911年辛亥革命爆发后,以遗老自居的罗振玉携眷逃亡日本,1919年才返回国内。1924年,应溥仪之召入值南书房。虽然他在晚清的政坛上并不是什么重要的角色,但是其对清王朝的忠诚指数却非常高。为了帮助溥仪复辟,他后来甚至不惜投靠日本人。1924年11月,当冯玉祥将溥仪"小朝廷"驱逐出紫禁城时,罗振玉曾冒着生命危险去天津向日本军队求救,后又与陈宝琛一起将溥仪偷偷送到日本使馆。1925年2月23日深夜,在日本公使馆庇护下,他陪同溥仪秘密潜逃至天津日本租界地张园,后因功被任命为顾问。1932年3月,在溥仪就任伪满洲国执政典礼上,罗振玉代溥仪向外宾致答词。1934年伪满洲国改行帝制时,他不但被邀为大典筹备委员会委员,还受到"叙勋一位"的封赏,1936年又出任"满日文化协会"会长。由于这些原因,罗振玉当时就被人们称为"汉奸",成为文化界的反面教材。

从学术上来讲,罗振玉和王国维一样堪称是国学大师,他在金石书画、殷墟甲骨、皇家文档、敦煌遗书等方面的研究都有很高的学术成就。然而这样一位学界大师却无视历史潮流,在实行共和制的民国一直以"清朝遗老"自居,并且在那个小圈子里追逐名利,与他人钩心斗角,实在有损"国学大师"的盛名。

有趣的是,民国初年不但有王国维、罗振玉等文化界的"清朝遗老",溥仪"小朝廷"甚至还吸引了一位"洋遗老",真可算是奇闻一件了。这位"洋遗老",便是曾在紫禁城内担任溥仪英文教师的苏格兰人庄士敦。

庄士敦(Reginald Fleming Johnston,1874—1938),原名雷金纳德·弗莱明·约翰斯顿,中文名庄士敦,字志道,1874年生于苏格兰首府爱丁堡,1894年毕业于爱丁堡大学,后进入牛津大学玛格德琳学院学习,主修现代历史、英国文学和法理学并获学士学位。1898年被英政府派往香港,先后任辅政司助理和港督卜力的私人秘书，后又任威海卫行政官。可能他本人也不会想到，自己在这个古老的国家一待就是34年。

由于对中国文化素有研究，庄士敦到中国不久便成为一名"中国通"。他不但会说中国官话，甚至能说地道的威海方言。1918年，北洋元老徐世昌（此公实际上骨子里也算是一位遗老）被推举为民国大总统。由于此前他还兼任逊清皇帝溥仪的老师，为了寻找一位接班人，有关方面开始四处物色合适人选。在李经迈（李鸿章次子）的极力推荐下，庄士敦进入了"小朝廷"的视野。当时张勋复辟事件刚刚过去一年，"小朝廷"面临着巨大的社会压力，当时有许多人甚至强烈要求取消溥仪的尊号和民国对清室的优待。为了应对这种局面，"小朝廷"中的一些开明人士建议为溥仪挑选一位教授欧洲宪政知识的老师。而李经迈进一步提出应当让溥仪学习英文及自然科学知识，以备政治有变时把出国留学作为退路。李经迈此人早年曾跟随父亲办理外交，精通英语，与英国许多上层人士关系密切。在与时任威海卫行政长官的庄士敦接触过程中，他对后者的为人和才华也极为赞赏，认为其是一位有着良好声誉的学者和官员。对于选择一位洋人充当溥仪的老师，许多清朝贵族表示难以接受，好在经过激烈讨论，这项任命最终被通过了。

初到中国时的庄士敦

在紫禁城担任"帝师"的庄士敦

在接到紫禁城发出的邀请后，一向痴迷中国传统文化的庄士敦可谓受宠若惊，他毫不犹豫地接受了任命。1919年2月，他处理好威海卫的交接事宜后，便立刻启程前往北京。临行前，英国政府特地授予了他"高级英帝国勋爵士"勋章。到北京后，由民国政府内务部出面，清室与庄士敦签订了聘用合同，其中写明：聘任英国庄士敦先生为清"皇帝"教习，专任教授事宜，负责教授溥仪英文、数学、历史、博物、地理诸科。就这样，庄士敦成为中国几千年帝王史上第一位也是最后一位具有"帝师"头衔的外国人。令人欣慰的是，时年14岁的溥仪对于这位"洋老师"并不排斥，不但称之为"苏格兰老夫子"，并且慷慨地赐其头品顶戴及御书房行走等职，甚至还在郊外特意给他安排了一处用以消夏避暑的别墅。

1919年3月4日，庄士敦第一次进宫觐见溥仪，并开始在毓庆宫为其授课。庄士敦从英文单词和会话开始教起，教溥仪读《英文法程》，继而又读《伊索寓言》《金河王》《爱丽丝梦游仙境》等，并穿插给他讲一些世界历史和地理知识。令溥仪感到惊奇的是，这位"洋老师"不但穿着朝服，操一口非常流利的北京官话，行清朝的礼节，有时还会学着中国人的样子，摇头晃脑抑扬顿挫地诵读唐诗。可想而知，对于一个十几岁的少年而言，这是多么有趣的场面。因此，他们之间的关系一直非常融洽。庄士敦发现，溥仪不但对时事有浓厚的兴趣，对西方新事物也有强烈的好奇心。于是他便利用各种机会，向后者介绍西方的先进文化，鼓励他在紫禁城这个小王国内进行一些新的尝试。结果后人便看到了这样的场景：电话、网球、汽车、西装、眼镜等洋玩意儿先后出现在与外界隔绝的紫禁城内。

庄士敦还努力向溥仪传授西方先进思想，甚至把《新青年》这样的激进刊物带到宫里给溥仪开阔眼界。在他的影响下，少年溥仪越来越不满于祖上的陈规陋习，并在紫禁城里面进行了翻天覆地的"改革"，其中最典型的就是剪辫子和取消太监制度。关于剪辫子，溥仪后来这样回忆道："从民国二年起，民国的内务部就几次给内务府来函，请紫禁城协助劝说旗人剪掉辫子，并且希望紫禁城里也剪掉它，语气非常和婉，根本没提到我的头上以及大臣们的头上。内务府用了不少理由去搪塞内务部，甚至'辫子可做识别进出宫门的标志'，也成了一条理由。这件事拖了好几年，紫禁城内依旧是辫子世界。现在，经庄士敦一宣传，我首先剪了辫子。我这一剪，几天工夫千把条辫子全不见了，只有三位中国师傅和几个内务府大臣还保留着。"至于太监制度，在庄士敦的解释下，溥仪认识到，西方世界已经将此视为"野蛮的行径"。于是在1923年，紫禁城里的一千多名太监被遣散回家，而太监制度也从此被取消了。

溥仪与忠于他的遗老们

　　值得一提的是，庄士敦还是溥仪与外面世界联系的纽带。1922年，正是在他的促成下，大名鼎鼎的北大教授胡适才进宫会见了溥仪。对这位"洋老师"，少年溥仪非常信赖，不但经常赐其各种字画、古瓷器、书籍和玉器等礼物，甚至在晚年撰写回忆录《我的前半生》时，还专门辟出一章，来回忆这位英国教师对他的深刻影响。就连当年陪伴溥仪读书的溥佳，也曾在一篇文章中这样回忆庄士敦："他在牛津大学读书的时候，就专门研究东方古典文学和历史……到中国以后又读了不少佛家释典，感到东方的佛教理论要比基督教的《圣经》不知高深多少倍，从此对基督教非常鄙视，也不到教堂做礼拜了。他写过一本书，名为《大地众生成佛》；还和英国一个神甫经常通信，用佛教理论来驳斥《圣经》……庄士敦对中国封建官僚的派头极为欣赏。他在家里或是拜访王公旧臣时，总愿意人家称他'庄大人'。他的名片上用中文印着'庄士

庄士敦（右一）在紫禁城中与溥仪夫妇（中坐者）等合影

敦'，下面还印上'志道'。这是他的别号，非常喜欢人家称他'志道先生'。他每次和陈宝琛、朱益藩以及王公旧臣见面，也总爱学中国官场的样子，拱手为礼。"

中国有句古话叫"士为悦己者死"，身为"帝师"的庄士敦无疑深谙其中的道理。一个外国人，不远万里来到中国，不经意间成为"清朝皇帝"（尽管仅限于紫禁城内）的老师，并且深得"皇帝"的信赖，这是怎样的恩宠呀？作为臣子难道不应该肝脑涂地吗？事实表明，庄士敦堪称百分之百的"清朝遗老"，他对溥仪可谓竭诚尽忠，一直到死。他在这条道路上走得是如此彻底，以至于被许多英国人视为一个过于热心拥抱异国文化、一个一心效忠外国主子的"怪人"。

如前所述，民国初年，封建帝制已注定成为过去时，任何逆历史潮流而上的举动都注定要失败。像王国维、罗振玉等一干学者文人，虽然死守着"遗老"的身份，但实际上成不了什么政治气候。在这一点上，身为"洋遗老"的庄士敦同样无法例外。

作为紫禁城"小朝廷"的一份子,他参与了溥仪复辟帝制的活动。面对外界的质疑,他甚至这样为自己辩护:"华北一直对此前的民国缺乏热情。北京几个世纪以来都习惯于忠于朝廷,遗老遗少从未消失过。"1924年10月,冯玉祥发动"北京政变",囚禁了"贿选总统"曹锟,随后又将溥仪逐出了紫禁城。庄士敦立即前往东交民巷,请求外国公使尽力保护溥仪。他先后参见了英、日、荷使馆的官员,并同三国公使一起约见当时的外交部部长王正廷,向其施加外交压力,直至将溥仪安全地转移到了日本使馆。从1924年11月29日至1925年2月23日,溥仪在日本使馆逗留了近三个月。在这段时间里,溥仪经常去英国使馆见他的老师兼保护人庄士敦。"小朝廷"解散后,从合同上说,庄士敦也已经被中国政府解职,但是他继续在给昔日的学生出谋划策。他劝溥仪出国留学,以准备东山再起。由于这些举动,他甚至不惜与英国外交部搞僵。直到1927年,庄士敦才与溥仪依依惜别,重回威海卫出任行政长官。1931年,庄士敦返回阔别已久的英国,在伦敦大学任中文教授,兼任伦敦东方语言学校远东语言文化部主任。

九一八事变之后,宋子文曾专门与庄士敦会面,希望后者能利用自己的特殊身份,劝阻溥仪不要去日本控制下的满洲做傀儡皇帝,但却遭到了拒绝。与此同时,庄士敦再一次来到中国,并专程去天津看望了溥仪,顺便请其给自己的新书《紫禁城的黄昏》写了序言。这本书重点写的是庄士敦在宫廷里的1919—1924年,向前追溯到1898年戊戌变法以及之后的清廷政治变革,向后则写到1931年溥仪离开天津,到东北就任"满洲国执政"为止,极尽所能地记录了一个没落王朝的最后岁月。1934年,该书在伦敦出版,随即轰动欧洲,也给庄士敦带来了巨大声誉。在这本书的英文版扉页上,庄士敦写道:"谨以此书呈献给溥仪皇帝陛下,以纪念十五年之前建立于紫禁城的良好友谊。并谨以此书对陛下本人以及生活在长城内外的他的人民,致以衷心的祝福。历经这个黄昏和漫漫长夜之后,正在迎来一个新的更为幸福的时代曙光。"

尽管已远离中国的是是非非,但晚年的庄士敦却时刻牵挂着他的旧主。1934年,他用《紫禁城的黄昏》所得的稿费买下苏格兰西部荒凉的克雷格尼希湖中间的三个小岛,并在岛上办了一个陈列馆,展示溥仪赏赐给他的朝服、顶戴及各种古玩等。他给岛上的居室分别取名为"松竹厅""威海卫厅"和"皇帝厅"等,并在上面升起伪满洲国的旗帜,以示对"皇上"的忠诚和思念。每逢年节,他就穿起清朝的服装,邀请亲友到岛上相聚。1935年,庄士敦最后一次来中国,并到长春造访了溥仪,但对溥仪的留任邀请婉言相拒。1938年3月6日,一生未婚的庄士敦在岛上去世,享年64岁。

开始策划复辟时的溥仪（左二）

临终前，他遗命把所有的私人文件销毁，并将自己埋葬在小岛上。

与上述几位相比，北洋时期还有一位著名的保皇派文化名人，这便是以留辫子著称的辜鸿铭。

辜鸿铭（1856—1928），名汤生，号立诚，英文名字Tomson，祖籍福建同安，出生于南洋英属马来西亚槟榔屿，后被苏格兰人布朗收养，因而得以随义父回英国接受系统的教育，先毕业于爱丁堡大学，获文学硕士学位，后又曾在德国莱比锡大学、法国巴黎大学等著名学府深造，获博士学位。1881年在新加坡任职时结识著名外交家和语言学家马建忠，随即在其影响下钻研汉文化。1885年回国，应邀为两广总督张之洞幕府，深受器重，此后20年一直在其帐下效力。1907年跟随被任命为军机大臣的张之洞进京，被举荐为外交部侍郎。1909年张之洞去世后辞职，任上海南洋公学督学。辛亥革命后宣布效忠清王朝，再度赴京谋生。袁世凯成为大总统后，拒绝为其效力，其间与德国著名汉学家卫礼贤交往密切，所著《尊王篇》等在德国耶拿出版，深受德国新康德主义者欢迎，被列为哥廷根大学哲学系必读书目。1913年，因迫

任伪满洲国执政后的溥仪　　　　　　　北洋时期著名的"怪杰"辜鸿铭

于生计,曾一度充当五国银行团翻译,当年还被提名为诺贝尔文学奖候选人之一。1915年受聘为北大教授,讲授英文诗歌和拉丁语等课程。1917年张勋复辟时曾被任为"外务部侍郎",但实际上并未参与这次闹剧。1923年从北大辞职,后曾赴日本讲学三年,1928年4月病逝于北京,末代皇帝溥仪特赐谥号"唐公"。

　　对于自己特殊的人生经历,辜鸿铭常自称"一生四洋":生在南洋,学在西洋,婚在东洋,仕在北洋。由于他学贯中西,据说前后总共获13个博士学位,尤其是精通英、法、德、拉丁、希腊、马来等9种语言这一点,就绝对是晚清民国时期第一人。关于辜鸿铭在语言方面的天才和造诣,流传有许多趣闻。其中一则说,当年他在英国留学时,有一次在电车上看《泰晤士报》,几个同车的英国人一看他是中国人,便对其大加嘲讽,辜鸿铭干脆把报纸倒过来看。那几个英国人大笑着说:"看,那个中国小子连字都不认得,还看什么报纸?"结果辜鸿铭用地道的伦敦腔把整段文章念出来,然后说:"你们英文才26个字母,太简单,我要是不倒着看,那就一点意思都没有!"那帮惊呆了的英国人一听赶紧灰溜溜地走开了。对于辜鸿铭的英文水平之高,就连号称"民国英文大师"的林语堂也佩服得五体投地:"英文文字超越出众,二百年来,未见其右。造词、用字,皆属上乘。总而言之,有辜先生之超越思想,始有其异人之文采。鸿铭亦可谓出类拔萃,人中铮铮之怪杰。"

林语堂称辜鸿铭为"怪杰",这一点想必当年许多亲历者都深有同感。因为除了学问大、经历传奇之外,辜鸿铭的言行举止确实都很怪异,尤其是他头顶上那根花白的辫子,更堪称民国初年文化界一道独特的风景。后世曾有人开玩笑说,整个清末民初有两个留辫子的男人最出名,一个是"辫帅"张勋,另外一个就是辜鸿铭。当年同样曾在北大任教的周作人是这样描述辜鸿铭的:"生得一副深眼睛高鼻子的洋人相貌,头上一撮黄头毛,却编成了一条小辫子,冬天穿枣红宁绸的大袖方马褂,上戴瓜皮小帽;不要说在民国十年前后的北京,就是在前清时代,马路上遇见这样一位小城市里的华装教士似的人物,大家也不免要睁大了眼睛看得出神吧。尤其妙的是那包车的车夫,不知是从哪里乡下去特地找了来的,或者是徐州"辫子兵"的余留亦未可知,也是一个背拖大辫子的汉子,同课堂上的主人正好是一对,他在红楼的大门外坐在车兜上等着,也不失车夫队中一个特殊的人物。"而当年曾在北大读书的哲学家冯友兰则回忆道:

1915年9月初,我到北京大学参加开学典礼。胡仁源(时任北大校长——笔者注)主持会场,他作了一个简短的开幕辞以后,英文门教授辜鸿铭(汤生)从主席台上站起来发言。我不知道这是预先安排好的,还是出于辜本人的临时冲动。他的发言很长,感情也很激动,主要是骂当时的政府和一些社会上的新事物,大意是说,现在做官的人,都是为了保持他们的饭碗,他们的饭碗跟咱们的饭碗不同,他们的饭碗大得很,里边可以装汽车、姨太太。又说,现在人做文章都不通,所用的名词就不通,譬如说"改良"吧,以前的人都说"从良",没有说"改良"的,既然已经是"良"了,你还改什么?你要改"良"为"娼"吗?他大概讲了一个钟头,都是这一类的谩骂之辞。他讲了以后,也没有别人发言,就散会了。……英文门的同学们说,他在堂上有的时候乱发议论,拥护君主制度。有一次他说:"现在社会大乱,主要的原因是没有君主。比如说法律吧,你要说'法律'(说的时候小声),没有人害怕;你要讲'王法'(大声,一拍桌子),大家就害怕了。少了那个'王'字就不行。"

尽管进入民国后仍顽固地留着辫子,但辜鸿铭却自有一番理论。据说有一天他拖着长辫子去给北大的学生上课,一进教室,学生们瞧见那还没剪掉的长辫子,顿时哄堂大笑。但辜鸿铭并不生气,更没有训导学生,而是从容地开口说"我头上的辫子是可以剪掉的,但你们心中的辫子是永远也剪不掉的"。此言一出,全体学生顿时鸦雀无声。实际上，辜鸿铭只不过是想通过"留辫子"这一举动来表明自己的政治立场——坚决的保皇派。作为一个从小就受到西方文化熏陶的混血儿，辜鸿铭在清朝灭亡后所秉持的政治立场的确很特立独行。而除了拥护皇权之外，他对中国传统文化中的许多象征性符号都表现出了强烈的感情，比如小脚、纳妾等，为此还常常同西方人辩论。最著名的一个例子就是，当有西方女士表示反对纳妾制度时，辜鸿铭巧妙地拿茶壶与茶杯来比喻男女关系，弄得对方反而哑口无言。有趣的是，这则比喻在当时的知识界广为流传，以至于后来著名诗人徐志摩同陆小曼结婚时，陆小曼就曾对徐说："志摩！你不能拿辜先生茶壶的譬喻来作借口，你要知道，你不是我的茶壶，乃是我的牙刷，茶壶可以公开用，牙刷是不能公开用的！"正因如此，辜鸿铭在中国向来被视为文化保守主义者。

不过虽然自称是"坚定的保皇派"，但无论是在清朝末年还是民国初年，辜鸿铭对于当政者却从不逢迎，甚至敢于毫不留情地批判和讽刺。1902年，当慈禧太后68岁寿辰时，面对举国上下大肆庆祝的场面，时为湖广总督张之洞幕僚的辜鸿铭竟在大庭广众之下嘲讽说"天子万年，百姓花钱；万寿无疆，百姓遭殃"，毫不在乎会招致杀头之罪。进入民国后，对于当政的袁世凯，辜鸿铭也毫不客气。1913年，袁世凯正式就任中华民国大总统时，他公然骂道："袁世凯之行为，尚不如盗跖贼徒，其寡廉鲜耻无气义乃尔耳。"袁世凯1916年复辟帝制失败后忧惧而亡后，辜鸿铭又不顾政"府不准娱乐"的命令，公然大宴宾客，还请戏班前来助兴。

虽然被国人视为难以理解的"怪杰"，但辜鸿铭在国际上却名声很大。实际上，他一生最大的成就恰恰是将中国传统文化推向了海外。凭借极高的西文造诣，他不但翻译了《论语》《中庸》和《大学》等中国经典，还用英文发表了一系列著作，往往能引起巨大反响。

早在1900年八国联军侵华之后，面对列强议和代表要中国永久拆毁吴淞、大沽等地炮台的无理要求，出于民族义愤的辜鸿铭发表了其代表作之一的《尊王篇》。在该书的序言中，他大声疾呼道："眼下，北京的外国使臣们非但不努力去消除中国目前事态的根源，甚至连根源何在也全不了解。他们试图消除的是吴淞炮台！这里，我要冒昧地提醒世界注意，在中国还存在着一个更危险的炮台——传教士炮台。我大胆地预言，除非中国的传教士炮台得到应有的关注，否则要不了多久，外国人甚至连在中国谋生都不可能——恐怕只有抢！"一针见血地指出义和团运动爆发的深层原因，并对部分西方来华传教士的嘴脸及列强的在华传教政策给予揭露和抨击。他还警告列强说:"我想应当告诉外国公众,从外国炮舰上开火的第一炮,就将成为一场战争的标志,不是与政府的对抗——正如我们迄今的对外战争那样——而是一场反对中国人民的战争。"尽管这种知识分子式的呼吁可能很难对政治事务施加影响,但辜鸿铭的爱国主义精神还是受到了一致赞誉,就连官方史书《清史稿》中都语气夸张地称赞道:"庚子拳乱,联军北犯。汤生以英文草《尊王篇》,申大义,列强知中华以礼教立国,终不可侮,和议乃就。"

更难得的是,辜鸿铭不但学贯中西,而且拥有极高的辩才,常常能在与外国人的交锋中令对方哑口无言。例如早在当年充当张之洞的幕僚时,有一次日本明治维新元老伊藤博文来武昌访问。当时正值日本刚刚在甲午战争中大获全胜,举国上下对中国充满了鄙视。当辜鸿铭与伊藤博文见面时,出于礼貌赠送给对方一本自己翻译的《论语》英译本,不料傲慢的日本人居然不怀好意地问:"听说你精通西洋学术,难道还不清楚孔子之教能行于两千多年前,却不能行于二十世纪的今天吗?"结果辜鸿铭不假思索地回答道:"孔子教人的方法,就好比数学家的加减乘除,在数千年前,其法是三三得九,如今二十世纪,其法仍然是三三得九,并不会三三得八。"伊藤博文听后,顿时无言以对。 还有一次,辜鸿铭在北京的住所宴请几位外国友人,其间客人们抱怨辜宅中所点的煤油灯昏暗且烟气呛鼻,并大念电灯和汽灯明亮的好处,只见辜鸿铭谈笑自如地说道:"我们东方人,讲求明心见性,东方人心明,油灯自亮。东方人不像西方人那样专门看重表面功夫。"正是由于此类事情很多,辜鸿铭在西方世界的声望越来越高。很多来到中国的西方人崇信辜鸿铭的学问和智慧,甚至几乎到了痴迷的地步。据说在民国初年,来中国访问的西方人私下里曾流传一种说法:到北京可以不看三大殿,但不可不看辜鸿铭。

1920年,当英国著名作家毛姆来到中国后,特地到北京拜访了辜鸿铭。俄国大文豪托尔斯泰据说一生只同两个中国人通过信,其中之一就是辜鸿铭(另一个为早期留俄学生张庆桐)。后来被印度人尊为"圣雄"的甘地,则干脆称辜鸿铭是"最尊贵的中国人"。在其人生中最辉煌的时期,辜鸿铭经常应邀为西方客人举办讲座和讲演会。由于听众过多,曾经有好几次,当他在六国饭店用英文讲演时,甚至破天荒地公开售票,并且票价高达两块大洋,而当时最红的京剧名角梅兰芳演出的票价也才一块二!1913年,在国内并不是很吃香的辜鸿铭居然和印度大文豪泰戈尔一道被提名为该年度诺贝尔文学奖的候选人,虽然最后胜出的是泰戈尔,但西方人对他的推崇由此可见一斑。

纵观辜鸿铭的一生，1915年出版的《中国人的精神》一书无疑是其最重要的作品。该书不但奠定了他在文化界的地位，更在西方世界产生了巨大影响。《中国人的精神》最初于1915年4月由京报出版社出版，英文版原名"The Spirit of the Chinese People"，中文名为《春秋大义》，书名由时任袁世凯政府交通总长的梁敦彦题写。该书实际上是辜鸿铭之前已经发表的一系列讲稿的汇编，其主旨在唱衰基督教文明，分析欧洲战争的起因和出路，以及鼓吹只有中国的儒家文明才能拯救世界等。当时，第一次世界大战激战正酣，西方各国的人们普遍陷入精神上的迷惘乃至绝望。面对这种局面，辜鸿铭适时将中国文化的精神内核理想化地呈现给西方人。在书中，他首先驳斥了以往西方人对中国文化的歧视，接着便用大量篇幅向西方人揭示中国人的精神生活以及中国传统文化的永恒价值。特别是对于中国人的"温良"，辜鸿铭认为这才是西方人应该学习的"心灵与理智的完美谐和"。尽管当时中国正处于新旧时代的交替，传统文化越来越受到新式知识分子的质疑和抵触，然而经过辜鸿铭的阐释，西方人却对这种文化产生了浓厚的兴趣。面对欧洲大陆上令人绝望的战乱，他们开始反思自己文化的弊端，试图转而向古老的东方文明寻求智慧。于是在《中国人的精神》一书出版后不久，很快就被译成德、法、日等多种文字出版，一时轰动了全世界。特别是在欧洲战争的策源地德国，该书的德文版很快就出版，并意味深长地定名为《中国精神与战争出路》。由于当时的德国人普遍厌战，祈望和平，而辜鸿铭的著作似乎又给他们带来了一线光明，结果在德国居然掀起了持续十几年的"辜鸿铭热"。

1917年，丹麦著名的文学评论家勃兰兑斯（1842—1927）甚至为此专门发表了《辜鸿铭论》一文。在这篇长文中，勃兰兑斯对辜鸿铭表示了极度的推崇："他讲到欧洲时，使我们感兴趣的是他新颖讨人喜欢的看法。……由现代中国最重要的作家看来，中国的民族是主情的民族。据他说，就算在最下层阶级中，中国也比欧洲同阶级的人少粗暴性；而中国人对西人表示忠厚和让，正与欧洲人之野兽抢掠本性相反。"辜鸿铭在德国所产生的影响是如此巨大，以至于当年一位留德学生曾这样回忆："在德国，我走过不少城市，接触过不少社会人士，包括劳动群众。他们一般都对中国人表示好感，对东方文化感兴趣。出乎我意料的是，辜鸿铭的名字流传于口……这一时期，德国人士认为，可以代表东方文化的有两个人，除了辜鸿铭之外，便是印度的泰戈尔。泰戈尔只是一个诗人，而辜鸿铭除了是哲学家、文学家之外，还是一个政论家，对于德国的基本问题有深入的了解和研究。"

令人唏嘘的是，辜鸿铭一生尽管也曾大红大紫，但无论是仕途还是学术地位都算不上大获成功。特别是晚年从北大辞职后，除了曾应邀赴日讲学数年外，他的处境并不如意。或许唯一值得欣慰的是，1924年年初，这位"保皇主义者"有幸得到了逊清皇帝溥仪的接见。据说在紫禁城觐见溥仪并共进午餐时，见惯了大场面的辜鸿铭居然始终战战兢兢，激动得几乎说不出话来。1928年4月，晚景凄凉的辜鸿铭因肺炎去世，溥仪特地派人前来吊唁，并赐谥号。著名学者胡适，当年曾在北大与辜鸿铭共事。尽管二人在文化立场上截然相反，但胡适却在1935年怀着敬意郑重写了一篇纪念文章，从另一个侧面来追思这位近代中国文化史上的"怪杰"。